河北省省级科技计划资助，项目立项编号：19456204
河北省社会科学发展研究课题，课题编号：2020060302003

校地合作理论与实践

丁志华 著

燕山大学出版社

·秦皇岛·

图书在版编目（CIP）数据

校地合作理论与实践 / 丁志华著. —2版. —秦皇岛：燕山大学出版社，2022.1
ISBN 978-7-5761-0280-2

I. ①校… II. ①丁… III. ①地方高校－作用－区域经济发展－研究－中国 IV.①G649.2 ②F127

中国版本图书馆 CIP 数据核字（2022）第 281250 号

校地合作理论与实践
丁志华 著

出 版 人：	陈 玉
责任编辑：	孙志强
封面设计：	刘韦希
出版发行：	燕山大学出版社 YANSHAN UNIVERSITY PRESS
地　　址：	河北省秦皇岛市河北大街西段 438 号
邮政编码：	066004
电　　话：	0335-8387555
印　　刷：	英格拉姆印刷(固安)有限公司
经　　销：	全国新华书店

开　本：700mm×1000mm　1/16		印　张：16.75	字　数：240 千字
版　次：2022 年 1 月第 2 版		印　次：2022 年 1 月第 1 次印刷	
书　号：ISBN 978-7-5761-0280-2			
定　价：69.00 元			

版权所有　侵权必究

如发生印刷、装订质量问题，读者可与出版社联系调换

联系电话：0335-8387718

序

与普通教育相较而言,职业教育作为与社会经济发展结合最为紧密的一种教育类型,具有同等重要的地位,且位置更加突出。由一元向多元跨界合作的结构形式和办学格局则是职业教育作为一种类型教育的显著特征。《校地合作理论与实践》一书,在开放、跨界视域下围绕校地合作这一主题,从对策研究、推行实践、立德树人等方面深度思考了校地合作这一于政府、高校和企事业单位等多元参与主体都具有重大意义的现实问题。此书为该领域理论与实践相结合的优秀代表。

跨界合作汇聚发展动力。习近平总书记指出,"要牢牢把握服务发展、促进就业的办学方向,深化体制机制改革,创新各层次各类型职业教育模式,坚持产教融合、校企合作,坚持工学结合、知行合一,引导社会各界特别是行业企业积极支持职业教育,努力建设中国特色职业教育体系"。对各级政府而言,推动校地合作、产教融合既是自身工作职责,又是推动地方经济社会发展最现实、最直接、最有效的方法和策略。对高等院校而言,推动校地合作、产教融合既是发挥院校功能的必然选择,又是新时代有大作为的生动实践。对企事业单位而言,推动校地合作、产教融合既是企事业单位自身发展的客观需求,又是研发新产品,推广新工艺,引进新技术,提高核心竞争力成本最低、见效最快的重要举措。

跨界任教激发思想活力。本书的作者丁志华同志由地方党委工作转换到职业院校任职,这本身就是对"校地合作"关系最好的诠释和本书质量的保障。志华同志虽为职教领域的"新"人,但思想不"旧",迅速完成从公务员到教育工作者的角色转变,快速突破原有工作及思维模式的禁锢，以战略眼光对职业院校的发展进行整体谋划、统筹考虑、科学决策，用系统思维的方法来分析、论证和解决当前职业教育改革中所面临的校企合作、产教融合、院校治理等难点问题。志华同志勤学善思、善作善成。《校地合作理论与实践》一书精准对焦政府部门、行企企业、社会组织等多元主体参与职教改革的系统性、整体性、协同性的关键问题，书中内容实用性、时效性强，其中许多研究成果得到了各级领导的重视并已转化为工作实效。

2020 庚子年，注定是不平凡的一年。作为全面建成小康社会和"十三五"规划的收官之年，职业教育必将继续在完善现代职业教育体系、促进产教融合、校企合作等方面持续发力，助推教育现代化基本实现。校地合作也将作为一项对于建设中国特色现代职业教育体系、推动中国社会经济优质发展的重要途径，需要进一步深入、系统地广泛开展研究。衷心希望如志华同志一样的学者型领导不断充实到职业教育的队伍中来，从实践中采撷素材提升为理论再应用推广到实际工作中去，期待看到更多如此书般集思想与实践于一体、融理论与实干于一炉的优秀作品。

国家督学、全国高职高专校长联席会议主席

2020 年 4 月 17 日于天津

自　序

时光无言,白驹过隙。转眼间,距我的第一本书《知行印记》出版已四年有余。在《知行印记》的自序中,我曾感慨地写道:"本想用这些文字单纯作为生命的一种纪念与总结,而如今忽然觉得也许它们还是一种开启与出发。曾经的岁月是青壮年时的意气风发,今后的时光也应是有另一番景象的精彩绝伦,不是人生乐章的余音,而是又一高潮。我的另一种生活也许由此开启。"

也许是冥冥之中的某种注定,2015年10月我从秦皇岛市委办公厅调任到河北建材职业技术学院工作,从公务员转换为教育工作者。几十年的公务员工作经历,让我深深品味、体察到公务员的酸甜苦辣,也让我真正懂得了做一名合格公务员的艰辛与不易,当然更多感悟到的还是作为公务员的自豪与精彩。

人在光阴似箭流,却恋当年纯挚事。已过知天命之年的我经历过风雨、体会过成败、品味过得失,看清、看淡了很多东西,却也对一些人与事更加留恋与珍惜。独自一人时,常常回想起年少时校园时光的单纯与美好;身处喧嚣时,情不自禁留恋校园中那份宁静与淡雅;仰望星空时,会面带微笑拾起那求学时的美好回忆。校园一直是我最留恋与向往之处,所以我想,我是无比幸运的,得到了命运之神的眷顾,在年过半百之际回到了最令我魂萦梦牵的校园。

学校生活规律、有序、清净,这是我非常喜欢和向往的生活状态,我喜欢看学生们在课堂上认真听讲的样子,我沉浸于学生跑操时嘹亮的口号中,我享受静静坐在教室中听老师们耐心地传道授业解惑……然而,我深知，学校生活虽"清净"，但学校工作绝不"轻松"，因为这里是立德树人之处、是培育人才之地、是国家发展之基！我肩上有一份沉甸甸的责任！我深知，学校工作经验并不丰富的我需要投入更多的时间、精力、耐心和责任心去对待我的工作、我的同事、我的学生。

于是，我努力尽快完成角色转换，用功钻研科研项目，悉心研究讲课技巧，持续学习教育理论，希望能早日成为一名合格的教育工作者。在我看来，学者的立身之本是要有拿得出手的研究成果，有经得住检验的理论观点。所以，除了做好本职的管理工作，这几年我倾心于研究，希望能在研究领域有所精进。关于研究方向，我一度困惑难定。在一次与女儿的交谈中，女儿的一句话让我眼前一亮："我建议您从您熟悉的领域选择课题，做自己熟悉领域的系统研究更容易出成果。"这句话启发了我，让我想起我做公务员时就特别关注驻秦高校作用发挥方面存在的问题，而且也已有一些研究成果。而如今真的有了机会到高校工作，为我进一步开展关于这项内容的系统研究提供了绝佳机会。于是，我选择了校地合作这个研究领域。

研究方向确定以后，我开始系统学习相关理论，梳理既有研究成果，查阅相关文献资料，深入高校和政府、企事业单位调查研究，召开座谈会听取专家学者意见，参加研讨会交流学习最新研究成果……随着工作的逐渐推进，研究的日益深入，我愈发觉得研究校地合作、产教融合这个课题意义重大。高校有为地方服务的强大实力和强烈愿望，地方企事业单位有渴望得到高校服务的客观需求与强烈企盼。但目前双方合作的效果并不十分尽如人意。那么，采取什么样的具体措施才能破解这个难题就成了我的关注点。我的研究基于理论但并未以提出新理论为研究目的，而是希望依托我多年的地方工作经验和大量的实地研究数据提出切实可行的问题解决方案。我希望我的研究突出前瞻性、对策性、引领性和操作性，使纸面上的文字真正转换为推动实践发展的强大助力。就这样，我的研究成果相继成型。抱着试一试的态度，我先后申报了河北省科技厅、河北省社会科学联合会等课题研究并获得立项，取得了一些研究成果。部分研究成果上报后得到了省委、市委有关领导的高度重视、充分肯定，批示要求相关部门借鉴研究成果、结合工作实际抓好落实。在相关单位的有力落实下，我的研究成果有效转化为创造性推动校地合作、产教融合的有效助力，取得了明显的工作实效。

坦言之，研究之初从未想过会得到相关领导的重视与批示，从未奢求过研究成果会如此迅速地实现对实际工作的有效助推，也更从未想象到原来自己也可以在科学研究这条道路上留下独有的印记。领导的认可、落实的成效于我是莫大的荣幸与鼓舞，虽然在转型的道路上伴有丝丝阵痛，但相较于通过努力获得的收获和对推进工作的实效又算得上什么呢？到一线调研的辛苦，查阅资料的枯燥，思考问题的纠结，撰写文稿的焦心……一切的付出都值得。除了收获的喜悦、诚挚的感恩外，我更庆幸自己年过半百仍有超越自我的勇气。

老骥伏枥，壮心不已！受到鼓舞的我更加坚定了在科研道路上耕耘的决心，也积蓄了更多克服困难的勇气。与此同时，头脑中蹦出了再出一本书的念头，我希望借此机会把研究成果进行梳理，把分散的理论思考进行整合，把闪烁的思想火花充分碰撞，把自己的转型历程予以再现。我的想法得到了家人和同事的鼓励、理解与支持。在他们无私、辛劳的帮助下，几经修改，反复易稿，本书终于问世了。本书以校地合作对策研究和实践成果为主线，同时收录了一些我公开发表的理论文章和自认为能给人带来些许启发的演讲稿，共分为对策研究、实践成果、观察思考、立德树人四部分。

我希望以本书的出版为实际行动，感谢过往生活经历给我的历练与洗礼；感谢曾经的领导和一起工作过的同事对我的提携与帮助；感谢当下一起工作的同事对我的支持与理解；感谢我的亲人对我的付出与关爱；感谢我所处的这样一个伟大的时代给予我的机会和舞台！同时也想用本书记录这一段人生的精彩，以示对逝去宝贵时光的留念，表达对相扶相持的亲人、朋友的祝福以及对未来美好生活的畅想！

是为序。

2020 年 2 月 25 日于秦皇岛

目　录

对策研究

推动我省高校和产业深度合作的十条建议 …………………… 3

引进京津高校科技成果　推动河北经济创新发展 ……………… 8

供给侧结构性改革背景下校企合作的紧迫性分析 ……………… 18

关于推动驻秦高校和地方深度合作的思考与建议 ……………… 25

推动教育和产业深度融合 ………………………………………… 32

破解职业教育叫好不叫座难题 …………………………………… 36

加强校企合作　深化产教融合　全力助推秦皇岛高质量发展 … 39

校企合作　产教融合　立德树人 ………………………………… 47

共同谱写校地合作新乐章 ………………………………………… 50

实践成果

服务秦皇岛五年行动计划 ………………………………………… 57

推动《服务秦皇岛五年行动计划》取得实效 …………………… 66

奋力推进《服务秦皇岛五年行动计划》开好局　起好步 ……… 68

《服务秦皇岛五年行动计划》成效研究报告 …………………… 75

借得东风扬巨帆 …………………………………………………… 105

校企合作，产教融合 ……………………………………………… 109

就业创业，校地双赢 ……………………………………………… 111

城市发展，学校在行动 …………………………………………… 113

　开展志愿服务　引导大学生宣传建设秦皇岛 ………………… 115

观察思考

培养更多"大国工匠" ……………………………………………… 121
论新时代高校党委职能的有效发挥 ……………………………… 123
论新时代高校党委的工作方法 …………………………………… 129
为教育发展建设专业化干部队伍 ………………………………… 135
亟待建立高校毕业生跨省就业创业的补偿机制 ………………… 138
新时代推进高校党建工作的实践与成效 ………………………… 140
新时代培树主人翁精神的意义与实践路径 ……………………… 146
推动高校"不忘初心、牢记使命"主题教育取得实效 ………… 154
解放思想　团结奋进　努力推进学院各项事业又好又快发展 … 158
切实发挥党员的先锋模范作用 …………………………………… 163
凝心聚力　奋发作为　为圆满完成"十三五"学院发展目标而
　努力奋斗 ………………………………………………………… 168
撸起袖子加油干　拼搏进取谱新篇 ……………………………… 177
奋力谱写新时代建材梦的华丽篇章 ……………………………… 181

立德树人

解放思想　主动作为　迎难而上　创新发展　为实现"十三五"
　全省高职院校发展进位最快宏伟目标而努力奋斗 …………… 189
不要把这些遗憾留在你的大学 …………………………………… 203
做新时代好干部的积极实践者 …………………………………… 210
新时代高校中层干部成长成才之路 ……………………………… 219
不负韶华　珍惜时代　用奋斗点燃未来 ………………………… 234
深入推进习近平新时代中国特色社会主义思想入脑入心 ……… 252

对策研究

本部分是作者围绕校地合作受到各级领导批示转化的对策报告以及公开发表的理论文章,突出前瞻性、对策性、引领性和操作性。

本文于2018年12月12日刊发在中共河北省委研究室送阅件第34期，呈报省委常委、省政府副省长和省直有关部门主要领导参阅。省委副书记赵一德同志12月14日批示："所提十条建议很有见地，请教育厅阅研。积极推动我省高校和产业深度合作，提升教育服务发展的能力。"省委常委、常务副省长袁桐利同志12月14日批示："十条建议符合我省教育和产业发展实际。具有一定前瞻性和可操作性，有关部门可在推动校地合作工作中研究借鉴。"省委常委、省委秘书长高志立同志12月12日批示："该建议对解决校企脱节、产学研缺乏联结机制、政府缺乏有效平台抓手等问题，提供了有益的思路，转请教育、科技等部门参阅借鉴。"省教育厅、省科技厅按领导批示要求借鉴文章观点推动了相关工作的落实。研究报告被河北省社会科学研究院确认立项课题并优秀结题。

推动我省高校和产业深度合作的十条建议

目前我省拥有120多所高校，7万多名高级人才，在校生130万余人，其中96所高校建成众创空间127个，500多个省厅级重点科研项目通过验收，技术转移转让186项，是加快我省高质量发展的一支重要力量。推动全省高校与地方产业深度合作，具有成本低、见效快、效率高的明显优势，对于提高我省教育服务经济社会发展能力、促进教育大省向教育强省转变具有关键作用。为此，提出十条建议。

一、建设世界一流雄安新区产教融合示范区

建设雄安新区是习近平总书记亲自谋划和推动的国家大事。千年大

计，教育先行。要建设一流的雄安新区，就需要打造一流的产教融合示范区。一是建议以职业教育为突破口，高标准定位、推动。2018 年河北有 8 所高职院校进入全国各类排名 50 强，有较好的职业教育基础。我省应乘国家支持之势举全省之力，建立一所世界领先的职业院校，做优做强职业教育，使之成为世界职业教育高地。二是创建全省高校雄安新区科技成果转化示范园。把全省高校"高精尖"科研成果集中孵化转化、转移交易，既可以充分展示全省高校的科研成果，又可以促进经济发展产业升级。三是加大雄安新区现有村民整体素质培训提升工作力度。由现有高校组织培训团队，分期、分批、分类对村民进行道德素质、文化修养、职业技能、创业能力等专项培训，以适应雄安新区建设对用工的新需求。

二、推动各地市争创产教融合建设试点城市

为促进人才培养供给侧和产业需求侧结构要素全方位融合，培养大批高素质创新人才和技术技能人才，国务院办公厅出台了《关于深化产教融合的若干意见》，并责成国家发改委、教育部会同有关部门、各省级人民政府共同来完成试点工作，我省也制定了《关于深化产教融合的实施意见》，作出了相应部署。建议我省进一步加大落实力度，尽快选择若干个有较强代表性、影响力和改革意愿的城市、行业、企业开展试点，认真组织，精心谋划，完善支持激励政策，力争创出河北经验，走在全国前列。

三、构建高校和地方合作交流的平台

我省目前开展了部分高校和地方的合作项目，但普遍存在临时及短期合作为主、合作方式单一、合作层级偏低、合作深度不够、合作实效不理想等诸多问题，需要认真加以解决。一是筹备召开高水平、高规格的河北省高校和地方企事业单位服务项目推进对接会议，为校地深度合作搭建更大更好的平台。二是组建由高校牵头的产业发展研究院。以全省最强的某

一专业学科所在高校为牵头单位，整合全省高校同一专业的人才资源，组建松散型的公益性的研究院，负责对全省的关联产业进行产业规划、行业指导、企业诊断、技术研发、人才培养等工作，省发改、科技、工信等管理部门在立项、资金、评奖等方面予以倾斜和支持。

四、集合高校的专家智力资源组建智库团队

为落实习近平总书记关于建设新型智库的要求，建议各地级市党委政府组建战略咨询智库团队，对重大的、长远的战略问题和公共政策，特别是涉及百姓关注的问题进行决策咨询；对重大决策的实际效果进行跟踪评估；对党委政府关注的问题进行专业辅导等。党委政府要把专家咨询论证作为科学决策、民主决策、依法决策的必经程序，认真听取咨询论证意见和建议，为智库团队开展工作提供各种必要保障。

五、建立校地合作实效评价体系和鼓励机制

推动校地合作的根本目的是助力经济强省、美丽河北建设，为此要有一套科学的评价体系。建议我省成立校地合作评价中心，以第三方机构的身份开展产教融合、校地合作的效能评价，大胆探索、积极实践，力求评价科学、准确。同时强化评价结果的运用，把绩效考核情况作为投入引导、试点开展、表彰激励的重要依据。整合发改、科技、工信、财政等有关部门科技创新的经费，建立政府支持鼓励机制。

六、打造高校和企业深度合作样板工程

遵循典型示范、重点突破的工作规律，优先在事关全省高质量发展的重点领域和产业、积聚力量打造高水平服务地方的样本工程。如河北农业大学与阜平县的校地合作起步早、措施实、力度大、效果好，不仅推动了

阜平县的精准扶贫工作，而且为河北农业大学的发展注入了活力。在样板工程打造过程中，各高校要充分利用自身特色专业和优势资源，借助政府构建的高水平合作平台，实现与地方的精准对接、全面合作。同时，政府要加强在高校服务地方过程中的领导作用，及时研判校地合作进展情况，聚焦问题，精准施策，不断提高高校服务地方的水平。通过高校服务地方的成功案例总结出推动校地合作的工作经验和工作模式，逐步把河北省高校服务地方的工作推向新的台阶。

七、紧贴地方需求建立校企协同育人的模式

产教融合、校地深度合作的一个重要内容就是共同培养符合地方发展需要的人才，避免出现供求脱节问题。一是引导各高校在专业设置和调整中把服务我省经济发展、产业升级作为重要原则。2018年，我省共撤销194个专业，新增113个专业。建议省政府成立引导高校专业设置和调整服务经济社会发展指导委员会，紧紧围绕我省经济社会发展需求，出台进一步优化调整高校学科专业结构的政策措施，统筹全省高校差异化发展。二是支持企业参与人才培养过程，引导企业深度参与高校教育教学改革，多种方式参与学校规划、专业设计、课程改革。三是鼓励以引企驻校、引校进企、校企一体等方式，吸引优势企业与高校共建共享生产性实训基地。支持依托高校建设行业或区域性实训基地，带动中小企业参与校企合作。通过政府购买服务，落实税收政策等方式，鼓励企业积极接收高校学生实习实训。四是构建校企合作、工学结合的办学机制，推进职业学校和企业联盟、与行业联合、同园区联结，探索"企业办班""教学工厂""生产实训一体化"等多种合作办学模式。

八、实施全省高校毕业生留冀就业创业工程

当前高校毕业生就业面临不少困难，如企业用人需求不旺、毕业生专业对口难度较大、人才流失严重等。同时，各地人才争夺大战愈演愈烈，南京推出

了引进大学毕业生的"宁聚计划",武汉出台了大学毕业生最低年薪指导标准,对大学生就业创业给予了超常规的政策支持。建议我省建立高校企业政府沟通联系机制,定期通报大学生留冀工作情况,制定更大力度的优惠政策,鼓励用人单位积极争抢人才,在优秀人才晋职晋升、薪酬分配、购房补贴等方面有突破性的改革,提高高校毕业生来冀留冀、就业创业的数量和质量。

九、积极提升高等院校科技成果在冀转化率

河北省高校科研成果数据统计显示,我省高校科研成果转化率较低,众多科研成果缺乏转化条件,被长久搁置或在外省市转化应用。因此,建议进一步完善我省科研成果转化机制,为地方高质量发展提供有效的服务。一是在确定课题研究方向时,向我省经济社会发展研究方向适当倾斜;在确定具体研究领域时,优先向与各地主导产业相关联的研究领域倾斜。二是对重大的科研成果提供资金政策扶持,将科研成果的"质"和"量"相结合,加大成果应用试验评价力度,加大对科技成果在省内转化的奖励力度。三是培育完善技术市场,建立校企合作模式下的科技成果转化"专利共用、成果共享"的激励机制。

十、深入开展校地深度合作理论和实践研究

为探寻校地合作工作规律,探索合作模式,把我省打造成全国高校和地方合作的样板,推动河北省经济转型、创新发展,建议成立高层次校地合作研究课题组,开展校地深度合作的理论和实践研究。特别是对校地合作基础、合作意义、合作前景、合作原则、合作路径、合作机制、合作模式等进行深入系统研究;探索如何提高校地双方合作的积极性、主动性,解决合作动力不足、合作保障乏力的问题等。通过课题研究,进一步理清推动校地合作工作思路,制定并出台我省校地合作系列政策,形成可借鉴、能推广的研究成果。

本文是作者主持河北省科技厅 2019 年软科学专项课题"京津冀一体化背景下推动河北高校科技成果转化和吸引京津高校科技成果来冀转化对策研究"的阶段性成果。作为京津冀三地唯一一所高职院校研究成果收录在北京市社会科学联合会、天津市社会科学联合会和河北省社会科学联合会联合编撰的《第六届京津冀协同发展研讨会论文集》，并受邀于 2019 年 11 月 10 日参加研讨会议并作了重点交流，受到与会专家学者的高度评价。

引进京津高校科技成果推动河北经济创新发展

内容提要： 本文在认真学习习近平总书记有关推动京津冀协同发展和科技创新等重要讲话精神，研究《京津冀协同发展规划纲要》，查阅大量京津冀科技成果转化相关资料和数据的基础上，通过实地调研、召开研讨会等方式对京津高校科技成果来冀转化现状进行了全面分析，总结了京津冀协同发展战略实施 5 年来取得的重要成果，特别是对科技创新和京津高校科技成果来冀转化工作进行了认真总结，找准了存在的问题，提出了提高京津高校科技成果来冀转化行之有效的十条建议。

摘要： 京津冀协同发展战略实施 5 年来，河北创新发展成为协同发展主战场之一，取得了明显的成效。加快了京津冀协同共同体建设，2018 年，全省吸纳京津技术交易额 204 亿元，比上年增长 25%，较 2013 年增长了 4 倍多。全力打造了京津科技成果转化示范区，实施"京津研发、河北转化"的创新协作新模式。协同创新顶层设计不断完善，重大创新平台建设不断加强，引进京津创新资源不断增多，科技创新资源共享和资质互认不断推进，提升科技成果转化孵化能力不断提高。在科技创新引领下，京津高校科技成果向河北转化工作也取得了长足发展，京津高校向河北转化的主动性、积极性明显提高，河北引进京津高校科技成果体制机制不断完善，双方接触洽谈的方式方法更加灵活，搭建的各种交流平台不断丰富，鼓励引进京津高校科技成果政策力度不断加强，因此京津高校科技成果向河北转化的数量越来越多，质量越来越优，结构越来越合理，对于推动河北产业结构调整起到积极的促进作用。但是京津高校科技成果来冀转化工作与河北经济社会发展需求比，与京津冀协同发展战略中科技成果转化的要求比，与打造"京津研发、河北转化"的创新链条比还有一定差距。引进京津高校科技成果转化工作力度还需要进一步加大，优惠政策还需要进一步完善，平台建设还需要进一步推进，确保京津高校科技成果"愿意来、来得了、落得下、建得成、效益好"等问题圆满解决还需要付出艰苦的努力，吸引京津高校科技成果来河北转化还有很大空间。为了进一步提高京津高校科技成果来冀转化水平，解决京津高校科技成果"愿意来、来得了、落得下、建的成、效益好"，提出十条切实可行的对策建议：一是建立京津科技成果和河北需求科技成果数据库；二是出台吸引京津高校科技成果来冀转化优惠政策；三是打造接收京津高校科技成果来冀转化生产基地；四是支持河北企业、高校和京津高校共建研发机构；五是推动京津高校高层次科技人才来冀任职或挂职；六是设立吸引京津高校科技成果来冀转化奖励基金；七是鼓励京津冀高校和企业共同建立创新研发联盟；八是强化京津高校科技成果来冀转化中试基地建设；九是借力京津高校优势助推河北大学生创新与创业；十是加强对京津高校科技成果来冀转化的组织领导。把以上十条落到实处对于引进京津高校科技成果，推动河北创新发展具有十分重大的战略意义和现实意义。

关键词：京津高校；科技成果；来冀转化；创新发展；对策建议

2014年2月26日，习近平总书记在北京主持召开了实施京津冀协同发展重大国家战略座谈会。在会上习近平总书记发表了重要讲话，全面深刻地阐述了实施京津冀协同发展战略的重大意义、推进思路、目标蓝图、重点任务和工作举措，提出了"七个着力"的重要要求。2015年4月30日，中共中央政治局会议审议通过《京津冀协同发展规划纲要》，《纲要》明确了京津冀功能定位，北京市为"全国政治中心、文化中心、国际交往中心、科技创新中心"；天津市为"全国先进制造研发基地、北方国际航运核心区、金融创新运营示范区、改革开放先行区"；河北省为"全国现代商贸物流重要基地、产业转型升级试验区、新型城镇化与城乡统筹示范区、京津冀生态环境支撑区"。特别指出要打造"京津研发、河北转化"的创新链条。明确了京津冀科技功能定位、协同发展目标、重点领域和重大措施，为推动京津冀科技创新协同发展提供了行动纲领和基本遵循。

一、京津冀协同发展战略实施提高了京津高校科技成果来冀转化水平

5 年来，在以习近平同志为核心的党中央的坚强领导下，京津冀协同发展取得了重要成果，雄安新区和北京城市副中心规划建设有序推进，北京非首都功能疏解积极稳妥开展，交通、生态、产业等重点领域实现了率先突破。河北省委省政府站位全局，抢抓机遇，在推动京津冀协同发展战略中不断推动河北经济社会高质量发展。在推动京津冀协同发展中，河北创新发展成为协同发展主战场之一，取得了明显的成效。加快了京津冀协同创新共同体建设，2018 年，全省吸纳京津技术交易额 204 亿元，比上年增长 25%，较 2013 年增长了 4 倍多。全力打造了京津科技成果转化示范区，实施"京津研发、河北转化"的创新协作新模式。协同创新顶层设计不断完善，建立了科技部主导下的京津冀协同创新"1+3"联动工作机制、定期会谈机制、创新统计调查机制；重大创新平台建设不断加强，加快建设"一南一北一环"三大创新平台，推动

"河北京南科技成果转移转化示范区"建设、打造"科技冬奥会绿色廊道"、对接《科技冬奥（2022）行动计划》、建设"环首都现代农业科技示范带"等；引进京津创新资源不断增多，探索一区多园、创新链合作模式、攻坚双创示范平台、与京津高校科研单位及企业联合共建研发平台；科技创新资源共享和资质互认不断推进，三地科技和财政部门共同签署《京津冀科技创新券合作协议》，河北制定出台《河北省高新技术企业跨区域整体搬迁资质认定实施细则》；科技成果转化孵化能力不断提高，制订印发工作方案、启动实施"52111"工程、建设技术转移支撑体系、深化京津冀节能环保技术工作联动。在科技创新引领下，京津高校科技成果向河北转化工作也取得了长足发展，京津高校向河北转化的主动性、积极性明显提高，河北引进京津高校科技成果体制机制不断完善，双方接洽的方式方法更加灵活，搭建的各种交流平台不断丰富，鼓励引进京津高校科技成果政策力度不断加强，因此京津高校科技成果向河北转化的数量越来越多，质量越来越优，结构越来越合理，对于推动河北产业结构调整起到积极的促进作用。但是京津高校科技成果来冀转化工作与河北经济社会发展需求比，与京津冀协同发展战略中科技成果转化的要求比，与打造"京津研发、河北转化"的创新链条比还有一定差距。有关资料显示，京津高校科技成果在山东转化高达40%，在河北转化仅5%左右。引进京津高校科技成果转化工作力度还需要进一步加大，优惠政策还需要进一步完善，平台建设还需要进一步推进，确保京津高校科技成果"愿意来、来得了、落得下、建得成、效益好"等问题圆满解决还需要付出艰苦的努力，吸引京津高校科技成果来河北转化还有很大空间。因此要加大工作力度、采取有效的措施，推动引进京津高校科技成果来冀转化工作取得新成效。

二、进一步提高京津高校科技成果来冀转化水平的对策建议

引进京津高校科技成果需要建立协调有序的工作机制、完善切实管用

的政策措施、搭建丰富多彩的各种平台和组织形式多样的对接活动。

（一）建立京津科技成果和河北需求科技成果数据库

为了提高京津高校科技成果来冀转化和河北引进京津高校科技成果的成功率，必须建立京津高校科技成果数据库和河北需求数据库。京津高校成果数据库要掌握已有研究成果和转化情况、正在研究成果以及未来规划研究成果；河北需求成果数据库要掌握现有重点产业需求、未来发展需求和长远规划需求，使供需双方能够及时、长久对接从而提高转化率。数据库的建立对各部门及时掌握京津高校已有的科技成果、正在研发的科技成果、规划研发的科技成果具有重要作用。数据库要动态调整，确保内容真实、准确。采取各种措施，及时向有关地区、高校和企业发布，使高校和企业双方全面掌握供需情况。通过京津冀协同发展领导小组加强京津科技部门对科技成果的登记并及时更新，补充、完善京津高校科技成果数据库；河北政府加强对企业的指导，明确未来发展方向，加强京津科研部门与河北企业的沟通、交流，双方根据需求调整科研和发展的方向，不断完善河北需求数据库。

（二）出台吸引京津高校科技成果来冀转化优惠政策

采取个案政策吸引京津高校科技成果是必要的，出台综合优惠政策是必须的。优惠政策的制定内容要全面、措施要具体，应具有较强的吸引力和可操作性。既要对京津高校科技成果来冀转化给予鼓励，又要激励各地政府以及企业吸引京津高校科技成果的积极性和主动性。优惠政策既要对单位鼓励又要对科技工作者个人进行奖励。优惠政策制定的思路是先落地、有效益后进行奖补，既要有降费免税等物质奖励又要有精神鼓励表彰。对京津高校科技成果来冀转化，可在现有的科技成果转化项目奖补、财税支持等优惠政策基础上，出台有针对性的政策措施，应当主要包括设立京津高校科技成果转化专项基金、强化科技成果持有人的股权激励、强化财政资金支持、强化税费减免支持、加大企业融资扶持力度及创新政府采购政策等内容。通过细化这些优惠政策，形成具有可操作性的措施，让京津高校科研人员能够通过科技成果在冀转化取得比其他地区更丰厚的报酬，使科技成果承接企业获取更充分的利益，打通京津高校科技成果积极来冀转化的"最后一公里"。

（三）打造接收京津高校科技成果来冀转化生产基地

科技成果转化地选择的一个重要因素是科技成果能够迅速投入生产，因此根据重点产业发展打造科技成果转化生产基地是吸引京津高校科技成果的智慧选择。河北各市、县经济开发区、高科技产业园区云集，均承担各自区域重点规划和发展职能，具有与之配套的发展政策，具备吸纳高校科技成果落地的广阔空间。为有效吸引京津高校来冀转化，河北省可依托各经济技术开发区、高科技产业园区等区域打造科技成果转化生产基地。建议出台针对性政策措施，在各区域重点规划京津高校科技成果孵化园区，土地使用计划指标单列，采取"筑巢引凤"策略，进行生产基地前期建设，确保交通顺畅便利、水电暖配套齐全、医疗服务设施完善、娱乐场所健康文明、教学设施水平一流、住房保证优质，等等。营造有利于京津高校科技成果来冀转化优良的软、硬件环境，为科技成果产业化促进当地经济发展奠定坚实基础。

（四）支持河北企业、高校和京津高校共建研发机构

推动科技成果转化，关键是解决高校科研经费不足、科技成果与市场联系不紧密、企业高层次人才紧缺等问题，解决这个问题就必须把企业、高校无缝隙组合起来，支持企业和高校共建研发机构。研究课题由企业生产需求确定，企业负责提供研究经费，高校科技人才和企业研发人员共同组建专门团队。研究成果直接由企业进行产业化生产，科技成果由高校和企业共同享有。产业化取得利润后科研人员可以入股或获取奖金。有关部门在课题立项、项目审批、落地服务等方面应给予大力支持。

（五）推动京津高校高层次科技人才来冀任职或挂职

京津高校人才数量多、质量高，有许多顶尖人才，掌握着丰富的科技资源和发展资源。引进京津高校高科技人才会带来许多有利于我省发展的信息、项目、技术等。一是推动京津高校科技人才来我省挂职任职，县级政府以上不受领导指数限制配备副县长、副市长，省直各部门根据工作需要配备相应的副职，各大专院校和具有一定规模的企业都要引进任副职。给引进挂职人员提供必要的经费支持和生活保障。二是建立京津高校研究生以上人员社会实践基地，组织京津高校研究生到我省各有关单位进行社会实践活动，开展技术咨询、企业诊断、难题攻关等一系列服务活动。三是联合开展课题研究，省科技主管部门列出专项、专门针对我省企事业单位和京津高校共同研究的课题进行立项，鼓励合作开展课题研究。针对区域内经济社会发展问题、难点课题和重大技术问题联合攻关。

（六）设立吸引京津高校科技成果来冀转化奖励基金

京津高校科研实力一流，科技成果资源丰富，对外输出空间广阔，全国各地均想方设法用足政策优势吸纳落地。河北作为环京津经济圈省份，应当把握北京疏解非首都功能、打造雄安新区新引擎的战略机遇，加强政策引导，吸引京津高校科技成果来冀转化。加大对引进京津高校科技成果来冀转化的奖励力度，是调动各地政府以及企业和京津高校积极性的有效措施。建议由省政府主导，建立京津高校科技成果来冀转化奖励基金，用于激发京津高校科技成果来冀转化的热情。奖励基金可由省、市、县政府共同承担，省政府出资 20%，市、县政府出资 80%，市、县政府按现 GDP 占全省 GDP 份额比例出资。根据各地引进京津高校科技成果转化数量、企业效益、税收贡献、就业人数等综合评定给予奖励。对于京津高校科技人才和引进京津高校科技成果有贡献人员也要给予一定奖励。通过奖励促使河北各地政府、企业千方百计引进京津高校科技成果，激励有识之士推动京津高校科技成果来冀转化，鼓励京津高校科技人员主动把科技成果向河北转化。

（七）鼓励京津冀高校和企业共同建立创新研发联盟

京津冀地区科教资源丰富、企业资源富集、创新链条完整，具有科研和产业优势。为用足这些优势，近几年，同行业、同专业的校校之间、校企之间、行业之间结成联盟共谋发展的实践比比皆是，他们在各领域创新研发中起到了积极的作用，显示了这些专业、行业联盟特有的优势。在京津冀协同创新的大背景下，京津冀高校和企业形成共同创新研发共同体组织基础条件成熟，集聚校企力量打出创新发展"组合拳"的前景十分广阔。建议省政府会商京津政府主导，以京津冀协同创新发展联盟牵头，吸纳整合京津冀三地高校、企业、行业及开发区之间已有各类联盟组织参加，创建京津冀高校和企业创新研发联盟，以强化创新研发综合实力，为京津冀协同发展注入强大力量。京津冀创新研发联盟将集聚京津冀科技创新资源，构建以高校和企业为主体、经济技术产业需求为导向、产学研深度融合的技术创新体系。联盟将采取企业投资、共同研发、利益共享的运作模式，构建产学研深度融合新平台、校企技术交流平台、前沿科技领域技术孵化平台，促进资源整合、联合攻关、人员互动交流，不断激发高校与企业的创新研发活力，增进校企研发机构间的联系，为政府政策制定和重大科技创新项目开发提供依据。同时，实现高校科技成果研发与生产企业精准对接，带动校企产学研在科技创新领域的深度合作，将高校科技成果转化落到实处，共同走出产学研深度融合的创新发展之路。

（八）强化京津高校科技成果来冀转化中试基地建设

科技成果从研发到产业化必须经过中试环节，不经过中试环节没有办法进行产业化，这是科技成果转化的瓶颈问题。研发机构受资金限制做不了中试，企业不取得经济效益也不可能进行中试，因此必须采取措施解决这个瓶颈问题。按照"先建成后奖补"的方式，鼓励企业先建成中试基地后政府给予奖励补助的思路推动河北省中试基地建设。省政府出台中试基地建设相关的指导意见，明确中试基地建设标准、奖补方法、考评机制等。河北省以各市的支柱产业为中心鼓励各市重点企业建设中试基地，企业建成的中试基地验收后为挂牌中试基地，政府给予一次性奖励资金；企业引进京津高校科技成果实施转化，完成中试正式投入生产的，按照产品中试费用给予一定比例的补助资金；京津高校科技成果持有者在中试基地完成转化的，经专业评价后，可给予京津高校科技成果持有者一定比例股份；河北省应设立重大科技成果中试专项奖励基金，对我省经济结构调整、产业结构优化、产品结构升级换代具有重大影响，辐射带动作用强，带来较大经济效益的科技成果应列入省级重大科技成果中试专项给予重点支持，保证京津重点高校科技成果在中试基地顺利完成。

（九）借力京津高校优势助推河北大学生创新与创业

京津高校创新资源优势明显。北京、天津作为全国高等教育的优势聚集地，拥有的博士点、基础研究和人才培养基地等的数量占全国的55%左右。京津地区大学生的创新教育和创业孵化在全国也位居前列，具有丰富的成功经验，河北可以借力京津高校成功经验助推本省大学生创新创业，主要从以下方面着手：一是搭建合作共建平台。京津各高校以深厚的文化底蕴为依托，创新创业工作在全国高校中处于领先地位，建立了完备的创新创业体系。充分利用京津在创新创业方面的资源优势培训创新创业教师队伍，促进我省创新创业教师队伍整体专业素质的提高；成立京津冀创业讲师专家团，定期与我省讲师交流。二是吸引京津高质量创业项目来冀转化。利用河北紧邻京津、资源丰富等营商优势，促成京津高校大学生优质项目在冀推广转化，河北提供优惠政策、创业场地等。三是培育河北高校大学生创业项目。京津高校大学生创业项目培育方式日趋成熟，创业项目孵化成功率和获取天使投资的创业项目均居全国前列，已经形成有专职创业指导教师、校外企业家参与创业项目打造和配套齐全的"一街三园多点"孵化体系。河北大学生创业项目应当多参加京津冀各类创新创业大赛，赛前邀请京津高校专业团队进行辅导，赛中与京津大学生创业项目交流，赛后进行深入总结和学习，促进我省大学生创新创业能力的快速提升。同时，河北大学生创业项目团队还可以赴京津向同类成功团队学习。

四是打造互联网＋创业机制。利用互联网平台技术，建立更多的优质在线课堂，使我省大学生享受京津高校优质创业教育，提升大学生的创新创业观念和水平。

（十）加强对京津高校科技成果来冀转化的组织领导

高校科技成果转化是国家科技兴国战略的重点，为了加强对京津高校科技成果来冀转化，规范科技成果转化活动，推动河北经济高质量发展，应加强对京津高校科技成果来冀转化的组织领导。一是省级成立加强对京津高校科技成果来冀转化工作的领导小组，组长由主管科技工作的副省长担任，省科技厅、人社厅、教育厅等相关部门参加，市、县级也相应地成立领导小组，明确工作职责和工作分工，按照职责对京津高校科技成果来冀转化工作做好管理、指导、协调和服务。二是对京津高校科技成果来冀转化工作的统筹规划。定期召开工作会议，加强顶层设计，制定长期规划和具体工作目标，营造良好的科技成果转化大环境。三是对京津高校科技成果来冀转化工作的组织协调。充分利用政府权威和公信力，加强京津高校与河北企业之间的合作交流，对京津高校科技成果来冀转化工作进行协调指导。四是对京津高校科技成果来冀转化工作的督导检查。督促科技成果转化工作按期落地、按时完成，对项目进展情况、完成情况以及存在的问题等每季度形成督查通报。五是对京津高校科技成果来冀转化工作的考核问责。京津高校科技成果来冀转化工作列入县、市级政府年度工作计划并作为年终考核指标体系中的重点任务，对落实力度大、工作任务完成好的给予奖励，对敷衍应付，没有完成工作任务或科技成果转化的产值、利润没有取得明显经济效益的给予问责。

引进京津高校科技成果，推动河北经济创新发展，既是京津冀协同发展的重要内容，也是落实党中央重大战略的必然选择。我们坚信，在以习近平同志为核心的党中央的坚强领导下，全省上下团结一心、协调联动、砥砺前行，引进京津高校科技成果工作必将迈上新的台阶，为河北经济创新发展作出新的更大的贡献！

供给侧结构性改革背景下校企合作的紧迫性分析[①]

摘要：供给侧结构性改革是中国今后改革的主方向，从经济领域开始逐步延伸到其他各领域。作为经济领域改革主体的企业和作为高等教育领域改革主体的高校，在供给侧结构性改革面前均面临着一些共同的挑战和要求，企业要提供满足社会需求的优质产品，高校要提供满足社会需要的优秀人才。在供给侧结构性改革背景下，企业提高有效产品供给需要借力于高校的资源和力量，高校提高有效人才供给离不开企业的参与和支持，两者更需加强合作。

关键词：供给侧；改革；校企合作

2015年11月，中央财经领导小组第11次会议上首次提到"供给侧结构性改革"，之后相继在APEC领导人峰会、"十三五"规划纲要编制工作会议、中央经济工作会议等一系列重大会议上提出，这一概念逐步深入人心，并日益成为国家今后很长一段时间内全面深化改革的方向标。社会稳定发展的一个前提就是要确保社会供需的基本平衡，即有效的社会供给能够满足多样化的社会需求。当前我国的需求已从生存性需求时代过渡到发展性需求、个性化需求时代，需求侧的变化必然要引起和带动供给侧的

[①] 本文是作者主持的2017年河北省教育厅重点课题"高校助力企业创新主体研究"的结题报告，发表在《现代职业教育》总第95期。

变化。因此，推进供给侧结构性改革，不仅影响国家经济的发展，更影响社会的各个层面。

一、供给侧结构性改革对地方企业和高校提出的新要求

随着供给侧结构性改革实践的深入推进，供给侧结构性改革逐步从经济领域延伸至社会其他领域包括教育领域。无论是经济领域的企业还是高等教育领域的高校，都面临着供给侧结构性改革带来的一些挑战和要求。

（一）供给侧结构性改革要求企业提供满足社会需求的优质产品

"供给侧"是相对于"需求侧"而言的，供给侧结构性改革强调的是从供给和生产这一端入手。充分发挥市场作用，通过调整生产结构，优化配置资源，鼓励不断创新，激励有效供给，淘汰无效和低效供给，提高供给质量，从而更好地满足社会需求。目前，我国存在传统产业供给过剩和新兴产业供给不足并存的矛盾，一方面低端产能严重过剩，生产效率低下；另一方面新兴产业存在短板，一些高端需求供给不足。供需结构性失衡是当前中国经济发展面临的一个现实性矛盾。以前那种依靠高投入、高消耗、高污染、低工资支撑的供给模式既不符合时代要求，也不符合我国实际，今后必然要走低投入、低消耗、低污染、高质量的发展新路。

企业作为经济领域改革的主体，能否成功转型升级，能否及时提高供给端质量，将直接决定这次改革的成败。供给侧结构性改革主要任务就是将劳动力、资本、技术等要素从产能过剩、增长空间有限的产业中释放出来，转向发展空间大、前景好的新兴产业，从而促进经济结构的转型升级。这就要求企业立足于消费者，瞄准市场风向标、引领未来需求走向，以产业结构调整为抓手，以技术创新为突破口，努力为社会提供优质高效的产品。

（二）供给侧结构性改革要求高校提供满足社会需要的优秀人才

随着教育需求从精英教育向大众化教育、个性化教育转变，必然也要

求教育的供给侧结构性改革随之跟进。教育供给侧结构性改革的核心是提高教育供给质量,为受教育者提供多样化、高质量的教育服务,满足社会和用人单位不同层次的教育需求。相比较企业供给的是产品,学校供给的是人才,提供更多优秀的符合社会与用人单位需求的人才就成为高校的首要目标。

教育供给不仅体现在人才的供给,而且还体现在教育资源的供给。扩大优质教育资源供给,优化教育资源配置,适时调整专业设置,及时推行课程改革,努力满足受教育者和用人单位的需求是高等教育供给侧结构性改革的核心。高校作为高等教育的主阵地,要时刻以需求为导向,既要瞄准地方经济发展规划和企业用人需求,调整优化专业结构,也要紧贴科技发展前沿和学生学习实际。适时推行课程改革,从课程内容、授课方式、考核方式等方面进行创新,真正服务于学生的成长成才需要。

二、企业提供有效产品供给需要借力于高校的资源和力量

目前,我国很多企业尤其是中小微企业在国家提出供给侧结构性改革面前,存在认识不到位、准备不充分、应对不得力等问题。在市场竞争中,一些企业将精力和注意力集中在如何最大限度地获取眼前利益,满足于现有的盈利模式和生产状况,对消费者的新需求、行业发展的新趋势缺乏前瞻性认识和忧患意识,对人才长期储备的意识不足,一部分企业不重视自身的技术创新。所有这些问题要借助高校的资源和力量来弥补和完善。

(一)借助高校深化对供给侧结构性改革的认识

供给侧结构性改革是国家战略,是今后一段时间国家经济工作的重中之重。可以说,政府层面对供给侧结构性改革的重视程度非常高,相比而言,企业则显得重视不够,甚至存在模糊认识。

调研发现,有的企业负责人认为供给侧结构性改革的主体是政府,跟

企业的关系不大；也有人认为供给侧结构性改革主要是国有大型企业的事情，与中小型企业关系不大。实则不然，我国是社会主义市场经济国家，市场在经济发展中发挥决定性作用，政府是法规的制定者、市场秩序的维护者，为市场经济发展保驾护航，但绝不能代替市场发号施令。另外，企业无论大小都必须遵循市场规律，都是供给侧结构性改革的主体，都必须将供给侧结构性改革视为己任。在企业与高校合作过程中，高校专业教师可以从理论和政策的角度帮助企业高层和专业技术人员深刻认识供给侧结构性改革的必然性，清醒认识到企业在供给侧结构性改革中的地位、担当和努力方向等，从而增强参与改革的主动性、自觉性和能动性。

（二）借助高校为企业培养适合性人才

在当今信息化时代，企业发展必须依托创新，而创新离不开各种高素质人才，可以说人才是企业的真正核心竞争力。企业家要清醒地认识到以前那种依靠低成本、廉价的劳动力供给获取红利的时代将不复存在，努力吸纳、培养具有综合技能的应用型人才是现实选择。每个企业都希望拥有更多优秀人才，但从人才市场海选招聘很难直接找到符合自己需求的人才，而自己单独培养又投入大、周期长，因此校企合作共同培养人才不失为理想的选择。企业全程参与高校的人才培养方案制订，在专业设置、课程开发、实习实训等方面提出自己的方案，在人才培养过程中派遣技术人员参与并提供实践环境支撑，与高校合作共同培养出符合自身需求的人才。

如何知道企业当务之急需要哪些人才？（1）需要专业人士，能对企业进行全方位诊断，清晰企业的未来发展规划，明晰企业产品的市场定位；（2）需要产品研发升级的专业技术人员，不仅要对旧设备、旧工艺进行改造升级，更重要的是要根据市场需求和未来发展趋势研发设计新工艺、新产品；（3）还需要一批懂市场、善营销的营销人员，及时把好产品推向市场，从而满足社会的广泛需求。而这些人才资源恰恰是高校的优势。

（三）借助高校提升企业的技术创新能力

企业在产业结构升级过程中获得发展机会的关键在于技术上的创新。供给侧结构性改革就是要求企业根据市场需求推陈出新，在经营过程中不断研发新技术，一方面，结合最新科技研发新产品、提供新供给、创造新需求；另一方面，借助科技推动传统产业升级，提高产品质量，拉动消费新需求。然而新技术的研发并非易事，它需要专业的研发人员、精良的研发设备、充足的研发资金等条件，而有些条件是一些企业所不具备或欠缺的。校企合作共同研发新技术，可以达到资源共享，企业可以依托高校的研发能力和研发人员，高校可以利用企业的研发平台、设备资金，真正实现校企在合作中共赢，在共赢中发展。高校提高有效人才供给需要企业的参与和支持，高校的核心目标不是按照市场规则去赚取经济利润，而是要努力培养符合社会需求的高质量人才。因此，衡量一所高校办学好坏的尺度不应只看其经济效益，而应主要看其社会效益。这就要求高校在办学过程中实行开放式办学，既要沉下心潜心研究教育发展规律、人才培养规律，也要放开眼关注社会发展需要、企业需求；同时还要有"借力发展""合作共赢"的眼光和胸怀，这样才能推进学校健康快速发展。在此背景之下，校企合作就成为提高办学水平、提升教学质量、提供有效人才供给的一个重要途径。

1.与企业合作有利于加快高校教育教学改革进程

当今，社会对人才的需求在不断发生变化，这就要求提供人才供应的高校在办学模式和人才培养模式上也要与时俱进。在办学模式上应积极尝试政、行、企、校多方合作办学，引进多方资源参与办学；在人才培养上实行"工学结合""理实一体"的人才培养模式。无论是办学模式还是人才培养模式的改革，都离不开与企业间的合作。注重把学生在学校学到的理论、技能放到企业实践中去应用提高，学校负责理论教学，企业重点参与实习实训，双方发挥各自优势，这是教育改革的一个方向。同时，还要不断丰富教育教学模式，将人才培养方案与企业岗位标准结合，课程设置与企业岗位结合起来，将高校与企业的发展紧密联系起来，把高校和企业都变成人才培养的基地。

2. 与企业合作有利于提高高校"双师型"师资队伍建设水平

与企业合作符合社会、企业需要的应用型人才的培养目标与培养模式，要求高校特别是高职院校的专业教师应具备"双师型"素质。"双师型"即"理论型"和"实践型"的融合，是指那些既精通专业理论教学，又有较强指导专业实践能力的教师。"双师型"师资队伍的建设途径主要有两种：（1）从社会上主要是企业引进有丰富工作经验和较高理论水平的技术管理人员到高校做专兼职教师；（2）鼓励专业教师通过"下场锻炼"等方式向"双师型"转型。无论是哪种方式都离不开与企业的合作，而且双方都能实现共赢。从企业选拔专业技术人员进入高校当专兼职教师在充实"双师型"教师队伍的同时也提高了他们的理论水平；高校选派优秀教师"下场锻炼"，直接参与企业的生产、科研、营销、服务等全流程活动，提高教师实践能力的同时也有效地增强了学生培养的针对性。

3. 与企业合作有利于改善高校学生实习实训环境

学生毕业前的实习实训是高校人才培养过程中的重要环节，它有助于学生增强岗位认知并快速适应未来的工作岗位。因此，能否给学生提供完备的实习实训环境将直接影响人才培养质量。校企合作共建校内外实习实训基地应成为改善高校学生实习实训环境的重要途径，主要方式是通过建立"校中厂"和"厂中校"来进行合作。"校中厂"就是引进企业资源到学校建立校内生产性实训基地，按照企业化的运作模式，构建以生产性实训为特征的一种校企合作新模式，具有教学、生产、实训、培训等多种功能，能同时完成"教学"和"生产"两个任务，真正做到"学中做、做中学"。"厂中校"就是将学校的资源搬进企业，与企业合作共同培养人才。具体承担学生实践教学和顶岗实习、为企业培训员工、培养青年教师的实践技能等任务。依托"厂中校、校中厂"校企合作平台，创新"做中学、学中做"的产学一体、工学结合的人才培养模式，基本形成学校课堂与生产现场、教学内容与生产任务、职业能力培养与生产活动的高度合作。

参考文献

[1] 韩旭."校中场""厂中校"实习、就业一体化人才培养范式探讨与实施[J].职业技术教育,2016(20):50-52.

[2] 孔祥春,陈如冰.建立校企合作、互利共赢的有效运行机制的研究[J].内蒙古师范大学学报(教育科学版),2017(3):32-34.

[3] 易新河,文益民,陈智勇.我国校企合作研究二十年综述[J].高教论坛,2014(2):36-41.

本文于 2018 年 10 月 29 日刊发在中共秦皇岛市委研究室送阅件第 50 期，呈报市委常委、市政府副市长和市直有关部门主要领导参阅。时任市委书记孟祥伟同志于 2018 年 11 月 2 日批示："请永纯（时任市委常委、常务副市长）、文萍（市委常委、组织部部长）、茹艳（市政府副市长）同志酌，志华同志的建议是对的，党委政府同驻地高校应树立问题导向务实合作。"时任市委常委常务副市长薛永纯同志于 2018 年 11 月 5 日批示："请市发改委会同市教育局、市人社局按祥伟书记批示要求研究校地合作计划。"市委常委组织部部长刘文萍同志圈阅。市政府副市长廉茹艳同志于 2018 年 11 月 9 日批示："请市教育局认真研究，创新政策机制，加快推进校地深度合作工作。"各相关部门按领导批示深入调查研究，研究务实举措，协调联动推进，校地合作工作取得了重要成果。该文经有关专家评审获"2018 年度秦皇岛市委决策咨询突出贡献奖"。本文发表于 2018 年 6 月 5 日《秦皇岛日报》专刊《理论·实践》，并收录在中共中央党校出版社出版的《中国思想政治工作与"两学一做"学习教育全书》（第 364 页）中。

关于推动驻秦高校和地方深度合作的思考与建议

习近平总书记在党的十九大报告部署教育改革工作中指出："完善职业教育和培训体系，深化产教融合、校企合作。"深化校地合作不仅是落实党的十九大精神的客观要求，而且是建设沿海强市、美丽港城和国际化城市的必然选择。深化校地合作对政府、对企事业单位、对高校发展都有积极的促进作用。对政府而言，是贯彻十九大精神、落实创新发展理念、优化产业结构、尽快推动经济快速发展最直接、最现实、效果也最明显的举措，也是以人为本、尊重知识、重视人才、崇尚创新、宽容失败、鼓励创优执政理念的重要体现；对企事业单位而言，是研发新产品、推广新工艺、引进新技术，提高核心竞争力成本最低、见效最快的举措，也是引导企业转变发展思路、创新发展模式、增强发展活力的有效途径；对高校而言，是创新人才培养模式、深化教育教学改革、提升人才培养质量的必然选择，也是提升教师"双创型"人才能力、提高学生就业质量、提高学校科研水平的重要路径。

秦皇岛的特殊地理位置和城市功能定位决定了必须要走"生态立市、产业强市、开放兴市、文明铸市"的发展之路。市"十三五"规划明确提出要坚持创新发展，增强城市发展动能。今年的市政府工作报告再次提出，坚定不移建设创新型城市，要把创新作为第一动力。这些目标的实现离不开人才的支撑，迫切需要驻秦高校的积极参与。

秦皇岛目前拥有 11 所高校，共有近 8000 名教师，其中高级职称占比 29.68%，在校生 11 万余人，每年毕业生近 3 万人。高校专业覆盖理、工、农、文、管等各大学科，门类齐全，与地方产业的契合度很高，科研能力、服务经济的实力很强。相较与外省高校合作，与驻秦高校合作具有成本低、见效快、效率高的明显优势。因此把推动驻秦高校和地方合作工作摆上重要议程甚至提升为当下最紧要工作之一，是十分正确和睿智的选择。

一、全力争创全国产教融合建设试点城市

习近平总书记强调，"发展是第一要务，人才是第一资源，创新是第一动力"。为全面贯彻党的十九大精神，认真落实党中央、国务院关于教育综合改革的决策部署，促进人才培养供给侧和产业需求侧结构要素全方位融合，培养大批高素质创新人才和技术技能人才，国务院办公厅印发了《关于深化产教融合的若干意见》，要求各级政府将产教融合作为促进

经济社会协调发展的重要举措，融入经济转型升级各环节，贯穿人才开发全过程。《意见》提出将支持若干有较强代表性、影响力和改革意愿的城市、行业、企业开展试点，并完善支持激励政策，责成国家发展改革委、教育部会同有关部门、各省级人民政府共同来完成试点工作。作为国家首批沿海开放城市，在几十年的改革发展中，秦皇岛历届政府已经形成了勇立潮头、先试先行、事事争先的优良作风和工作理念。争创全国产教融合建设试点城市，既是贯彻十九大精神、落实国务院决策部署、工作上讲政治的重要体现，也是立足秦皇岛实际实施创新驱动发展战略、转化经济发展动能的重要举措，还体现了一种敢于走在全国前列的志向和担当。我市应全面启动该项工作，精心谋划、认真组织、加强领导、制订方案、尽快行动。

二、提升驻秦高校和地方企事业单位合作交流平台

全面推动驻秦高校和地方深度合作，应有固定的载体和平台。近几年，市委市政府相关部门也牵头组织一些驻秦高校负责人和部分企业参加的交流对接会，事实上也促成了一些驻秦高校和地方的合作项目，但是这种校地合作平台的规模和层级还偏低，其实效和影响力还远远不够。鉴于大力度推动这项工作的需要，应筹备召开高水平、高规格的驻秦高校和地方企事业单位服务项目推进对接会议，为校地深度合作搭建更好的平台。会议可邀请省教育厅乃至教育部和省委省政府领导莅临，还可邀请京津冀有关高校出席会议，同时也可邀请全国著名的有关校地合作研究领域的专家进行辅导、作报告，力争将该会举办成秦皇岛的品牌项目，借力打造科技信息集散中心，发挥区域创新的引领示范性作用，以此来推动秦皇岛的创新和发展。会议内容紧紧围绕服务校地合作，给校地集中深度对接洽谈创造机会，为学校集中发布服务能力和项目、企事业单位发布服务需求搭建平台，为高校和地方合作项目签约牵线搭桥。

三、集合高校专家优势资源组建智库团队

为落实总书记提出的强化各级"看齐意识"的要求，向中央政治局定期组织专家辅导热点问题和发挥智库作用的做法学习，推动全市各级党委政府决策科学化，应为各级党委政府组建战略咨询智库团队，为各级党委政府的职能部门组建业务咨询智库团队。智库团队由在全市高校中择优选拔的能够坚持正确政治方向、德才兼备、富于创新精神、专业结构合理、年龄结构优化的若干名专家组成，智库团队的职责：一是对重大的、长远的战略问题和公共政策，特别是涉及百姓关注的问题进行决策咨询；二是负责对重大决策问题的跟踪评估和反馈工作；三是定期对各级党委政府关注的问题进行理论辅导；四是负责当地宏观发展的谋划和论证工作。各级党委政府要保证智库团队负责人参加党委政府研究工作的会议，及时把全市重大决策文件内容向专家传达，定期给智库团队交办课题研究和工作任务，对智库团队提出的工作建议等及时上会研究，为智库团队开展工作提供各种必要保障。

四、开展校地深度合作的理论和实践研究

为探寻校地合作工作规律，探索合作模式，采取过硬举措推动校地合作工作迈向新台阶，把秦皇岛打造成全省乃至全国高校和地方合作的样板，推动秦皇岛经济转型、创新发展，助力秦皇岛各项工作宏伟目标的顺利实现，建议成立高层次校地合作研究课题组，开展校地深度合作的理论和实践研究。组长由市委市政府主要领导担任，课题组成员由市委市政府有关领导和部门及高校专家学者组成。课题争取国家、省科技部门立项，市科技部门作为重要课题立项支持。课题组对校地合作基础、合作意义、合作方略、合作原则、合作平台、合作路径、合作机制、合作模式、合作政策、合作前景、合作蓝图、合作案例等进行深入、系统的研究。探索如何提高校地双方合作的积极性、主动性，解决合作动力不足的问题；探寻适合、高效的校地合作模式和方略，解决合作方式方法不明的问题；探究

精准的校地合作政策支持内在机制，解决合作保障乏力的问题。通过课题研究进一步理清市委推动校地合作的思路，制定并出台秦皇岛校地合作系列政策，建立校地合作科学评价体系，形成一份对全省校地合作可借鉴、能推广的研究报告。

五、打造高校和地方深度合作的样板工程

推动校地合作要遵循典型示范、重点突破的工作规律，集中挖掘高校的重点资源和特色资源，优先支持龙头产业和特色产业的合作需求，积聚力量打造合作样板工程。充分利用燕山大学中科院院士品牌、国家重点实验室的社会影响力和学科引领优势，培育国际一流的研发基地和相配套的成果转化产业园，把现有的科技领军人物的作用和效力发挥到极致；充分发挥高校专业带头人在秦皇岛相关行业协会的智库作用；充分利用各个高校的特色专业和优势专业资源，如机械、材料、旅游、建材、环保等，政府从中协调与其专业契合度较高的企业结成对子，实现精准对接、全面合作、务求实效。校地双方根据供需明确若干具体合作项目，实行项目责任到人，并明确任务时限和工作要求。政府要加强对校地合作的领导，合理对接、协调推进、政策支持、真心服务，及时研判校地合作进展，发现合作当中的共性问题、分析存在问题的原因、实施解决问题的对策，提高校地双方合作水平。以双方合作的成功案例总结出推动校地合作的工作经验和工作模式，从而把秦皇岛校地合作工作推向新的高度。

六、建立校地合作实效评价体系和支持鼓励机制

推动校地合作的根本目的是助力企业快速发展、高校健康成长，从而推动地方经济社会的健康快速发展，因此必须务求实效。追求实效首先要有一套科学的评价体系，目前尚未有比较成功的实践。建议成立校地合作评价中心，以第三方机构的身份开展产教融合、校地合作的效能评价，大

胆探索、积极实践，力求校地合作实效评价科学、准确。同时强化评价结果的运用，作为绩效考核、投入引导、试点开展、表彰激励的重要依据。整合发改、科技、工信、财政等有关部门科技创新的经费，建立政府支持鼓励机制，以资金撬动为杠杆，支持资金一方面用于对合作项目的具体扶持，另一方面可用于合作效果好的奖励资金。

七、引导校企紧贴地方发展需求合作共同育人

产教融合、校地深度合作的一个重要内容就是校企合作共同培养符合地方发展需要的人才，避免出现学校供应的人才不符合企业需要的人才标准。具体做法是：一是引导高校在专业设置和调整中把服务经济发展、产业升级作为首要原则。建议市政府成立引导高校专业设置和调整服务秦皇岛指导委员会，负责向高校提供2030年产业发展规划和人才需求计划，引导高校在专业设置和调整中主动向秦皇岛倾斜，协调解决高校在专业调整中遇到的困难和问题，统筹驻秦各高校在服务地方专业设置上差异化发展，制定出台鼓励高校在专业设置和调整大力度向秦皇岛倾斜的政策。二是支持企业参与人才培养过程，引导企业深度参与高校教育教学改革，多种方式参与学校专业规划、教材开发、教学设计、课程设置，促进企业需求融入人才培养环节。推行面向企业真实生产环境的任务式培养模式，鼓励企业依托或联合职业学校、高等学校设立产业学院和企业工作室、实验室、创新基地等。三是鼓励以引企驻校、引校进企、校企一体等方式，吸引优势企业与高校共建共享生产性实训基地。支持依托高校建设行业或区域性实训基地，带动中小微企业参与校企合作。通过政府购买服务、落实税收政策等方式，鼓励企业直接接收高校学生实习实训。

八、抓紧实施驻秦高校毕业生的留秦就业创业工程

各类各层级人才是决定地方经济社会发展的根本。当前，一些一、二

线城市为争取高校毕业生相继推出了各种优惠政策。如南京市推出旨在引进大学毕业生的"宁聚计划",对非在宁的高校2018届应届毕业生,来南京面试可领1000元补贴。武汉出台了大学毕业生最低年薪指导标准,专科毕业生4万元,本科毕业生5万元,硕士毕业生6万元,博士毕业生8万元。可以说,各地人才争夺大战将愈演愈烈。由于驻秦高校学生长期学习、生活于此,美丽的山海环境让他们都有热爱秦皇岛的情怀,自觉服务地方的意愿也很强烈。因此,就近吸纳驻秦高校毕业生留秦就业、创业是当前的重要战略选择。可以采取以下具体措施:一是精心谋划与地方产业相适应的专业结构布局,加强特色、优势、品牌专业建设,动态调整专业结构,提高留秦人才就业的专业对口率。二是学生在校学习期间,享受旅游景点、公共交通、医疗保障等方面的优惠待遇,增强学生的"秦皇岛人"情结。同时邀请政府领导、企业精英、行业专家"进校园、进课堂、进班级",通过讲座、报告会、推介会等形式宣传秦皇岛地方经济发展成果,激发学生投身秦皇岛经济建设的愿望。三是出台吸引毕业生留秦就业创业的系列激励政策,在薪金待遇、住房保障、就业安置等方面给予政策倾斜。既注重吸引硕士、博士这样的高层次人才,更要重视吸引本科毕业生和高素质技能型的高职毕业生,因为后者实际留秦人数和社会需要的人数最多。四是召开秦皇岛毕业生留秦工作专题推进会议。会议由市委市政府主要领导主持召开,政府各相关职能部门、驻秦各高校负责人和主要企业负责人参加。通过召开会议,达到提高认识、研究对策、合作共赢的目的,确保驻秦高校毕业生留秦就业、创业率逐年稳步提升。

推动驻秦高校和地方深度合作是一项系统工程,需要全市各级各部门以及各企事业单位和各高校统一思想、明确目标、细化举措、厘清责任、协调联动、统筹推进,需要所有参与单位和个人自我加压、负重奋进、合力攻坚、求实创新。我们相信,只要我们共同努力就一定能谱写校地合作新篇章,推动经济社会高质量发展,为实现沿海强市、美丽港城和国际化城市的目标贡献更大的力量。

推动教育和产业深度融合[①]

推动产教融合对经济发展和产业升级具有重要意义。进一步推动我省产教融合，要积极构建高校和企事业单位合作交流的平台，集合高校的专家智力资源组建智库团队，打造高校和地方深度合作的样板工程，紧贴地方需求探索校企协同育人的新模式，提升高等院校在冀科研成果转化率，实施全省高校毕业生留冀就业创业工程。

习近平总书记在全国教育大会上强调，要提升教育服务经济社会发展能力，调整优化高校区域布局、学科结构、专业设置，建立健全学科专业动态调整机制，加快一流大学和一流学科建设，推进产学研协同创新，积极投身实施创新驱动发展战略，着重培养创新型、复合型、应用型人才。我省出台的《关于深化产教融合的实施意见》明确指出，通过10年左右时间的努力，基本实现教育和产业统筹融合，校企协同育人机制全面推行，需求导向人才培养模式健全完善，高等教育、职业教育对经济发展和产业升级的贡献显著增强。这要求我们进一步在推动产教融合上下功夫，充分发挥教育对产业转型升级的支撑引领作用。

一、积极构建高校和企事业单位合作交流平台

目前，我省开展了不少高校和地方的合作项目，但还存在合作方式方法单一、合作层次偏低、合作深度不够、合作实效不理想等问题。解决这

---

① 本文发表在2019年5月24日《河北日报》第7版。

些问题，一是筹备召开高水平、高规格的省内高校和地方企事业单位服务项目推进对接会议，为高校和地方深度合作搭建更好的平台。二是组建由高校牵头的产业发展研究院。以全省最强的某一专业学科所在高校为牵头单位，整合全省高校同一专业的人才资源，组建松散型的公益性研究院，在产业规划、行业指导、企业诊断、技术研发、人才培养等方面发挥作用。

二、集合高校的专家优势资源组建智库团队

智库是现代国家治理体系的重要组成部分。各地各部门要认真贯彻落实中央和省委关于建设新型智库的要求，积极组建战略咨询智库团队，对重大的、长远的战略问题和公共政策，特别是涉及百姓切身利益的问题进行决策咨询，并在此基础上，对重大决策实际效果进行跟踪评估。要把专家咨询论证作为科学决策、民主决策、依法决策的必要程序，认真听取意见和建议，为智库团队开展工作提供各种必要保障。

三、打造高校和地方深度合作的样板工程

遵循典型示范、重点突破的工作规律，优先在事关全省高质量发展的重点领域和产业，聚集力量打造高校服务地方的样本工程。各高校要充分利用自身特色专业和优势资源，构建高水平合作平台，实现与地方的精准对接、全面合作。在高校服务地方经济社会发展过程中，政府要发挥领导作用，及时研判高校和地方合作进展情况，聚焦问题、精准施策，不断提高高校服务水平。从成功案例中总结推动高校和地方合作的工作经验和工作模式，不断把我省高校服务地方经济社会发展工作推向深入。与此同时，建立高校和地方合作实效评价体系，成立高校和地方合作评价中心，以第三方机构的身份开展产教融合、高校和地方合作的效能评价，要强化评价结果的运用，把绩效考核情况作为投入引导、试点开展、表彰激励的重要依据。

四、紧贴地方需求探索校企协同育人新模式

校企合作共同培养符合地方发展需要的人才是产教融合的一项重要内容。一是引导各高校在专业设置和调整中把服务我省经济发展、产业升级作为一个重要原则。紧紧围绕我省经济发展需求，出台进一步优化调整高校学科专业结构的政策措施，统筹全省高校差异化发展。二是支持企业参与高校人才培养，引导企业深度参与高校教育教学改革，以多种方式参与学校规划、专业设计、课程改革。三是鼓励通过引企驻校、引校进企、校企一体等方式，吸引优势企业与高校共建共享生产性实训基地。支持依托高校建设行业或区域性实训基地，带动中小企业参与校企合作。通过政府购买服务、税收优惠等方式，鼓励企业直接接收高校学生实习实训。四是构建校企合作、工学结合的办学机制，推进职业学校和企业联盟、与行业联合、同园区联结，探索"企业办班""教学工厂""生产实训一体化车间"等多种合作办学模式。

五、提升高等院校在冀科研成果转化率

我省高校科研成果转化率相对较低，一些科研成果因缺乏转化条件被长久搁置或在外省市转化应用。因此，要进一步完善科研成果转化机制。一是在确定课题研究方向、确定具体研究领域时，优先向河北经济社会发展关键领域、各地主导产业相关联的研究领域倾斜。二是对重大科研成果提供资金政策扶持，将科研成果的"质"和"量"相结合，加大成果应用试验、评价力度，加大对科技成果在省内转化的奖励力度。三是培育完善技术市场，建立校企合作模式下的科技成果转化"专利共用、成果共享"激励机制。

六、实施全省高校毕业生留冀就业创业工程

当下，各地争相出台政策吸引人才，南京推出了引进大学毕业生的

"宁聚计划"，武汉出台了大学毕业生最低年薪指导标准，对大学生就业创业给予政策支持。我省要建立高校企业政府沟通联系机制，定期通报大学生留冀工作情况，制定更大力度的优惠政策，鼓励用人单位积极吸引人才，在优秀人才晋升晋职、薪酬分配、购房补贴等方面有突破性的举措，提高高校毕业生留冀就业创业的数量和质量。

破解职业教育叫好不叫座难题[①]

2019年1月24日,国务院印发《国家职业教育改革实施方案》,强调要把职业教育摆在教育改革创新和经济社会发展中更加突出的位置,明确职业教育与普通教育具有同等重要地位,但囿于传统人才观念等诸多因素的限制,职业教育整体上依旧处于"叫好不叫座"的尴尬境地。三年前河北建材职业技术学院(以下简称建材学院)在全省率先实施服务地方十大工程。如今,152个项目取得实质性成果,其经验和做法可圈可点。

深入做好社会实践,实现学校、学生、当地多赢目标。建材学院与秦皇岛市公交公司进行全面合作,增强公共交通服务效能,提升公交服务品牌。发挥高校优势,依托大学生群体资源,建立志愿服务基地,志愿者深入车站、机场和重要旅游景点进行宣传。大学生做积极实践者,激发广大市民热爱秦皇岛、建设秦皇岛的热情,又得到锻炼成长,提高了学校美誉度和影响力。

坚持知行合一、工学深度结合,提升大学毕业生就业创业率。建材学院邀请政府领导、企业精英"进校园、进课堂、进班级",介绍现代企业发展对人才的需求。组织开展大学生"进园区、进企业、进车间",激发其投身当地经济建设愿望。组织专家学者与行业企业精英联手谋划"产业园区+标准厂房+职业教育"的人才培养模式。围绕地方主导产业,谋划学科布局,提高人才专业对口率。围绕"新技术、新产业、新业态",助力创建北方"双创"基地工程。

[①] 本文发表在2019年9月7日《河北经济日报》。

实施中等职业教育提升工程，实现与高职教育有效衔接和高质量生源保障。运用多种方法对辖区中等职业教师进行专业培训，提高职业教育整体教学水平。与中等职业学校签订中高职衔接协议，实现中职教育与高职教育有效衔接。共同制订人才培养方案，培养适应当地发展急需的技能应用型人才。开发、开放和整合学院实训资源，实现高职院校实训资源的社会共享。

围绕当地企业员工素质提升做文章，扩大学校影响力和培训市场。建材学院围绕推广绿色节能建筑对建筑全产业链相关企业员工进行培训。围绕玻璃建材绿色化、重振耀华品牌等要求进行培训与技能鉴定。围绕打造全市域旅游，开展旅游业管理业务培训。围绕大力发展物流产业提供培训服务。围绕地理信息、北斗导航、大数据等产业领域提供培训服务。围绕助力汽车销售与维修服务行业稳步发展开展专业培训。围绕"推进港产城一体化，打造东北亚物流枢纽"目标，开展临港物流方面的人员业务培训。

坚持管理专家学者深入行业全业，了解市场人才需求，掌握办学课程设置。对国有大型企业的组织架构决策机制、发展战略和销售系统等进行宏观系统诊断。对中型企业经营定位规划制定、运营过程的综合平衡、质量效率等关键要素进行专项把脉。对小微企业产品定位、发展方向等环节进行育成性诊断。对科技创新型企业进行综合性评估诊断，实现跨越式发展。

培训党政机关创新能力，提高学校的影响力和渗透力。依托学院创新教研室师资力量，对各级决策层领导干部着力进行战略思想、世界眼光、决策能力等方面的创新能力培训。对中层干部着力进行调研能力、协调能力、组织能力等方面的创新能力培训。对一般工作人员着力进行学习能力、看齐能力和执行能力等方面的创新能力培训。

对接科技发展趋势和市场需求，打造校地校企合作精品工程。与耀华玻璃集团等企业合作共建混合所有制"现代玻璃学院"，为玻璃产业培养高素质技能人才。建立秦皇岛市绿建评鉴运营中心，促进和践行建材绿色发展。与区县共建生态农居示范基地，加快新农村住宅建设更新步伐。为新形势下的建筑企业提供 BIM 规划、咨询建模、人才订单培养等服务。发挥学院作为全国百所"现代学徒制试点单位"的平台作用，探索校企合作共育人才。

加强应用型技术研究，联合相关行业企业解决有关技术难题。依托专业优势和科研资源，加强应用型技术研究，帮助行业、企业解决技术难题。面向产业转型需求，推行以市场为导向、以产业化为目标的产学研一体化科研服务模式，把研发成果转化为现实生产力，促进行业领域相关技术进步升级。

校地校企人员双向挂职培养，引领职业教育服务发展、促进就业创业。促使高校教师"贴近社会、贴近企业、贴近一线"，搭建校地合作、校企合作平台，加快科研成果转化。聘请行业企业、事业单位高层科研人员、管理人员到学校兼任教授，参与对口专业的人才培养方案制订、专业建设、课程体系建设等工作，搭建实践教学平台和科技研发合作平台，培养符合当地经济发展需要的人才。

提供当地相关产业结构调整服务，推进高等职业教育和当地经济社会高质量发展。根据重振耀华品牌、发展新材料产业战略需要，建材学院与企业合作开展面向建筑新型材料生产应用的相关工作。围绕重点推广绿色建筑、创建国家生态文明城先行示范区建设等要求，为建筑企业提供规划、咨询、人才培养等全程服务。面向秦皇岛中信戴卡、中铁山桥等先进装备制造业开展技术服务和人才培养。发挥河北省软件服务外包培训基地（ITO）的优势，服务于中兴网信、康泰医学等信息技术产业。面向汽车销售与维修服务行业开展技术服务和人才培养。助力推动秦皇岛"旅游+"全产业融合，将秦皇岛市打造成京津冀最佳旅游目的地。

编者按：高校是知识密集的智力资本，是推动高质量发展的创新动力。河北建材职业技术学院发挥职教优势，服务市委"四市"战略，实施"十大工程"，扎根港城建设，为驻秦高校服务秦皇岛高质量发展做出示范，值得学习借鉴和推广实践。

加强校企合作　深化产教融合
全力助推秦皇岛高质量发展[①]

党的十九大报告指出，要"完善职业教育和培训体系，深化产教融合、校企合作"。国务院办公厅印发了《关于深化产教融合的若干意见》，为高校服务地方发展提供了基本遵循和政策保障。河北建材职业技术学院依托自身优势，加强顶层设计，服务市委"四市"战略，制定出台服务秦皇岛《五年行动计划》，"十大工程"全面展开，152个项目落地见效，成为驻秦高校服务地方高质量发展的先行军。

一、实施旅游旺季形象展示提升工程，助力国际一流旅游城市建设

秦皇岛市是世界著名的旅游胜地，每年旅游旺季都有众多国内外游客纷至沓来。抓住这个关键节点，全面展示秦皇岛良好形象，对于建设国

[①] 本文发表在中共秦皇岛市委主办的《秦皇岛发展研究》2018年第3期总第48期上，并专门加编者按。

际一流旅游城市具有重要意义。发挥学院智力资源优势，与市公交公司进行全面合作，进行站点、场站等设施外部形象优化设计，增强公共交通网络平台服务效能，提升公交系统服务品质。依托大学生群体资源，建立大学生旅游旺季志愿服务基地，组织大学生志愿者深入公交车、火车站、机场和重要旅游景点，充分展示秦皇岛美好形象。发挥高校优势，组织"建院杯全国文明城市"征文竞赛、演讲比赛，营造创建"全国文明城市"的良好氛围，引导大学生成为打造全国文明城市的积极实践者，激发广大市民热爱秦皇岛、建设秦皇岛的热情。做好导游员集中培训，提高导游员推介秦皇岛的自觉性和主动性。通过组织培训，让导游员充分了解掌握全市的发展战略、工作重点、重要成就、发展方向等内容，强化导游员建设秦皇岛的主人翁意识，使导游员成为改革开放成果的宣讲者和城市文化的传播者。开展大学生"三进"活动，提高广大市民的综合素质，引导他们在日常交往中积极传播正能量。组织大学生"进社区、进企业、进农村"活动，借助文艺演出、入户走访、集市宣讲、广播宣传等活动，宣讲秦皇岛建设成就、文明成果、发展蓝图、美好愿景等。开展大学生爱市教育，鼓励广大学生成为秦皇岛的宣传使者，探索建立长效机制，形成制度规范，推动大学生宣传工作常态化。

二、实施大学生留秦就业创业率提升工程，营造创新创业良好环境

当前，全国各地都在纷纷制定出台优惠政策，营造就业创业环境，千方百计争抢大学生，吸引驻秦高校学生留秦就业创业对于推动高质量发展非常紧迫和紧要。河北建材职业技术学院大胆探索，积极为大学生留秦牵线搭桥、献计出力。邀请政府领导、企业精英、行业专家"进校园、进课堂、进班级"。通过讲座、报告会、推介会等形式宣传地方经济发展成果，解读京津冀协同发展、环渤海地区合作发展等重大战略，介绍现代企业新技术、新工艺，让学生充分了解秦皇岛经济发展对人才的需求状况。组织

开展大学生"进园区、进企业、进车间",让大学生到秦皇岛相关企业实践锻炼,零距离地接触企业生产一线,亲身感受企业文化,激发其投身秦皇岛经济建设的愿望。创新人才培养体系,提高留秦人才质量。组织专家学者与行业企业精英联手谋划"产业园区+标准厂房+职业教育"的人才培养模式,增强大学生的实践动手能力、就业竞争力、创新创业能力,形成服务、教学、就业、创业"一条龙"的创新型人才培养体系,为秦皇岛经济社会发展提供高质量人才。围绕秦皇岛主导产业,优化专业结构。精心谋划与地方产业分布形态相适应的专业结构布局,加强特色、优势、品牌、专业建设,将地方行业特色比较优势转化为竞争优势,动态调整专业结构,提高留秦人才就业的专业对口率。围绕"新技术、新产业、新业态"助力创建北方"双创"基地。广泛开展大学生创新创业活动,增强学生创新精神、创业意识和创新创业能力,聘请地方行业、企业的创业精英担任指导教师,为学生提供孵化基地、资金、项目对接、产权交易、培训实训、政策宣传等服务。为实现秦皇岛"双百双千"工程提供创新创业人才支持。

三、实施中等职业教育提升工程,着力培养服务产业的技能应用型人才

河北建材职业技术学院已经走过40个春秋,办学方向正确,治学理念先进,教学方法科学,积累了许多宝贵经验。尤其在职业教育规律研究、教学改革、培训方法等方面有着独特优势,在提升职业教育整体能力上大有作为。组织中等职业学校领导班子职业教育理论培训班,由职业教育理论水平高、功底扎实的专家学者讲解现阶段职业教育的发展趋势,解读中职学校的办学理念、办学定位、教育目标等职业教育理论。充分利用学院特色专业的教育资源,采取多种形式、运用多种方法对中等职业教师进行专业培训,提高职业教育的整体教学水平。与当地中等职业学校签订中高职衔接协议,实现中职教育与高职教育有效衔接,打开中职学生发展

通道。共同制订人才培养方案，培养适应秦皇岛经济社会发展急需的技能应用型人才。开发和开放学院实训资源。整合中、高职实训基地，提高中等职业教育的实践能力和水平。挖掘现有资源，实现高职院校实训资源的社会共享。

四、实施企业员工素质提升工程，积极培育适应高质量发展的产业人才队伍

高质量发展要求企业员工素质不断提高。从某种意义上讲，提高现有企业员工素质比招商引资上新项目对区域经济发展贡献率还要高。充分发挥高校培养人才的优势，加大对企业员工素质培训是非常必要的，也是非常现实的。围绕推广绿色节能建筑，对建筑全产业链的相关企业员工进行培训，助力推进生态化、产业化发展，促进创建国家生态文明示范区建设。围绕玻璃建材绿色化、重振耀华品牌、重点发展新材料等要求，以新工艺、新技术、新产品研发与推广为主，为玻璃、水泥企业管理人员、技术人员、岗位工人培训与技能鉴定。围绕"突出旅游业的基础地位，完善旅游管理经营体制改革，打造全市域旅游"，为秦皇岛地区开展旅游管理、酒店管理等方面人员的业务培训。围绕大力发展物流产业，针对微电商、线上线下的全新运营模式、"互联网+"等企业战略，为农产品直供物流、电商仓配、城乡配送及现代物流装备市场等领域提供培训服务。围绕地理信息、北斗导航、大数据智能终端、软件及互联网服务、应用APP开发等产业领域提供培训服务。围绕助力汽车销售与维修服务行业稳步发展，开展汽车检测与维修、汽车销售及评估等方面的专业培训。围绕装备制造业发展上水平，提供机械加工、机电设备维修、电气装备等方面的培训和职业资格鉴定服务。围绕提升休闲服务业水平，开展茶艺师、调酒师等方面的业务培训和技能鉴定。围绕"推进港产城一体化、打造东北亚物流枢纽"目标，开展临港物流方面的人员业务培训。

五、实施企业管理诊断咨询服务工程，让更多专家学者服务行业企业

高校专家学者具有较高理论水平，对所从事行业有较深的研究，对行业发展前景以及发展有可能遇到的问题有着自己独到的见解，组织专家学者对现有有关企业进行诊断咨询，既有理论意义也有实践意义。对国有大型企业的组织架构、决策机制、发展战略、企划体系、管理策略以及市场和销售系统进行宏观系统诊断，助力企业提高以管理组织系统化、管理手段自动化、管理方式定量化、管理思想现代化为特征的现代化管理水平。对中型企业经营定位的规划制定、运营过程的综合平衡、预算和资金计划的协调匹配、执行过程的质量效率等经营管理中的关键要素进行专项诊断，帮助它们改善经营管理，降低生产成本，提高生产效率，提升自身在市场竞争中的层次位阶和经济效益。对小微企业的产品定位、发展方向、资金管理、质量控制、成本核算等环节进行育成性诊断，帮助它们提升实力、加速成长，为小微企业做大做强指明方向。对科技创新型企业的创新能力、盈利能力、扩张能力、资本运营能力进行综合性的评估诊断，帮助它们用好扶持政策，强化技术优势，提升竞争实力，实现跨越式发展。

六、实施党政机关创新能力培训提升工程，激活党政机关创新发展的动力

创新是一个民族进步的灵魂，是国家发展的不竭动力。科技创新、制度创新、产业创新等一系列创新都有赖于管理创新，而党政机关创新是推动各种创新的基本动力。加大党政机关创新能力培训是推动创新的源泉和牵引。依托学院创新教研室师资力量，对各级决策层领导干部进行战略思想、世界眼光、决策能力等方面的创新能力培训，对中层干部着力进行调研能力、协调能力、组织能力等方面的创新能力培训，对一般工作人员着力进行学习能力、看齐能力、执行能力等方面的创新能力培训。

七、实施校地校企合作精品打造工程，助力传统产业加快转型升级

根据学院自身优势和发展基础，结合所在城市合作情况，有目的、有计划地打造一批合作示范精品工程，对于推动全面深入持久合作具有积极意义。建立现代玻璃学院。发挥传统专业优势，与耀华玻璃集团等企业合作共建混合所有制"现代玻璃学院"，以订单培养、现代学徒制模式为玻璃产业培养高素质、技术技能型人才。建立秦皇岛市绿建评鉴运营中心。根据国家绿色建筑行动方案与促进绿色建材生产与应用行动方案的要求，整合材料类、建筑类教育教学资源，以第三方身份进行绿色建筑、建材品质鉴定，出具绿建评价等级报告，促进和践行建材绿色发展。建立秦皇岛新型转移能源生态农居示范基地。依托材料类、建筑类服务团队，与各区县共建秦皇岛新型转移能源生态农居示范基地，加快新农村住宅建设更新步伐，推广应用建筑节能产品，打造生态文明低碳、环保、超低能耗的被动式新农居。建立BIM研究中心。依托建筑工程类专业优势，联手市建设局、国家建研院、新鲁班软件公司，积极与企业结盟，为新形势下建筑企业提供技术培训服务。建立住宅产业化研究团队。发挥建筑工程类新型建筑材料专业团队优势，联手市建设局、河北建工集团、秦皇岛阿尔法工业园，以建筑住宅产业化开发与推广为主，结合秦皇岛棚户区改造工程，为企业提供住宅产业化设计、施工技术指导、施工技术研究、基层管理人员专业提升培训等服务。探索实践"现代学徒制"人才培养模式。发挥学院作为全国百所"现代学徒制试点单位"的平台作用，积极与市公交公司、太平洋保险公司等企业合作，探索校企合作共育人才，引领职业教育人才创新培养。

八、实施相关行业企业有关技术难题攻关工程，努力推动科技成果转化运用

校地双方合作的目的是推动双方发展。依托高校人才优势为企业解决

现实技术难题，开发新产品将是企业急切期盼，也是取得成效最直接的措施。依托专业优势和科研资源，加强应用型技术研究，帮助行业、企业研究解决生产中的技术难题，努力促进科技成果转化。面向产业转型需求，推行以市场为导向、以产业化为目标的产学研一体化科研服务模式，与相关企业合作对接，把研发成果转化为现实生产力。致力行业技术升级创新，发挥建材职教集团的行业集团优势，承接和组织行业课题研究，促进新技术、新工艺进入生产一线，促进行业领域的相关技术进步升级。

九、实施校地校企人员双向挂职培养工程，提升服务高质量发展的能力素质

推动校地双方密切合作、深度融合，最有效、最直接的方法是双方互派人员挂职锻炼，使双方相互了解、理解、学习、帮助，从而促进双方协同发展。依托学校资源，发挥自身优势，选派专家学者深入行业企业、事业单位挂职锻炼，促使高校教师"贴近社会、贴近企业、贴近一线"，搭建校地合作、校企合作平台，运用现代技术、管理理论帮助企业解决技术难题，加快科研成果转化，提升企事业单位管理水平。聘请秦皇岛行业企业、事业单位热爱教育事业、具有相应专业背景和专业水平的高层科研人员、管理人员，到学校兼任教授，参与对口专业的人才培养方案制订、专业建设、课程体系建设等工作，搭建实践教学平台和科技研发合作平台，改善人才培养模式，促进学校和社会对接，培养真正符合秦皇岛高质量发展需要的应用技能型人才。

十、实施相关产业结构调整服务工程，为秦皇岛高质量发展提供智力支撑

依靠科技人才提升产业，加大产业结构调整力度是校地合作的重要内容。根据市重振耀华品牌、发展新材料产业的战略需要，与企业合作开展

面向建筑新型材料生产应用的横向课题研发、职业标准和产品标准编制等工作，通过开展技术技能职业素养及生产管理等培训，为生态城建设提供技术和智力支持。服务建筑产业，围绕市重点推广绿色建筑、节能建筑、创建国家生态文明先行示范区建设等要求，以 BIM 研究中心为基础，深化企业结盟，为建筑企业提供 BIM 规划、咨询、BIM 建模、企业 BIM 人才的订单培养、员工 BIM 技术培训等服务。依托机电一体化、电气自动化、机电设备维修与管理、机械设计与制造等专业服务团队，面向秦皇岛中信戴卡、天威保变、中铁山桥、图成玻璃、旭硝子汽车玻璃等先进装备制造业开展技术服务和人才培养。服务信息技术产业，依托计算机信息技术、通信技术等专业服务团队，发挥省软件服务外包培训基地（ITO）优势，服务于中兴网信、康泰医学、博硕公司、尼特公司、天润公司、新浪潮等信息技术产业。依托汽车技术服务与营销专业服务团队，面向汽车销售与维修服务行业开展技术服务和人才培养。依托电子商务专业服务团队，服务区域电子商务发展。依托旅游管理、酒店管理、商务英语等专业服务团队，助力推动秦皇岛"旅游+"全产业融合，将之打造成京津冀最佳旅游目的地。依托体育专业师资优势和体育健身康复研发平台，对全市社区开展健康指导（尤其老年健康）服务，促进市民健康生活方式形成，为建立全民健身科学指导和服务体系提供科技支撑。发挥科研资源优势，推进站点、场站优化设计，助力秦皇岛智能交通系统建设，提升秦皇岛市公共交通品质和公共交通系统形象，为市民提供更为优质和便捷的服务。

校企合作　产教融合　立德树人[①]

近日，河北建材职业技术学院举办的 2018 年秋季校园双选会吸引了 300 多家企事业单位参加，其中注册资金过亿企业达 101 家，不但为该院 2019 届毕业生提供了 6000 多个就业岗位，还预订了下一届毕业生，该院还与很多单位建立了长期合作关系。该校毕业生为何受热捧？记者专访了河北建材职业技术学院党委书记丁志华。

记者：为何建材学院毕业生能够成为就业市场的"香饽饽"？

丁志华：立德树人是高校的根本任务，我们把这一理念贯彻到教育教学各个环节，积极构建课程、科研、实践、文化、网络、心理、管理、服务、资助、组织等十大育人体系，让学生德智体美劳全面发展。特别是在 2016 年全国高校思想政治工作会议后，我院根据高职院校"高素质创新型人才"的培养目标和学生实际，精心打造了把学校的教学和管理、第一课堂和第二课堂融为一个整体的思想政治工作育人精品项目"煅熔工程"：从专业教学中寻找培养大学生专业技能的资源，从第二课堂中寻找培养大学生综合素质的方式，从校地合作中搭建提高大学生能力的广阔平台，从精品项目中打造大学生全面发展的高地，增强了大学生的实践能力和服务社会能力，让学生毕业即就业，受到用人单位好评。新型建筑材料技术和通信技术两个专业已与电子商务、旅游类、健身指导与管理等专业一起入选全省高等职业教育三年创新发展行动计划现代学徒制试点专业。

---

① 本文是《河北经济日报》记者专访作者的文章，发表在《河北经济日报》2018 年 11 月 12 日第 6 版。

记者： 贵校提出服务秦皇岛五年行动计划，其内容及项目的推进情况如何？

丁志华： 学校和地方只有深度合作才能形成共生共荣、不断发展的良好局面。学院党委把推动"校地校企合作，服务秦皇岛地方经济发展"作为工作的重中之重，从领导层到广大教师在"高职院校承担社会服务职能"理念上达成共识，率先制订出《服务秦皇岛五年行动计划》，得到秦皇岛市委书记孟祥伟两次批示肯定并由市委以文件形式面向全市转发；学院依托河北省建材职业教育集团，集聚多方优势资源，建立服务平台，全力打造社会服务团队，实施服务秦皇岛十大工程、推进五十项服务秦皇岛的重点工作。2016年召开首届服务秦皇岛校地校企合作项目对接会，2017年出台《河北建材职业技术学院社会服务管理办法》，并将服务秦皇岛发展纳入教职工职称评聘主要条件之一，充分调动了广大教职员工服务地方经济的积极性和创造性，先后与秦皇岛耀华玻璃集团、秦皇岛市政建设集团等70余家企事业单位签订了全面合作服务协议。近三年来，学院完成技术服务、技术咨询等项目超过500项，在服务秦皇岛玻璃建材产业创新发展、秦皇岛建设国际滨海休闲度假之都、秦皇岛现代建筑产业科技创新、秦皇岛小微企业保质增效、秦皇岛创城、秦皇岛健康产业等方面都有不俗表现。

记者： 据了解，贵校刚刚取得一项重要成果。那么，校企合作、产教融合培养模式对学校及学生发展有哪些益处？

丁志华： 通过多年不懈努力，学院获得国家教学成果二等奖。项目组通过整合行业企业与职业院校的优质资源，终结了教师无生产实际教学案例可教、从业人员无系统生产案例可学、行业企业无实际案例指导生产的尴尬局面；学生在央企及上市公司就业人数激增，学生职业资格证书获取率100%、就业率98%；教师在全国、全省教学信息化大赛中屡获殊荣；成果入选职教集团成员企业、中国建材联合会培训中心行业技能鉴定试题库、学生技能大赛题库。全国建材行指委专家组认为：成果既有理论创新，又有实践突破。教育部行指委给予"有很大的推广应用价值"的评价。

新型建筑材料技术和通信技术两个专业被确定为教育部首批"现代学徒制"试点专业；校企联合招生招工明确责任和分工；共同探索"三双一全"的新时代现代学徒制人才培养模式，形成以"导学—自学—互学—助学—督学"五环联动的"九化归化"教学模式。两个试点专业以及电子商务等5个项目入选省高等职业教育三年创新发展行动计划现代学徒制试点，目前顺利通过省级验收，为高等职业院校的教育教学发展、校企合作育人、构建新时代人才培养模式起到了示范作用。

被评为"河北省大学生创业孵化示范园"的"大学生创业园"，学院给予在孵化期间初创项目一定的创业服务和政策支持，模拟市场环境，辅助大学生创业者补齐创业初期短板，降低成本，规避风险，平稳渡过初创期、最后汇入市场浪潮，从而实现创业带动就业。两年来，免费培训获合格证学生1000余名，有47个项目入驻并成功孵化，每年在校大学生自主创办的经济实体10余个，带动300余名学生参与大众创业、万众创新。

2016年，由学院与河北沙河经济技术开发区管委、沙河市聚美同创玻璃产业发展有限公司共创的全国玻璃类首家混合所有制二级学院——现代玻璃学院在我院挂牌，被评为当年玻璃行业十大新闻之一，为培养建筑装饰材料技术、建筑材料工程技术等玻璃专业人才，培育企业工匠，打造行业精英，创立现代玻璃质量品牌，打下坚实基础，培养模式成为我院的育人典范。

共同谱写校地合作新乐章[①]

在这个惠风和畅、桃红柳绿的美好季节，我们大家欢聚一堂，召开校地校企合作对接会议，我的心情十分激动。在此，我谨代表学院党政班子和全体师生，向出席和参加本次大会的各位领导、各位来宾表示最热烈的欢迎！向长期以来始终关心、帮助、支持学院建设和发展的各级领导、各界朋友表示最衷心的感谢！

刚才，桂鹏主席发表了热情洋溢的重要讲话，对建材学院主动推动校地合作工作给予了较高的积极评价。我们在聆听领导的重要讲话当中，真切感受到了领导对我们的关心、重视和厚爱，也深刻体会到了上级对我们的期望、指导和支持。我们将在落实领导讲话的过程中，振奋精神，励精图治，取得新成就，再创新辉煌！

高校的成长离不开地方的支持，地方的发展也离不开高校的助力。高校在做好人才培养工作的基础上，为地方经济发展提供人才和智力支持，地方在发展经济的同时，为高校人才智力提供发挥作用的舞台，从而形成相互促进、共同发展的良好局面。这是历史的选择和现实的必然。早在10年之前，建材学院就组织专家团队和耀华玻璃集团成功进行了合作，采取"定额成本核算法"对冲锋舟生产的各个环节进行分析和规范，制定了成本核算流程和指标，大幅降低了生产成本，从而提高了产品的市场竞争力，使企业不仅摆脱了困境而且走上了加速发展的快车道。与此同时，建

[①] 本文是2016年6月15日作者在河北建材职业技术学院召开的服务秦皇岛校地校企合作对接会上的演讲稿。

材学院专家团队不仅获得了科技成果奖，而且成为业内领头雁独领风骚。这种成功的合作只是建材学院和地方企业合作的一个缩影，还有大批成功的案例，在此不一一赘述。这种成功的合作，仅仅是一个开始，未来任重而道远。最新研究成果表明，未来校地合作即将进入"成果转化＋产业园区＋公共平台＋科技金融"的3.0版新模式，各地和各高校都在积极实践并探索，已有一些较为成功的范例。相较这种发展模式，我们的合作仅仅是初步的、浅层次的、低效率的和小规模的。为了跟上时代的步伐，推动校地合作走上规范化、科学化、制度化、高效化的轨道，我们必须采取强有力的措施，迎头赶上、迎难而上。

深入推动校地合作，一要凝聚共识。开展校地合作既是实施创新驱动、优化经济结构、转换发展动力的战略选择，又是落实"双创"战略、推动供给侧结构性改革、实现科技创新的现实要求。积极开展对校地合作成功案例的研究推广，使政府、企业和高校对校地合作在推动资源共享、促进优势互补、实现共赢发展等方面形成统一认识，通过召开各种座谈会、推介会、研讨会、报告会等形式使校地合作的重大意义深入人心。二要搭建平台。通过建设校地合作信息交流中心，实现政府需求、企业需求和高校服务供给在发布、检索和对接上的信息化、动态化、精准化，提高校地、校企合作的成功率；通过建设科技成果转化中心，及时把高校可转化的科技成果登记造册，采取建立中试基地、孵化器等多种形式，促进科技成果的产品化、市场化，推动企业产品更新、地方产业升级；通过建设合作效果评价中心，采取抽样调查、系统分析、个案剖析、全面归纳等方法，对合作项目进行客观、公正、科学的效果评价。要运用好评价结果，对成功合作的案例及时总结经验推广，对存在问题的案例总结教训加以改进。及时研究总结合作工作规律，指导合作实践。三要创新模式。完善"一事一议"合作模式，确保地方需求与高校服务的无缝对接。推进"利益共担"合作模式，确保双方建立长期合作机制。探索"互融一体"合作模式，确保双方发展实现乘数效应。四要深度融合。高校要全面服务地方经济发展，在专业调整和优化上，紧贴地方产业发展方向和未来发展的新兴产业。在课程内容设置和教学改革上，紧贴地方人才需求特点。在文化理念培育上，紧贴地方文化内涵，为地方输送更多的优秀人才。在课题立项上，紧贴地方经济发展中的难点问题。在校风、学风、教风培育打造上，紧贴地方发展理念，使校地双方共融互促、创新发展。五要优化环境。建议政府制订并出台《关于深化校地合作的实施意见》，在政策、税收、资金、立项等方面对合作的院校、企业予以倾斜，为合作各方创造良好的外部条件。出台《关于支持驻秦高校发展的实施意见》，及时解决高校在发展中难以解决的问题和困难，推动高校健康、快速、可持续发展。加大对校地合作的宣传力度，对合作取得成效的双方给予必要的表彰和奖励，营造在合作中互惠互利、共融共促、共同发展的良好氛围。

在推动校地合作的生动实践中，我们建材学院走出了一条"顶层设计、重点突破、全面推进、务求实效"的发展之路。制订了《服务秦皇岛五年行动计划》，确定了暑期服务形象展示提升、企业经营管理诊断、党政机关创新能力培训等十大工程，明确了50项具体工作。得到了市委孟书记的高度评价和充分肯定。筛选了63个重点项目，组织了127名专家学者和27家单位重点对接，明确了任务书、时间表、路线图和工作目标、完成时限等，做到了内容实、责任明、措施硬。召开了全院校地合作推进会、调度会和协调会等，使校地合作的意义、基础、目标、形式、机制、模式等一系列重大问题在全院上下达成高度共识。出台了校地合作的鼓励政策，极大地激发了全院广大专家学者参与的积极性、主动性和创造性。研究制定了校地合作项目实效的考评指标体系，提出了以实效论成败的新理念。目前，合作工作已经取得了初步的、积极的阶段性成果，为今后推动校地合作工作奠定了坚实基础。

今天，我们即将同市政集团、市公交总公司、太平洋保险秦皇岛分公司等19家单位签署合作协议，还将全面推介学院的服务能力，重点推出一批合作项目。我们将以这次对接会议为契机，加强领导、建立机制、周密组织、落实责任，坚持以服务求支持、以贡献求发展的理念，把各个合作项目抓实、抓细、抓好、抓出成效，推动校地合作迈向新的台阶，取得新的进步，实现新的突破，为实现建材学院"十三五"全省高职院校发展进位最快的宏伟目标贡献力量，在建设沿海强市、美丽港城过程中发挥重要推动作用。

路虽远，行则将至，事虽难，做则必成。我们坚信，在省教育厅的坚强领导下，在市委市政府的鼎力支持下，在高校、政府有关部门和企事业单位的积极努力下，我们校地合作的"友谊之树"必将结出互利共赢的"发展之果"，必将在各自的发展史上留下浓墨重彩的一笔。

正所谓"同舟共济扬帆起，乘风破浪万里航"，让我们携起手来，在理解中支持、在支持中鼓励、在鼓励中理解，万众一心、众志成城，共同谱写校地合作新乐章！真诚祝愿秦皇岛各项事业蒸蒸日上、如日中天！再次感谢桂鹏主席和各位来宾莅临指导，祝愿各位贵宾事业发达、万事如意！预祝本次校地校企合作对接会议圆满成功！

实践成果

本部分是作者所在单位——河北建材职业技术学院按作者研究成果主动作为的实践成效,突出系统性、完整性、实效性和规范性。

中共秦皇岛市委于 2016 年 1 月 6 日成功召开了十一届八次全会。为了落实市委全会精神,我校组织制订了《服务秦皇岛五年行动计划》,谋划了十大工程 50 项具体工作任务,并以学院党政名义下发院各基层单位抓好落实。《服务秦皇岛五年行动计划》上报市委后,时任市委书记孟祥伟同志于 2016 年 4 月 6 日作了重要批示:"从汇报看出建材学院党委对市委全会精神的把握是准确的,落实是全面的,措施是务实有力的。特别是围绕全市大局和学院实际谋划的十大工程和五十项具体工作是经过深入调研和科学谋划的。对此我完全赞同。十一届八次全会是决定秦皇岛今后五年的一次重要会议,能否实现全面小康乃至沿海强市美丽港城目标,这五年至关重要,这需要所有单位围绕既定战略,谋划落实。建材学院走在全市各单位的前列,全市所有党政企事业单位应该向他们学习,支持他们的行动。请办公厅安排五一前到建材学院等学校搞一次调研。"市委办公厅还专门下发文件推广我院作做法,并要求各县区各部门大力支持我院强力推动服务秦皇岛五年行动计划取得成效。

服务秦皇岛五年行动计划

一、暑期服务形象展示提升工程

1. 重建公共交通标识体系,提高公共交通外部形象。城市公共交通是游客在秦主要交通方式,往往成为游客定格秦皇岛形象的重要影响因素,是城市对外宣传的重要窗口。学院发挥资源优势,与秦皇岛市公交公司进行全面合作,进行站点、场站等路务设施外部形象优化设计,增强公共交通网络平台服务效能,提升公交系统服务品质。

2. 开展大学生暑期志愿服务活动，服务秦皇岛暑期旅游。依托大学生群体资源，建立大学生暑期志愿服务基地，组织大学生志愿者深入公交车、火车站、机场和重要旅游景点，把宣传秦皇岛市委工作新思路、宣传"绿色""生态"城市发展理念、宣传秦皇岛重点民生工程等融入志愿者服务工作中，充分展示秦皇岛的美好形象。

3. 发挥高校优势，助力创建"河北省最干净城市"。秦皇岛市委提出打造河北省最干净城市，这是多年来最具考核性和最具务实性的目标，对于引导全市人民积极参与和监督的意义十分重大。其他各项工作目标的确定和提出都应突出考核性和务实性。一方面，组建专家学者参加的研究团队，总结打造河北省最干净城市的工作经验，分析存在的问题，提出解决对策，同时举一反三，把工作经验运用到其他各项工作中来；另一方面，组织"建院杯河北省最干净城市"征文竞赛、演讲比赛，营造创建"河北省最干净城市"的良好氛围，引导大学生成为打造河北省最干净城市的积极实践者，激发广大市民热爱秦皇岛、建设秦皇岛的热情。

4. 做好导游员集中培训，提高导游员在对游客讲解中宣传秦皇岛的自觉性和主动性。通过组织培训，让导游员充分了解掌握全市的发展战略、工作重点、重要成就、发展方向等内容，强化导游员建设秦皇岛的主人翁意识，把秦皇岛导游员打造成改革开放成果的宣讲者和城市文化的传播者。

5. 开展大学生"三进"活动，提高广大市民的综合素质并引导他们在日常交往中积极传播正能量。组织大学生"进社区、进企业、进农村"活动，通过开展文艺演出、入户走访、集市宣讲、广播宣传等多种形式，宣讲秦皇岛建设成就、文明成果、发展蓝图、美好愿景等。

6. 开展大学生爱市教育，鼓励广大学生成为秦皇岛的宣传使者。驻秦高校大学生来自五湖四海，宣传覆盖面广、说服力强。发挥驻秦高校十余万在校生集中暑期加大对秦皇岛的宣传作用，意义十分重大。建材学院暑期放假前要集中对所有在校生进行市情教育和培训，对学生暑期宣传工作提出明确要求，跟踪指导推进宣传工作，总结宣传成效，表彰主动做好宣传工作并取得成效的优秀学生,探索建立长效机制,形成制度规范,推动大学生宣传工作常态化。

二、大学毕业生留秦就业创业率提升工程

7.邀请政府领导、企业精英、行业专家"进校园、进课堂、进班级"。通过讲座、报告会、推介会等形式宣传秦皇岛地方经济发展成果,解读京津冀协同发展、环渤海地区合作发展等重大战略,介绍现代企业新技术、新工艺,让学生充分了解秦皇岛地方经济发展对人才的需求状况。

8.组织开展大学生"进园区、进企业、进车间"。通过参观学习、实习实训、社会实践等形式组织大学生到秦皇岛相关企业实践锻炼,零距离地接触企业生产一线,亲身感受企业文化,激发其投身秦皇岛经济建设的愿望。

9.创新人才培养体系,提高留秦人才质量。通过研讨会、交流会的形式,组织专家学者与行业企业精英联手谋划"产业园区+标准厂房+职业教育"的人才培养模式,增强学生的实践动手能力、就业竞争力、创新创业能力,形成服务、教学、就业、创业一条龙的创新型人才培养体系,为秦皇岛地方经济社会发展提供高质量人才。

10.围绕秦皇岛地方主导产业,优化专业结构。精心谋划与地方产业分布形态相适应的专业结构布局,加强特色、优势、品牌专业建设,将秦皇岛地方行业特色比较优势转化为竞争优势,动态调整专业架构,提高留秦人才就业的专业对口率。

11.围绕"新技术、新产业、新业态",助力创建北方"双创"基地。广泛开展大学生创新创业活动,增强学生创新精神、创业意识和创新创业能力,聘请地方行业企业的创业精英担任指导教师,为学生提供孵化基地、资金、项目对接、产权交易、培训实训、政策宣传等服务,为实现秦皇岛"双百双千"工程,提供创新创业人才支持。

三、秦皇岛职业教育提升工程

12. 提升中等职业学校领导班子的职业教育理论水平。组织中等职业学校领导班子职业教育理论水平培训班，选派职业教育理论水平高、功底扎实的专家学者讲解现阶段职业教育的发展趋势，解读中职学校的办学理念、办学定位、教育目标等职业教育理论。

13. 提升中职教师专业水平。充分利用我院特色专业的教育资源，采取多种形式，运用多种方法对秦皇岛中等职业教师进行专业培训，提高职业教育的整体教学水平。

14. 搭建中高职衔接平台。与秦皇岛地区中等职业学校签订中高职衔接协议，实现中职教育与高职教育有效衔接，打开中职学生发展通道。共同制订人才培养方案，培养适应秦皇岛地方经济社会发展急需的技能应用型人才。

15. 开发和开放我院实训资源。整合中、高职实训基地，提高中等职业教育的实践能力和水平。挖掘现有资源，实现高职院校实训资源的社会共享。

四、企业员工素质提升工程

16. 围绕推广绿色节能建筑，对建筑全产业链的相关企业员工进行培训，助力推进生态化、产业化发展，促进创建国家生态文明城示范区建设。

17. 围绕玻璃建材绿色化、重振耀华品牌、重点发展新材料等要求，以新工艺、新技术、新产品研发与推广为主，为玻璃、水泥企业管理人员、技术人员、岗位工人培训与技能鉴定。

18. 围绕"突出旅游业的基础地位，完成旅游管理、经营体制改革，打造全市域旅游"，为秦皇岛地区开展旅游管理、酒店管理等方面人员的业务培训。

19. 围绕大力发展物流产业，针对微电商、线上线下的全新运营模式、

"互联网+"等企业战略，为农产品直供物流、电商仓配、城乡配送及现代物流装备市场等领域提供培训服务。

20. 围绕地理信息、北斗导航、大数据智能终端、软件及互联网服务、应用 APP 开发等产业领域提供培训服务。

21. 围绕助力我市汽车销售与维修服务行业稳步发展，开展汽车检测与维修、汽车销售及评估等方面的专业培训。

22. 围绕我市装备制造业发展上水平，提供机械加工、机电设备维修、电气装备等方面的培训和职业资格鉴定服务。

23. 围绕提升我市休闲服务业水平，开展茶艺师、调酒师等方面的业务培训和技能鉴定。

24. 围绕我市"推进港产城一体化，打造东北亚物流枢纽"目标，开展临港物流方面的人员业务培训。

五、组织管理专家学者深入行业企业，开展企业管理诊断、咨询服务工程

25. 对国有大型企业的组织架构、决策机制、发展战略、企划体系、管理策略以及市场和销售系统进行宏观的系统诊断，助力企业提高以管理组织系统化、管理手段自动化、管理方式定量化、管理思想现代化为特征的现代化管理水平。

26. 对中型企业经营定位的规划制定、运营过程的综合平衡、预算和资金计划的协调匹配、执行过程的质量效率等经营管理中的关键要素进行专项诊断，帮助它们改善经营管理，降低生产成本、提高生产效率，提升自身在市场竞争中的层次位阶和经济效益。

27. 对小微企业的产品定位、发展方向、资金管理、质量控制、成本核算等环节进行育成性诊断，帮助它们提升实力、加速成长，为小微企业做大做强指明方向。

28. 对科技创新型企业的创新能力、盈利能力、扩张能力、资本运营

能力进行综合性的评估诊断，帮助它们用好扶持政策，强化技术优势、提升竞争实力，实现跨越式发展。

六、党政机关创新能力培训提升工程

29. 对各级决策层领导干部着力进行战略思想、世界眼光、决策能力等方面的创新能力培训。

30. 对中层干部着力进行调研能力、协调能力、组织能力等方面的创新能力培训。

31. 对一般工作人员着力进行学习能力、看齐能力、执行能力等方面的创新能力培训。

七、校地校企合作精品打造工程

32. **建立现代玻璃学院。** 发挥传统专业优势，与耀华玻璃集团等企业合作共建混合所有制"现代玻璃学院"，以订单培养、现代学徒制模式为玻璃产业培养高素质、技术技能型人才。

33. **建立秦皇岛市绿建评鉴运营中心。** 根据国家绿色建筑行动方案与促进绿色建材生产与应用行动方案的要求，整合材料类、建筑类教育教学资源，以第三方身份进行绿色建筑、建材品质鉴定，出具绿建评价等级报告。促进和践行建材绿色发展，引导低碳消费潮流，倡导绿色生活方式。

34. **建立秦皇岛新型转移能源生态农居示范基地。** 依托材料类、建筑类服务团队，与各区县共建秦皇岛新型转移能源生态农居示范基地，加快新农村住宅建设更新步伐，推广应用建筑节能产品，打造生态文明、低碳、环保、超低能耗的被动式新农居。

35. **建立 BIM 研究中心。** 依托建筑工程类专业优势，联手秦皇岛建设局、国家建研院、新鲁班软件公司，积极与企业结盟，为新形势下的建筑企业提供 BIM 规划、咨询、BIM 建模、企业 BIM 人才的订单培养、员工

BIM 技术培训等服务。

36. 建立住宅产业化研究团队。发挥建筑工程类、新型建筑材料专业团队优势，联手秦皇岛建设局、河北建工集团、秦皇岛阿尔法工业园，以建筑住宅产业化开发与推广为主，结合 2016 年秦皇岛供给侧结构性改革及棚户区改造工程，为企业提供住宅产业化设计、施工技术指导、施工技术研究、基层管理人员专业提升培训等服务。

37. 探索实践"现代学徒制"人才培养模式。发挥河北建材职业技术学院作为全国百所"现代学徒制试点单位"的平台作用，积极与秦皇岛市公交公司、太平洋保险公司等企业合作，探索校企合作共育人才，引领秦皇岛职业教育人才创新培养。

八、相关行业企业有关技术难题的攻关工程

38. 联合企业开展技术攻关。依托专业优势和科研资源，加强应用型技术研究，帮助行业、企业研究解决生产中的技术难题。

39. 努力促进科技成果转化。面向产业转型需求，推行以市场为导向、以产业化为目标的产学研一体化科研服务模式，与相关企业合作对接，把研发成果转化为现实生产力。

40. 致力行业技术升级创新。发挥河北省建材职教集团的行业集团优势，承接和组织行业课题的研究，促进新技术、新工艺进入生产一线，促进行业领域的相关技术进步升级。

九、校地校企人员双向挂职培养工程

41. 我院专家到企业挂职顶岗。依托学校资源，发挥自身优势，选派专家学者深入秦皇岛行业企业、事业单位挂职锻炼，促使高校教师"贴近社会、贴近企业、贴近一线"，搭建校地合作、校企合作平台，运用现代技术、管理理论帮助企业解决技术难题，加快科研成果转化，提升企事业

单位管理水平。

42. 企业技术人员和能工巧匠来院兼职。邀请秦皇岛行业企业、事业单位热爱教育事业、具有相应专业背景和专业水平的高层科研人员、管理人员，到我院兼任教授，参与对口专业的人才培养方案制订、专业建设、课程体系建设等工作，搭建实践教学平台和科技研发合作平台，改善人才培养模式，促进学校和社会对接，培养真正符合秦皇岛市经济发展需要的应用技能型人才。

十、相关产业结构调整服务工程

43. 服务新材料产业。根据我市重振耀华品牌、发展新材料产业的战略需要，与企业合作开展面向建筑新型材料生产应用的横向课题研发、职业标准和产品标准编制等工作，通过开展技术技能、职业素养及生产管理等培训，为生态城建设提供技术和智力支持。

44. 服务建筑产业。围绕秦皇岛市重点推广绿色建筑、节能建筑、创建国家生态文明城先行示范区建设等要求，以我院 BIM 研究中心为基础，积极与企业结盟，为建筑企业提供 BIM 规划、咨询、BIM 建模、企业 BIM 人才的订单培养，员工 BIM 技术培训等服务。

45. 服务先进装备制造业。依托我院机电一体化、电气自动化、机电设备维修与管理、机械设计与制造等专业服务团队，面向秦皇岛中信戴卡、天威保变、中铁山桥、图成玻璃、旭硝子汽车玻璃等先进装备制造业开展技术服务和人才培养。

46. 服务信息技术产业。依托我院计算机信息技术、通信技术等专业服务团队和我院是河北省软件服务外包培训基地（ITO）的优势，服务于中兴网信、康泰医学、博硕公司、尼特公司、天润公司、新浪潮等信息技术产业。

47. 服务现代商贸服务业。依托我院汽车技术服务与营销专业服务团队，面向秦皇岛市汽车销售与维修服务行业开展技术服务和人才培养；依托电子商务专业服务团队，服务区域电子商务发展。

48. 服务生态旅游业。依托我院旅游管理、酒店管理、商务英语等专业服务团队，助力推动秦皇岛"旅游+"全产业融合，将我市打造成京津冀最佳旅游目的地。

49. 服务健康产业。依托我院体育专业师资优势和体育健身康复研发平台，对全市社区开展健康指导（尤其老年健康）服务，促进秦皇岛市民健康生活方式的形成，为建立全民健身科学指导和服务体系提供科技支撑。新建健康养老专业，助力我市开展全国养老服务业综合改革试点工作。

50. 服务社会公共交通事业。发挥我院科研资源优势，推进站点、场站优化设计，助力秦皇岛智能交通系统建设，提升秦皇岛市公共交通品质和公共交通系统形象，为市民提供更为优质和便捷的服务。

编者按： 为深入贯彻中央和省、市委全会精神，响应市委市政府提出的发挥高校作用、推动经济社会发展的号召，河北建材职业技术学院围绕中心，站位大局，率先出台《服务秦皇岛五年行动计划》，实施"服务秦皇岛十大工程"推进校地深度合作，利用科技、人才优势为我市经济社会发展服务，在全市引起强烈反响。按照市委主要领导批示精神，现将河北建材职业技术学院《服务秦皇岛五年行动计划》予以印发，请结合实际，学习借鉴，全面推广。

推动《服务秦皇岛五年行动计划》取得实效[①]

各驻秦高校、科研院所要以建材学院为榜样，紧紧围绕我市"十三五"发展规划和战略部署，利用智力优势为地方经济社会发展建言献策，在支持地方企业自主创新、产品研发、技术升级改造等方面下功夫，推进科研成果落地转化，加强校地人才培养和交流。各企业要主动与各高校、科研院所开展对接，借助高校、科研院所的人才、科技优势提高企业综合竞争力。同时，各企业要积极为高校提供实训场所、实验设备、实践岗位，大力支持教学和实践，利用资金、资源优势实施校企共建。各级各部门要统一思想，提高认识，增强服务意识，推动加强与高校、科研院所和企业的对接和联系，力争在合作领域、合作深度、合作实效上取得新突破。要推动支持政策落实，着力解决高校、科研院所在项目建设、人才引进培养、科研成果转化等方面存在的困难和问题，为高校创新与发展创造良好、宽

[①] 本文是市委办公厅发文内容，主要是推广我院服务秦皇岛五年行动计划工作经验。题目是收录时增加。

松的外部环境；要充分发挥博士专家联谊会、驻秦高校联席会和即将成立的"智企联盟"等的智力优势和组织作用，大力支持高校、科研院所与我市企业共建研发和科技成果转化平台，推进科研成果就地转化试验和推广，为助推地方经济社会发展提供人才智力支撑。

（原文附《服务秦皇岛五年行动计划收》，录时删减）

奋力推进《服务秦皇岛五年行动计划》开好局　起好步[①]

孟书记4月6日在我院《有关校地合作工作思路汇报》上作出了重要批示，学院党委高度重视，先后召开党委会、党政班子会、中层以上领导干部会和全院教师会议，迅速传达、反复学习、深刻理解、层层动员，达到了统一思想、凝聚共识的目的。大家一致认为，孟书记的重要批示不仅是对建材学院的支持和鼓励，而且是对我们未来工作的指引和期待；不仅是单一对建材学院作出的重要批示，而且是对所有驻秦高校乃至全市各级各部门以及企事业单位提出的总体要求；不仅是奋力推动校地合作的动员令，而且是全面落实市委十一届八次全会精神的进军号。我们一定要抓实、抓好、抓出成绩，决不辜负书记的关心、期望和厚爱。

为了把《服务秦皇岛五年行动计划》的工作思路转化为现实举措、具体行动和务实成果，我们成立了以学院主要领导为组长的领导小组，制定了学院鼓励校地合作的支持政策，开展了对专家学者服务地方能力的提升培训，和市政协、市教育局、市人社局、市工信局、市城乡建设局、市交通局、市开发区管委、市工商联等单位深入对接，得到了上述单位领导的大力支持。学院组织了19个专家团队，深入秦皇岛市政集团、市公交总公司等23家企事业单位深度交流，结合单位需求和我院专业优势确定了

[①] 本文是时任市委书记孟祥伟同志对我院上报《服务秦皇岛五年行动计划》作出重要批示后，我院于2016年6月21日上报汇报文稿。题目在收录时有所改动。

具体服务项目 63 项,《服务秦皇岛五年行动计划》"十大工程"已全面启动实施。

6月15日,我院召开了近年来驻秦高校规模最大的一次"服务秦皇岛校地校企合作对接会",来自全市各行各业的 68 家企事业单位负责人和燕山大学、东北大学等 11 所兄弟院校代表参加会议,市政协领导以及市政府有关部门领导莅临指导。市政协副主席王桂鹏到会并发表了重要讲话,对建材学院的校地合作工作给予了较高评价并提出了殷切希望,号召所有驻秦高校积极行动起来为落实孟书记有关校地合作的重要批示作出努力和贡献。会上建材学院和市政集团、市公交公司等 19 家单位签订了合作协议,涉及地方紧缺人才培养、区域中高职教育衔接、行业标准编制、核心技术攻关等近 120 项具体工作。学院重点推介了包括虚拟现实技术服务智慧旅游、绿色建材评价鉴定、粉煤灰改性技术推广、住宅产业化研究在内的数十个服务地方发展项目和团队,对建材学院《服务秦皇岛五年行动计划》(十大工程、50 项具体工作)进行了全面解读,并把书记的批示文本作为会议资料印发给各参会领导和嘉宾共同学习。

对接会吸引了《中国教育报》、《燕赵都市报》、《秦皇岛日报》、秦皇岛电视台等 12 家媒体的关注和支持,各家媒体对此次活动给予了较高评价并进行了充分报道,市公交总公司、太平洋保险公司等企业表示将把开展校企深度合作上升到企业发展战略层面不断深化,与会院校代表一致表达了驻秦高校共荣共进、共同推动我市经济社会发展的坚定决心。建材学院全体教师备受鼓舞,一定不辱使命,倾心育人,全力完成好校地校企合作中的每一项光荣任务。

在孟书记的关心和市委、市政府相关部门的大力支持下,河北建材职业技术学院和相关企业及兄弟院校在校地合作中取得了初步的阶段性成果。我们会把《服务秦皇岛五年行动计划》逐年按时间进度有效推进,把已经确定的服务项目逐一落实。在此基础上,进一步总结经验、加强领导、建立机制、周密组织、落实责任,把校地合作工作进一步引向深入,为我市发展新兴产业,建设沿海强市、美丽港城的宏伟目标贡献力量。

附件：
发挥驻秦高校作用的措施建议

从建材学院前一段推动和地方合作的实践看，一个学校和一个企业点对点的推动是必要的，也是富有成效的。但这种合作只是初步的、浅层次的和低效率的。从校地合作未来的发展趋势看，全面、深度、持久地推动校地合作是必须的、紧迫的和重要的。对政府、对企事业单位、对高校都会产生深远的影响。对政府而言，是落实中央一系列有关创新精神，特别是落实2016全国科技创新大会、两院院士大会、科协代表大会会议精神，创新发展理念，优化产业结构，尽快推动经济快速发展最直接、最现实、效果也最明显的一种举措，也是以人为本、尊重知识、重视人才、崇尚创新、宽容失败、鼓励创优执政理念的一种体现；对企事业单位而言，是研发新产品、推广新工艺、引进新技术，提高产品和企业核心竞争力成本最低、见效最快的一种举措，也是引导企业转变发展思路、创新发展模式、增强发展活力的有效途径；对高校而言，是引导高校紧贴地方经济发展、创新人才培养模式、深化教育教学改革、提升人才培养质量的一种举措，也是提升教师双创型人才能力、提高学生就业质量、提高学校科研水平的重要路径。

就秦皇岛而言，全力推动驻秦高校校地合作显得更紧迫、更重要和更有意义。由于秦皇岛的特殊地理位置和功能定位，我市必须走"生态立市、产业强市、开放兴市、文明铸市"的发展之路。大力实施创新驱动战略，守住生态底线，就得靠人才、靠创新。秦皇岛拥有11所高校，共有近8000名教师（其中高级职称占比29.68%），在校生11万余人，每年有近3万名学生毕业。相对秦皇岛产业结构来讲，高校专业覆盖理、工、农、文、管等各大学科，门类齐全，科研能力和服务经济的水平以及与地方产业的契合度很高。相比较外地人才来讲，驻秦高校师生更怀有热爱秦皇岛的情结，他们时刻关注秦皇岛的发展，自觉为地方服务的愿望也很强烈，相较与外省高校合作，与驻秦高校合作成本低、见效快、效率高。因此把推动驻秦高校和地方合作工作摆上重要议程甚至提升为当下最紧要工作之一，是非常正确和睿智的抉择。为了深入推动校地合作，就近期市委应采取的举措提出如下建议：

一、适时召开全市驻秦高校和地方各企事业单位服务项目推进对接会议

全面推动驻秦高校和地方深度合作，应有一定的载体和平台。事实上驻秦高校和地方或多或少都有合作的项目和服务的内容，只是没有形成规模和影响力。鉴于大力度推动这项工作的需要，建议抓紧筹备召开驻秦高校和地方各企事业单位服务项目推进对接会议。会议内容：一是组织高校和地方合作项目签约；二是高校集中发布服务能力和项目；三是各企事业单位发布服务需求；四是双方对接洽谈。会议应邀请省教育厅乃至教育部和省委省政府领导莅临，还应邀请京津冀有关高校出席会议，也可邀请全国著名的有关校地合作研究领域的专家进行辅导、作报告。在会议上推出一些鼓励支持甚至是奖励表彰校地合作的理念、措施等。会议目的：一是能够促成一些实质性的合作项目；二是动员全市上下包括各高校，统一思想走合作创新发展之路；三是形成校地合作长效机制，固定会议形式，使校地合作常态化、规范化并向京津冀乃至周边地区延伸；四是将该会举办成秦皇岛的品牌项目，借力打造科技信息集散中心，发挥区域创新的引领示范性作用，反过来推动秦皇岛的创新和发展。会议于 8 月中下旬召开为宜。

二、集合高校专家智力资源组建 10 个智库团队

为了落实总书记提出的强化各级看齐意识的要求，向中央政治局定期组织专家辅导热点问题和发挥智库作用的做法学习，推动全市各级党委政府决策科学化，建议为市、每个县区、开发区以及新区党委政府组

建智库团队。智库团队由 9 名成员组成，专业结构要合理，年龄结构要优化。在全市高校中择优选拔能够坚持正确政治方向、德才兼备和富于创新精神的专家人才。智库团队职责：一是对重大的、长远的战略问题和公共政策，特别是涉及百姓关注的问题进行决策咨询；二是负责对重大决策问题的跟踪评估和反馈工作；三是定期对各级党委政府关注的问题进行理论辅导；四是负责当地宏观发展的谋划和论证工作。各级党委政府要保证智库团队负责人参加党委政府研究工作的会议，及时把全市重大决策的文件内容向专家传达，定期给智库团队交办课题研究和工作任务，对智库团队提出的工作建议等及时上会研究，为智库团队开展工作提供各种必要保障。

三、成立校地深度合作研究课题组

为了研究校地合作工作规律，探索合作模式，采取过硬举措推动校地合作工作迈上新台阶，把秦皇岛打造成全省乃至全国高校和地方合作的样板，推动秦皇岛经济转型、创新发展，助力秦皇岛各项工作宏伟目标的顺利实现，建议成立高层次校地合作研究课题组。组长由孟书记担任，课题组成员由市委市政府有关领导和部门及高校专家学者组成。该课题争取国家、省科技部门立项，市科技部门作为重要课题立项支持。课题组对校地合作基础、合作意义、合作方略、合作原则、合作平台、合作路径、合作机制、合作模式、合作政策、合作前景、合作蓝图、合作案例等进行深入、系统的研究。探索如何提高校地双方合作的积极性、主动性，解决合作动力不足的问题；探寻适合、高效的校地合作模式和方略，解决合作方式方法不明的问题；探究精准的校地合作政策支持和内在机制，解决合作保障乏力的问题。通过课题研究要进一步理清市委推动校地合作的工作思路，制定并出台秦皇岛校地合作系列政策，建立校地合作科学评价体系，形成一份对全省校地合作可借鉴、能推广的研究报告。

四、打造 11 个高校和企业深度合作的样板工程

推动校地合作也要遵循典型示范、重点突破的工作规律，每一个高校和与其专业优势契合度较高的企业结成对子，精准对接、全面合作、务求实效。校企双方根据供需明确若干具体合作项目，每一个项目都要落实到人，明确时限和工作必须达到的要求。政府要加强对校企合作的领导，合理对接、协调推进、政策支持、真心服务。通过这种合作研究校企合作工作规律，发现合作当中的共性问题、分析存在问题的原因、实施解决问题的对策，提高校企双方合作水平。以双方合作的成功案例总结出推动校地合作的工作经验和工作模式，从而把秦皇岛校地合作工作推向新的高度。

五、建立校地合作实效评价体系和支持鼓励机制

推动校地合作的根本目的是推动企业快速发展、高校健康成长，因此必须务求实效。追求实效首先要有评价体系，这件事是创新的领域和项目，目前尚未有比较成功的实践，建议成立校地合作评价中心，大胆探索力求校地合作实效评价科学、准确。整合发改、科技、工信、财政等有关部门科技创新的经费，建立政府支持鼓励机制。2017 年除了按照上级要求必须支持的资金外，全部用于校地合作。以资金为杠杆，支持资金一方面用于对合作项目的具体扶持，另一方面可用于合作效果好的奖励资金。总之通过资金支持，要对校地合作工作有明显的推动，要取得可观的经济效益和社会效益。

六、引导高校在专业设置和调整方面紧贴地方未来产业发展和人才需求

深化高等教育改革是当前全面深化改革的一项重要内容，在改革中必然涉及新增专业和对以往专业的调整。高校在专业设置和调整中把服务

经济发展、产业升级作为首要的原则，但对服务某一地方的经济发展考虑得并不是很多。紧紧抓住驻秦高校在专业设置和调整中更多地考虑一些秦皇岛未来发展方向的需求，是解决我市人才不足问题，更多地吸引驻秦高校毕业生留秦就业创业，是解决问题的一种手段，也是比较经济的一种方法。表面上看目前大学生就业比较困难，但原因不是人才过剩，而是专业培养的人才很难和发展需求相吻合。因此，秦皇岛吸引大批毕业生来秦就业创业仍是需加大力度做好的工作。充分利用国家培养人才的资源，从源头上引导高校在专业设置时尽可能同秦皇岛发展需求相一致，是战略选择和迫切任务。建议市政府成立引导高校专业设置和调整服务秦皇岛指导委员会，负责向高校提供 2030 年产业发展规划和人才需求计划，引导高校在专业设置和调整中主动向秦皇岛倾斜，协调解决高校在专业调整中遇到的困难和问题，统筹驻秦各高校在服务地方专业设置上差异化发展，制定出台鼓励高校在专业设置和调整大力度向秦皇岛倾斜的政策，积极推动高校毕业生留秦就业创业比率提升工程。

本文是对《服务秦皇岛五年行动计划》实施三年多来成效研究报告。上报于 2019 年 6 月 19 日，时任市委书记孟祥伟同志以及其他领导同志作了重要批示。时任市委书记孟祥伟同志于 2019 年 6 月 21 日作了重要批示："请瑞书（市政府市长）、丁伟（市委副书记）、文萍（市委常委、组织部部长）、国勇（时任市委常委、秘书长，现任市委常委、常务副市长）、玉国（市委常委、宣传部部长）、茹艳（市政府副市长）同志批示。《服务秦皇岛五年行动计划》科学务实，落实有力，成果丰硕，应继续坚持。特别要把党的十九大精神贯穿其中，不断创新！市委市政府要加大对建材学院的支持、宣传力度，形成工作合力，实现更好发展！（'十个走进'非常有针对性，应在大学生中推广）。"瑞书、丁伟、文萍、国勇等领导同志圈阅。市委常委、宣传部部长陈玉国同志于 2019 年 7 月 6 日作出批示："请燕忠（市委宣传部副部长）安排媒体采访宣传。"市政府副市长廉茹艳同志于 2019 年 7 月 10 日作出批示："请市教育局加强沟通联系，支持配合，做好相关工作。"市委宣传部组织市日报社、市电视台和市广播电台进行了集中宣传报道，收到了较好的社会效果。市教育局对校地合作工作进行了安排部署，加大了推进力度，取得了积极成果。

《服务秦皇岛五年行动计划》成效研究报告

市委于 2016 年 1 月 6 日成功召开了第十一届八次全体会议，河北建材职业技术学院党委于 2016 年 3 月 24 日向孟书记汇报了落实会议精神的工作举措。孟书记于 2016 年 4 月 6 日作出专门批示："从汇报中看出建材学院党委对市委全会精神的把握是准确的、落实是全面的、措施是务实有力的，特别是围绕全市大局和学院实际谋划的十大工程和五十项具体工作，是经过深入调研和科学谋划的，对此我完全赞同。十一届八次全会是决定秦皇岛今后五年的一次重要会议，能否实现全面小康乃至沿海强市美丽港城目标这五年至关重要，这需要所有单位围绕既定战略谋划落实。建材学院走在了全市各单位的前列，全市所有党政企事业单位应该向他们学习，支持他们的行动。请办公厅安排五一前到建材学院等学校搞一次调研。"孟书记的重要批示充分肯定了我们的工作思路，要求市委市政府有关部门大力支持并希望我们抓出成效。三年多来，秦皇岛各项工作取得的重大成就令我们表示钦佩，市委做成了许多长期以来想做而没做成的大事，解决了许多长期想解决而没有解决的难题，走出了一条具有秦皇岛特色的高质量发展之路，许多工作走在了全省的前列并在全国产生了重要影响。三年多来，我们按照孟书记的批示要求，学院的各项工作都取得长足发展，特别是推动校地合作工作取得了重要突破和积极成果。现将有关情况汇报如下：

三年多来，我们谋划的《服务秦皇岛五年行动计划》10大工程50项具体工作全面推进并取得了重要成果。先后共有275名教师6000名学生近20000人次，为全市30多个行业300多家企事业单位开展了人才培训、企业诊断、科技攻关、志愿服务等各项服务工作。大学生毕业留秦就业创业率连续多年在驻秦高校中排名第一，对接的11所中等职业学校办学能力得到全面提升，为企事业单位提出合理化建议329条，解决技术难题172个，推动科技成果转化27个，校地双向挂职锻炼116人，打造校地合作精品工程6大项、20个小项目，为新材料产业、先进装备制造业、生态旅游业、健康产业等十大产业提供了产业结构调整的智力服务。

一、合作模式

我们和地方形成了"三全""三化""四提高"的合作模式。"三全"即全员、全面、全年。全员是所有教职员工和全体学生都踊跃参加；全面是所有部门、所有系部、所有专业都积极参加；全年是不分学期、不分假期、不分忙闲都持续推进。"三化"即项目化、具体化、实效化。项目化是每项合作工作都按项目要求明确目标、重点、任务和举措；具体化是把合作的工作任务进一步细化，明确时限、责任人、标准；实效化是各项合作任务都建立评价体系，明确考核人、结果运用、奖惩措施。"四提高"即提高教师业务能力、提高学生职业能力、提高师生服务能力、提高学院发展能力。提高教师业务能力，通过校地校企合作使教师了解企业文化、企业需求、发展前沿和自身不足，从而强化竞争意识、激发创新热情、增加奋发动力、明确努力方向；提高学生职业能力，通过校地校企合作使学生客观熟悉社会、认知岗位、评价自我和规划职业，从而提高适应能力、加深岗位理解、促进自我完善、坚定成才信心；提高师生服务能力，通过校地校企合作使师生深入接触产业、了解职工、体会人生和见证发展，从而增强教学自觉、珍惜当下美好、强化责任担当、焕发奋进勇气；提高学院发展能力，通过校地校企合作使学院得到领导认可、企业赞赏、社会好评和师生满意，从而获得领导支持、得到企业帮助、引发社会关注、感召师生奉献。

二、基本特色

推动校地合作落实《服务秦皇岛五年行动计划》，我们在特色上做了许多努力。一是立足优势。发挥专业优势、团队优势、科研优势和培训优势打造合作品牌。二是紧贴需求。紧紧围绕秦皇岛发展战略以及重点产业，主动瞄准建设沿海强市、美丽港城、国家化城市的目标开展深度合作，打造合作样板。三是项目带动。把校地合作的全部内容整合成具体项目，成立专门工作班子，务实推进，打造合作精品。四是政策激励。为推动校地合作，学院党委以及各部门先后出台了《服务秦皇岛五年行动计划》《河北建材职业技术学院社会服务管理办法》《现代学徒制"双导师"教师管理办法》等30余份文件，在提拔重用、业绩考核、职称评聘等方面进行明确规定，充分调动了广大教职员工的积极性、主动性、创造性。

三、主要特征

推动校地合作我们坚持做到了党委领导、行政主导、规划先导、项目引导。党委领导，党委把推动《服务秦皇岛五年行动计划》作为重点工作加强顶层设计，每年都召开专门会议研究部署，党委主要领导亲力亲为，带头推动，班子成员各负其责、主动推动，基层党组织负责人一线督导、认真落实，全体党员奋发作为、勇于担当。行政主导，各位院长把校地合作工作牢牢抓在手上，及时解决合作当中的难题和困难。院长办公会定期调度、强力推进。各级各部门都把校地合作工作列为重点工作，采取有力措施抓紧抓实抓好。规划先导，学院出台《服务秦皇岛五年行动计划》，谋划了10大工程50项具体工作作为总纲。各系部各部门按照总纲要求制定分规划76个，每个合作项目开展之前都制定出有目标、有重点、有举措、有实效的战略规划，通过各种规划制定确保校地合作工作扎实务实高效推进。项目引导，学院把校地合作逐一进行梳理，每个项目都制定出项目说明书，逐项把关推进，对于重点项目按照时间节点要求，加强督导，坚持"交账、查账、要账、算账"，确保了每个项目都按时启动、有序推进、效果扎实、如期完成。

四、工作做法

把校地合作不断引向深入，我们的主要做法：一是认识到位，我们认识到推进校地合作是改革的呼唤、发展的需要和大家的期盼。职业教育必须走校地合作、产教融合之路。推动职业教育高质量发展必须深化改革、找准突破口，才能不断谱写新篇章。职业教育发展的重要任务就是为当地经济社会发展服务，只有紧密与地方经济发展相融合才能凸显职业教育发展的地位和作用。广大师生都有为当地经济发展贡献力量的强烈愿望和动力，只有搭建好校地合作的平台和载体，才能满足广大师生的期盼。二是发动到位，为了使广大师生在校地合作方面思想高度统一，我们先后多次召开党委会、院长办公会、教代会和各种协调会议，讲清合作的目的、意义、模式、目标、举措等一系列合作关键问题，把思想统一到党委决策部署和要求上来，使大家自觉、主动、积极投身到校地合作工作中去。三是推动到位，把每个合作项目都责任到专家团队、系部主要负责人，明确完成时限和工作标准，定期听取工作汇报，全面督导检查，及时跟踪问效，动态调控推进。四是措施到位，建立了奖惩制度、通报制度、考核制度和问责制度。通过各项制度的落实强化了广大师生的责任意识、担当意识、争先意识和落实意识，增加了广大师生的责任感、使命感、紧迫感和危机感。

五、四点启示

实施《服务秦皇岛五年行动计划》深化校地校企合作，不仅推动了学院的高质量发展，提高了广大师生的各种能力，展示了建院师生的风采，推动了地方经济发展，而且在这样一个生动实践当中积累了宝贵经验，收获了深刻的思考和启示。一是服务大局是关键，市委提出的建设沿海强市、美丽港城和国际化城市的目标，鼓舞人心、令人自豪。需要全市各级各部门各个单位的努力和奋斗，也是各级党委讲政治顾大局的考量和体现。在这个大的背景下，各个部门各个单位都应结合自身优势，创造性地开展工作。我们积极努力地推进了《服务秦皇岛五年行动计划》正是在大局下行动、在创新中发展、在改革中提高的具体体现。二是勇于担当是基础，推动《服务秦皇岛五年行动计划》深化校地合作并不是一帆风顺的，需要解决广大师生思想认识问题，需要不断提高服务水平、需要持续搭建各种平台、需要科学组建各种团队、需要合理整合各种资源等，所有这些问题和难题都需要下定决心克服。只有把服务当地经济社会发展作为责无旁贷的责任才能横下一条决心、不畏艰难困苦、闯出一条属于建材特色的发展之路。三是敢于创新是动力，全面、深入、系统推进校地合作是一件十分具有挑战性的新的工作任务，没有成型的、固定的、有效的经验和模式供我们学习借鉴。在这样的情况下只有不断解放思想、统一思想、凝聚共识，才能迎接各种挑战、直面各种难题。只有敢于做"第一个吃螃蟹"的人，敢于做"摸着石头过河"的事，敢于"在无人处辟蹊径"，敢于"把不可能变成可能"，才能不断开创工作新局面。四是狠抓落实是保障，目标蓝图再宏伟、工作举措再具体、思路任务再清晰，落实不了、效果不好等于零。为了把校地合作工作落到实处，我们专门建立了督办落实的工作机构，成立了专门领导小组，创新实施了任务清单、反馈清单和考核清单"三清单"制度。围绕目标抓督查、围绕问题抓督查、围绕创新抓督查，收到了明显的效果，确保校地合作各项工作任务真正落到实处。

附件1：

《服务秦皇岛五年行动计划（2016—2018年）》阶段工作总结

一、旅游旺季服务形象展示提升工程

1. 学院和公交总公司签订全面、长期、战略协议，学院为公司提升核心竞争力提供智力支持和服务。一是对海港区、山海关区、北戴河区共54条公交路线进行了重新设计和优化，对所有的公交路线、站点、场站、地标等信息内容进行了清晰表述、形象设计和科学规划，解决了一些市民长期渴望解决而没有解决的难题。二是旅游旺季先后组织467名大学生为8、19、31及32路公交车提供志愿服务，负责安全检查、秩序疏导、票务监督、导乘导游和形象宣传。所有大学生都尽职尽责，涌现出了拾金不昧、扶老爱幼、见义勇为等一些先进人物。充分展示了秦皇岛人的精神风貌和文明素质，缓解了旅游旺季公交安保人员不足的问题，发挥了公交车是城市流动名片的窗口作用。达到了以点滴之举汇聚文明暖流，用微笑、真诚、爱心兑现着宾至如归的承诺，将文明之光遍洒中外的目的。与此同时强化了大学生奉献社会、感恩时代、负重奋进和珍惜时光的意识。三

是为公交公司各级各类人员进行培训，针对不同人员进行了《领导艺术》《企业文化与 CI 策划》《公共关系》和《文明礼仪》等培训，提高了企业员工对公司文化的认同，增强了企业的凝聚力和竞争力。

2. 针对旅游旺季秦皇岛中外游客多、重大活动多的实际，先后组织 12000 人次大学生志愿者深入公交车、火车站、机场和旅游景点对游人提供咨询讲解、扶老助幼、安全提醒、解难排忧和市情宣传。组织 8000 名大学生志愿者为全国煤炭交易会、世界徒步大会、全国户外广告论坛、全国职业院校化工安全生产技术技能竞赛、北戴河国际轮滑节和国际马拉松比赛等重大活动和赛事提供专场讲解、赛事策划、外宾翻译、礼仪引导、贵宾接待和安全保卫等服务工作。既对重大赛事活动的成功举办贡献了力量，又展示了秦皇岛人大胆创新、事争一流的精神面貌，还锻炼提高了大学生敢于迎接挑战、善于团结合作、勇于面向未来的能力和水平。建立大学生旅游旺季志愿服务基地 57 个，明确了大学生志愿服务基地工作理念、具体内容、方式方法等，组织开展各类活动 780 项，实现了大学生志愿服务活动常态化、长效化、规范化和丰富化。

3. 围绕创建文明城市、卫生城市和森林城市中心工作，学院党委及时制定出台了具体落实意见和方案，明确工作标准和重点，及时督导推进。一是走进图书馆，组织 2000 多名大学生 150 次深入图书馆向读者推荐重点读书篇目、分享读书心得、介绍读书方法、整理图书分类、书籍归位上架，营造安逸读书环境，打造和谐"书香"世界，浓厚读书氛围。二是走到大海边，组织 4400 多名大学生 12 次到大海边捡烟头、捡垃圾、捡纸袋、捡杂物，清洁卫生环境，净化人们心灵，提升海边品位。三是走进养老院，组织 600 多名大学生 14 次走进养老院，做一次老人的子女，为老人们理一次发、洗一件衣、陪一顿餐、写一封信、唱一首歌，温暖老人心灵、丰富老年生活，体现党和政府对老年人的关心、关爱和关注。四是走进社区里，组织 10000 多名大学生 160 次走进 57 个社区。优化管理方法，征求居民建议，营造文化氛围，策划社区活动，宣传创城意义，普及创城要求，激发市民创城热情，强化市民创城担当，焕发创城行动自觉。

五是走上交通岗，组织2100多名大学生走上交通岗热情帮残助弱，规范交通秩序，引领文明出行，宣传交通规则，保障交通顺畅，强化文明意识，养成礼让自觉，提升城市形象。六是走进农户家，组织1200名党员师生深入3000多个农户家庭，摸实情，找症结，查原因，定对策，讲一节致富课，赠一本创业书，送一份生活品，聊一次家常话，结一个帮扶对。增强贫困户自信、自立、自重的信心和勇气，提高贫困户脱贫的能力和本领。七是走到集市上，利用集市人流多、信息广、传播快的优势，组织4700名师生到210个集市，发放创城宣传册，宣传创城目的、意义、价值、路径、标准、要求和措施等。调动广大市民的创城自觉性、主动性和积极性，增强广大市民的创城紧迫感、责任感和使命感。八是走进福利院，组织800多名大学生16次走进福利院关爱儿童，送玩具、送衣物、送书籍、送文具，开展心理健康咨询，组织阅读朗诵比赛，举行才艺表演展示，开展互动活动等，送去温暖送去关心送去祝福，助力儿童幸福健康成长。九是走进风景区，组织6300多名师生走进风景区，提升景区品位，服务中外游客，宣传城市风貌，介绍历史文化，展示发展成就，描述城市未来，提高城市的知名度和影响力，助力建设沿海强市、美丽港城和国际化城市。十是走进学生家，组织100多名老师深入730个家庭，通报学生在校情况，征求家长意见建议，商讨培养学生方案，厘清学校家庭责任，建立长效沟通机制，形成学校家庭共同育人模式，营造学生成长成才良好环境。

4. 为旅游类相关单位进行培训。旅游类相关单位人员素质直接决定着旅游业的发展和城市形象的展示。针对不同类型单位组织专门团队，在深入培训单位调查研究的基础上制订培训计划，本着"急需、务实、提高、管用"的原则，选择最优秀教师精心备课，先后培训了3400多人次，提高了培训人员的整体素质，收到了良好的经济效益和社会效益。为旅游管理部门开展旅游管理科学、管理创新、世界旅游发展趋势、我市旅游业发展前景及规划等培训；为旅游类事业单位开展绩效管理、公共关系、理念创新等培训；为旅游类企业开展全市发展战略重点产业及旅游资源、企业管理、旅游政策解析等培训；为服务类企业窗口人员开展秦皇岛先进典型人物事迹传播、普通话、基础外语等培训；为旅游重点景区导游员开展秦皇岛成就文化发展蓝图、导游员实务、导游职业道德等培训；为星级酒店开展礼仪茶艺、涉外管理、酒店文化等培训。

5. 组织4200名大学生进57个社区、进300多家企业、进130个农村，组织开展文艺演出16场，入户走访2750多户，集市宣讲210次，广播宣传36次。组织志愿服务，宣传了秦皇岛改革开放以来建设成就、文明成果、发展蓝图、美好愿景等内容。通过广泛宣传增强了广大市民的自豪感、幸福感，强化了广大市民的主人翁意识。同时培养了一大批自愿主动传播秦皇岛正能量的宣传队伍。

6. 开展大学生爱市教育，鼓励引导广大学生成为秦皇岛的宣传使者。一是邀请市委常委、市政府常务副市长李国勇到校为大学生作了开创秦皇岛美好未来的报告；二是市教育局、人社局等39部门的负责人到校就各自工作成就作了专题报告；三是邀请中国建设银行秦皇岛开发区支行等43个企事业单位作了70场专题讲座；四是学院党委书记、院长为学生作了有关学院发展和秦皇岛重大成就讲座；五是中层正职和系部主要负责人就各自负责专业给学生作了26次讲座；六是学院创办青春大讲堂，利用学生主题活动、团日活动等向学生宣讲秦皇岛发展态势；七是学院党政办公室编印了秦皇岛近三年来的主要成就、未来发展蓝图、工作重点的宣传册，发给广大学生，让学生准确、全面、客观地了解秦皇岛发展成就和资源优势；八是召开专门会议进行部署，要求全体学生利用和同学朋友书信交往、网络交流等多种形式进行宣传，要求全体学生对宣传情况及时总结汇报，学院对工作有力、效果好的予以表彰，对于工作不力、效果不明显的予以批评。通过各种培训教育使大学生增强了宣传秦皇岛的主动性，调动了宣传秦皇岛的积极性，提高了广大学生宣传秦皇岛的能力和水平，教会了广大学生宣传秦皇岛的方式方法。通过广大学生积极主动宣传秦皇岛的发展成就，在学生的家乡和学生生活的地方以及广大学生能联系到的群体中极大地提高了秦皇岛的知名度、认可度和影响力。

二、大学生毕业留秦就业创业率提升工程

三年来，通过采取各种措施，我院大学生留秦就业创业人数每年递增，每年留秦就业创业人数都超过在秦招生人数，留秦就业创业比例在驻秦高校中连续多年第一。

毕业年份	毕业生人数	留秦就业毕业生人数	留秦比例（%）	在秦招生人数	留秦就业人数与在秦招生人数比例（%）
2016 年	2995	817	27.28	626	130.51
2017 年	2883	877	30.42	650	134.92
2018 年	2393	748	31.26	532	140.60

7. 邀请政府和有关部门领导到校为毕业生作专场报告，重点讲解秦皇岛发展总体战略、企业发展情况、秦皇岛吸引大学生就业创业优惠政策等内容，让广大毕业生对秦皇岛宏观情况、欢迎大学生留秦工作的态度和各种发展优势有了全面、系统、准确的了解和把握。邀请900多个企业领导专程到校为毕业生讲解企业的发展基础、发展前景、发展现状以及人才需求情况和吸引人才的优惠政策等。邀请110名行业专家到校为毕业生讲解相关企业的技术先进性、发展可期性和有关专业匹配性。让广大学生了解企业的发展潜力和岗位适合自身的程度，提高了广大学生留秦的信心和勇气。

8. 每年都组织毕业生进园区、进企业、进车间，共组织3500名大学生进40多个园区、570多个企业、1000多个车间，通过听取企业介绍、参观学习、实习实训、定岗实践等多种形式，让大学生了解企业、熟悉企业、热爱企业，亲身感受企业文化，体会工匠精神，强化劳动光荣、创新伟大、创造可敬的意识，激发大学生投身秦皇岛建设的激情和愿望。

9. 邀请84名高层次专家对我院人才培养体系进行咨询、指导，出台了关于创新人才培养体系的意见，7个系部都结合自身实际对人才培养体系进行改革创新，形成了"三双一全""三段四双"和"众企联盟"等独具特色的人才培养模式，使培训的方法和内容更加贴入秦皇岛的产业发

展。召开 125 次研讨会、交流会，研究学生培养和产业紧密结合的方法、措施、特点等。与 5 个产业园区、企业实施了"产业园区＋标准厂房＋职业教育"的人才培养模式。形成了服务、教学、就业、创业一条龙的创新培养体系，为秦皇岛地方经济发展提供了高质量人才。

10. 召开研究上级有关职业教育发展精神研讨会 50 余次，深入市发改委、科技局等经济发展职能部门调研 20 多次，全面了解秦皇岛产业现状及发展趋势。对近万名毕业生进行回访，到百余家企业进行调研，围绕秦皇岛市"四大两特"产业发展布局，调整专业 20 个，其中新增专业 12 个，停招专业 8 个，使全部 41 个专业都和秦皇岛经济发展相契合。

11. 结合专业建设，从秦皇岛机关、事业、企业聘请专家 260 名次，涉及 24 个专业，对学生进行创新创业鼓励政策、创业项目选择、市场前景预判、创业资金筹集、创业风险防御、创业法律知识和企业管理方略等方面的辅导和指导。学院出台鼓励大学生创新创业的指导意见，给大学生创业提供场地、资金、政策、培训等支持。校内 50 多个项目成功入住创业示范园，累计 936 名大学生参与创新创业。学院专门对大二学生开设了大学生创新创业指导课程，讲解创业能力自我评价、企业构思、企业内部组织形式、市场调研等内容。鼓励教师对大学生创新创业进行指导，把教师指导学生创新创业工作纳入职称评聘内容。鼓励教师参加各级创新创业能力大赛，把比赛成绩纳入学院职称评聘、奖励表彰等内容。

三、秦皇岛职业教育提升工程

12. 组织全市 11 个中等职业院校领导成员进行集中培训 3 次，由我院领导和专业带头人授课。重点讲解职业院校发展趋势以及先进院校发展经验、管理理念和中等职业院校高质量发展特征、难题、路径等内容。选派院级领导和系部主要负责人 64 人次，深入职业院校调研，和职业院校院领导面对面座谈、咨询，对中等职业院校进行诊断，查找问题、分析原因、提出对策。

13. 采取"请上来和走下去"的方式对中等职业院校骨干教师进行能力提升培训，共进行对口专业集中培训6次以上。重点讲解专业知识、授课技巧、教学方法、交流艺术等。全院院领导、系部主任、骨干教师等100多人次深入全市每一所中等职业院校有针对性地对教师进行指导。通过座谈交流、课程示范、集中备课、听课指导等方式对教师进行培训。

14. 与抚宁区、昌黎县、卢龙县职业技术教育中心等8所学校签订中高职"3+2"人才培养衔接协议，即在中职院校学习3年成绩合格后到高职院校继续深造2年，高职和中职共同制订人才培养方案，使管理理念、授课方法、制度规范、考核标准一脉相承、无缝衔接，从而提高人才培养质量。共有300多名学生以这种人才培养模式走上了工作岗位。

15. 全院校内外玻璃实训室、BIM实训室、体育健身房、秦皇岛建创超市电子商务运营管理基地等150多个实训室全部向中职院校开放。通过开展职教周活动集中定期对外开放，展示实训室专业特色、演示操作流程、讲解发展历史、提供动手机会、体验职业特征。日常预约对外开放提供最好教师、最优服务，讲解最前沿的知识，提供最先进的设备。

四、企业员工素质提升工程

围绕着企业员工技术、文化素质的提高和积极性、创造性的充分发挥，依托学院专业优势和教师特长，围绕建筑安全产业链、玻璃建材绿色化、旅游产业等9大产业和行业，培训300家企业员工3000人，培训天数8360天，参加培训教师189人，极大地提高了培训人员的理论水平、业务技能和整体素质。

16. 围绕推广绿色节能建筑组织16名优秀教师，对建筑全产业链47个相关企业员工进行培训，重点培训了项目管理、建设工程管理务实、合同法、BIM技术应用推广等相关课程。向建筑企业展示BIM技术在建筑工程施工图纸设计、建立数量化模型、基础工程和后期装饰装修工程等方面的应用。选派8名优秀教师对78个建筑项目进行评估、评审，提出137

条立即改进的合理化建议，提出了 14 条长期坚持提高的对策建议。通过培训和专家评审提高了建筑相关企业员工的整体素质、提升了建筑项目的品位。

17. 围绕玻璃建材绿色化、重振耀华品牌、重点发展新材料等要求，重点为建材行业企业开展了浮法玻璃生产技术、浮法玻璃配合料制备、玻璃融化及生产控制、水泥生产技术及中控操作、熟料燃烧工艺与设备、水泥窑中控操作与控制、立式生料磨系统中控操作等的培训，参训人员 438 人，参训累计天数达 2170 天，极大地提高了员工的理论水平和实际操作能力。

18. 围绕旅游业的基础地位，完成旅游管理、经营体制改革，打造全市旅游，为秦皇岛地区开展旅游管理、酒店管理等方面人员的业务培训。共进行了心理健康、沟通技巧、团队建设、领导艺术、客户关系管理、绩效考核、导游业务知识、旅游服务技能、乡村旅游创新管理、餐饮产品营销管理模式线上线下营销、营销心理学、中国传统礼仪、职业道德和礼仪三个模块、茶艺技能、人力资源管理制度设计等 15 项课程的培训。参加人数达 340 人，累计天数 1040 天。提高了旅游行业职工整体素质，共收到有关企业感谢信 20 余封。

19. 围绕大力发展物流产业，针对微电商、线上线下的全新运营模式、"互联网＋"等企业战略，为农产品直供物流、电商仓配、城乡配送及现代物流装备市场等领域提供培训服务。进行了网络营销与策划、市场营销、电子商务网站设计、电子商务广告设计、现代物流、消费心理学、市场调查与预测、电子商务案例分析、电子支付与安全、仓储与配送、运输学、采购学、国际贸易理论与实务、条码与自动识别技术、物流管理案例、物流成本管理等课程培训。参加人数达 470 多人，累计天数 1500 天。提高了物流企业管理效能和运输、仓储、采购和营销工作能力。

20. 围绕地理信息、北斗导航、大数据智能终端、软件及互联网服务、应用 APP 开发等产业领域提供培训服务。进行了 Java 高级编程、Oracle 数据库、Java Web 初级编程、Java Web 高级编程、CAD 技术、云服务器网络应用管理、云计算数据库原理与应用、服务器架构与运维技术、服务器安全与监控、云平台构建及管理、集群与存储等课程培训。参加人数252人，培训1200天。提高了企业员工在云计算的系统建设、运行维护、测试评估、安全配置、服务开发与管理等方面技术技能。

21. 围绕助力我市汽车销售与维修服务行业稳步发展，开展汽车检测与维修、汽车销售及评估等方面的专业培训。先后组织多名优秀教师为30家企业进行了汽车授权流程梳理、汽车金融服务增值、售后SA服务流程优化、汽车副场配件使用要求、产品售后问题处理、机修技能提升等6项课程的培训，培训人数280人，累计培训天数850天。提高了汽车销售与维修服务业企业员工的整体素质。

22. 围绕我市装备制造业发展上水平，提供机械加工、机电设备维修、电气装备等方面培训。进行了电气控制技术、机械原理与零件、机电设备管理与维修、电机与拖动、电气控制技术、液压与气动、可编程控制器应用技术、热再生施工工艺、热再生设备操作、热再生施工工程管理等课程培训。参加人数120人，培训400天。提高了装备制造业在机电设备的安装，设备的高级维修、技术改造，工控设备程序设计等方面的整体水平，培养了一批技术骨干。

23. 围绕提升我市休闲服务水平，开展茶艺师、调酒师等方面的业务培训和技能鉴定。为166家企业开展了茶艺师、调酒师培训，重点对茶酒文化、茶酒的分类、茶酒品鉴、茶酒礼仪等课程进行培训。培训人数400人，培训天数1200天。提高了培训人员的技能水平。通过茶、酒技能鉴定中心平台对160人进行了技能鉴定。组织全市性技能竞赛大赛15次，参加学生258名，并获得河北省职业院校职业礼仪团体一等奖和河北省茶艺技师大赛一等奖。

24. 围绕我市"推进港产城一体化，打造东北亚物流枢纽"目标，开展临港物流方面的人员业务培训。进行了物流学、仓储与配送、运输学、采购学、国际贸易理论与实务、条码与自动识别技术、国际物流、供应链管理、商品学、物流管理案例、物流成本管理等课程培训。参加人数520

人，培训 1800 天。提高了临港物流企业仓储管理、物流市场开发、物流运作流程管理等标准化管理运作水平。

五、组织管理专家学者深入行业企业，开展企业管理诊断、咨询服务工程

25．组织 62 名专家对 7 家大型企业的组织架构、决策机制、发展战略、企划体系进行了宏观的系统诊断，查找出风险隐患 29 条，分析存在原因 61 条，提出合理化建议 12 条，协助整改解决问题 5 个。提高了以企业的管理组织系统化、管理手段自动化为特征的现代化管理水平。

26．组织 104 名专家对 64 个中型企业进行了企业经营定位的规划制定、运营过程的综合平衡、预算和资金计划的协调匹配、执行过程的质量效率等经营管理中的关键要素专项诊断，查找出风险隐患 150 条，分析存在原因 276 条，提出合理化建议 94 条，协助整改解决问题 58 个。提高了以管理方式定量化、管理思想现代化为特征的现代化管理水平。

27．组织 104 名专家对 120 个小微企业的产品定位、发展方向、资金管理、质量控制、成本核算等环节进行育成性诊断，查找出风险隐患 239 条，分析存在原因 548 条，提出合理化建议 164 条，协助整改解决问题 97 个。帮助小微企业提升实力、加速成长、做大做强指明了方向。

28．组织 73 名专家对 38 个科技创新型企业的创新能力、盈利能力、扩张能力、资本运营能力进行综合性的评估诊断，查找出风险隐患 94 条，分析存在原因 176 条，提出合理化建议 59 条，协助整改解决问题 42 个。帮助企业用好扶持政策，强化技术优势，提升竞争实力，实现跨越式发展。

六、党政机关创新能力培训提升工程

发挥我院是秦皇岛唯一一所被国家劳动和社会保障部命名的创新能力培训实验学校、师资队伍雄厚、研究成果颇丰的优势，对全市党政机关进行培训。

29．组织16名专家对26个单位61名领导干部重点进行了习近平新时代中国特色社会主义思想、党的十八大十九大精神、领导艺术和方法、处理突发事件的方法等课程培训，提高了领导干部的战略思维、世界眼光和决策能力。

30．组织16名专家对26个单位107名中层干部重点进行了行为科学、沟通艺术、逻辑思维等课程培训，提高了调研能力、协调能力和组织能力。

31．组织16名专家对26个单位270名一般工作人员重点进行了公文写作、督查督办和调查研究等课程培训，提高了学习能力、看齐能力和执行能力。

七、校地校企合作精品打造工程

32．2016年10月我们成立了全国玻璃类首家混合所有制二级学院，主要培养建筑装饰材料技术、建筑材料工程技术和玻璃艺术设计、玻璃生产技术等方面的高素质技术技能人才，目前共招收229名学生。我们成立了现代玻璃学院理事会和专业建设委员会，聘请中国技术能手朱盛菁、行业大师韩永久等客座教授12名，聘用15名企业专家做创业导师，制定了"师带徒"实施意见、大师工作室管理办法等13个规范性文件，成立了4个大师工作室和2个教师工作室。现代玻璃学院以学生全面培养为核心，通过校、企、政联合培养，提升了学生职业技能和专业素养，学生的综合素质得到显著提升，人才培养质量全面提高，为其他专业建设提供了示范建设，产生了较好的社会影响。

33．学院与秦皇岛市奥晶玻璃制品有限公司共建了秦皇岛市NS-II工程技术研究中心，主要任务是研发应用于坦克及装甲车的安全玻璃。学院组织6名专家主要对玻璃结构、化学钢化等进行研究和实验，通过对现有某型号坦克玻璃材料分析和安全性能测试，对原材料关键技术进行创新实验，取得了显著成效。并组织企业员工进行了180天次的专业理论知识和实践技能培训，主要内容包括玻璃结构和性能、玻璃原片质量检测、玻璃加工原理等。

34. 建立秦皇岛海燕国际旅行社示范基地。学院和基地共同制订人才培养方案，基地为旅游管理专业学生提供认识实习、顶岗实习、毕业实习等帮助。三年来有249名学生到基地进行实习。学院为秦皇岛海燕国际旅行社员工提供人才培训帮助，共培训27人170天。经过学院和实习基地的共同努力已培养出"秦皇岛十佳导游员"。

35. 2012年11月，建立BIM研究中心，依托建筑工程类专业优势，联手秦皇建设局、国家建研院和相关企业，为新形势下的建筑企业提供BIM规划、咨询、BIM建模、企业BIM人才订单培养、员工BIM技术培训等服务。BIM研究中心被中国建设教育协会认定为全国BIM等级认证考点，已组织考试4场，参加考试考生200余人。举办"工程建设领域BIM技术与应用"讲座3期，举办"建筑信息模型BIM大讲堂"4期，参训人数超过4000人，为秦皇岛阿尔法遇制购备件有限制公司提供BIM咨询服务。为秦皇岛市建设局制定了秦皇岛市BIM应用研发方案。开发了多套三维仿真系统，将BIM技术、VR技术、计算机仿真技术深度融合，为秦皇岛、山海关等多个驾校开发了BIM三维机动车驾驶人考试系统。举办了"集装箱办公大临"创意设计大赛，组织召开了秦皇岛高校BIM技术应用与推广研讨会。

36. 建立蒋金金牌导游工作室，蒋金是国家旅游局旅游英才培养项目的国家金牌导游员、中国最美导游员、国家高级导游员，旅游管理专业18名学生拜其为师。工作室开展了历史文化旅游资源调研活动，对长城遗址、北戴河老别墅、北山电厂、开滦路、秦皇岛开埠地等历史建筑、工业旅游遗址、历史文化街区进行调研，出版了秦皇岛寻根之旅调查报告和宣传册。借助金牌导游优势及旅游服务团队背景面向秦皇岛各景区、旅行社、酒店及相关部门开展导游、英语导游、礼仪、茶艺、心理及专业服务，打造品牌优势。

37. 探索实践"现代学徒制"人才培养模式。作为国家教育部首批"现代学徒制"试点单位，设立新型建筑材料技术、通信技术和电子商务

3个专业,共招收学生252名。成立了现代学徒制试点工作领导小组,出台了"现代学徒制"实施方案等一系列相关文件,构建了校企协同育人机制,实现了招生招工一体化,完善了人才培养制度和标准,加强了双导师队伍建设,出台了《"现代学徒制双导师"教师管理办法》,健全了符合"现代学徒制"特点的管理制度。试点工作进展顺利,学生学习的积极性、主动性和自觉性,学生的考试成绩、遵规守纪情况和职业素养都明显优于传统教学模式。

八、相关行业企业有关技术难题攻关工程

38. 组织27个专业团队155名专家深入229家企业,帮助解决技术难题。主要包括交通路线优化提升、校区餐厅改造、景区景点景观设计、土建模型建立、机电模型建立、结构模型建立、钢结构深化设计、安装工程综合排布、预留预埋定位、三维大样辅助安装、施工方案及关键节点管理、玻璃式样溶质及性能检测、预拌聚氨酯轻骨料混凝土性能检测、石英石生产设备研制及开发、装饰玻璃图案创新开发等,提高企业的生产效率,为企业高质量发展提供了智力支持。

39. 发挥科技人员的积极性,在各类刊物发表论文236篇,结合企业生产实际,在市级以上研究立项课题166个,已转化应用63个。课题转化主要涉及AR技术支持下的教育产品品牌推广中视觉元素的应用研究、天然漆为媒介综合材料的秦皇岛旅游纪念品研发、玻璃成形退火操作与控制、大气污染控制技术、高温高压制备纳米晶块体镍的研究、新型无冷却加热炉滑轨材料的研究、建筑节能窗的研究、废玻璃粉作矿物掺合料在混凝土中的应用研究、高性能显示屏玻璃的研究、预拌聚氨酯轻骨料混凝土应用研究、废玻璃在水泥生产中的应用研究、PI水泥在预拌混凝土中的研究与应用、大洋采矿补偿平台与驱动并联机构的研究、沥青混凝土路面就地热再生热效率提升技术研究与应用、热态环类锻件绿色制造中的关键技术研究等,提高了企业的创新能力,促进了企业的高质量发展。

40. 发挥河北省建材职业集团行业优势，组织 4 个专家团队 27 名专家深入 18 家玻璃行业为企业解决技术难题 12 个，开发新工艺 2 个，实施科技成果转化 27 个，提出合理化建议 63 个，协助改进提高 6 个项目，促进了玻璃行业技术进步升级。

九、校地校企人员双向挂职培养工程

41. 依托学校资源，发挥自身优势，选派 77 名专家学者深入秦皇岛 36 个行业企事业单位挂职锻炼达 7000 天次。挂职人员结合企业实际为企业发展出主意、想办法、解难题。开展人才培训、企业诊断、解决技术难题、项目攻关等，既为企业提供了智力技术服务，又提高了挂职人员的实践能力和整体素质。

42. 邀请秦皇岛行业企事业单位热爱教育事业、具有相应专业背景和专业水平的高层科研人员、管理人员 42 人到我院兼任教授，给 14 个专业 3600 名学生上了 6000 多课时，主要内容是玻璃熔化操作与控制、玻璃成形操作与控制、工程玻璃加工技术、玻璃冷加工技术、玻璃复合加工技术、汽油柴油发动机管理系统故障诊断与维修、汽车自动变速器故障诊断与维修、汽车底盘构造与检修、汽车转向行驶与制动系统故障诊断与维修、二手车鉴定与评估、汽车销售顾问实务、汽车维修企业管理、云服务器网络应用管理、服务器架构与运维技术、服务器安全与监控、云平台构建及管理、集群与存储。同时还参与对口专业的人才培养方案制订、专业建设、课程体系建设等工作。搭建实践教学平台和科技研发合作平台，改善人才培养模式，促进学校和社会对接，培养真正符合秦皇岛市经济发展需要的应用技能型人才。

十、相关产业结构调整服务工程

根据秦皇岛市"十三五"产业发展规划以及我院专业优势拟定相关服

务产业，以"专业服务产业"为引领，建立完善的服务机制，搭建互助服务平台，建立和打造优秀的服务队伍和优势互补的合作团队，提升服务秦皇岛地方经济发展的水平。

43．服务新材料产业。共组建 3 个专业团队 22 名专家为 20 多家新材料产业提供了技术攻关、解决技术难题、企业诊断、建立大学生实习基地、人才培训、科技成果转化等多项服务，参与职业标准和产品标准制定工作。提高了新材料产业的竞争力，为企业长远发展提供智力支持。

44．服务建筑产业。共组建 3 个团队 26 名专家为 77 家建筑行业企业提供了技术攻关、解决技术难题、企业诊断、建立大学生实习基地、人才培训、科技成果转化等多项服务，参与重点推广绿色建筑、节能建筑、创建国家生态文明城先行示范区建设等工作。为建筑产业的升级改造和企业长远发展提供了人才智力支撑。

45．服务先进装备制造业。依托我院机电一体化、电气自动化、机电设备维修与管理、机械设计与制造等专业组建 3 个服务团队 16 名专家，为 47 家先进装备行业企业提供了技术攻关、解决技术难题、企业诊断、建立大学生实习基地、人才培训、科技成果转化等多项服务。提高了先进装备制造业企业科技创新的能力和水平，提高了产品的附加值和市场的占有率。

46．服务信息技术产业。依托我院计算机信息技术、通信技术等专业组建 3 个服务团队 21 名专家，为 65 家信息技术产业提供了技术攻关、解决技术难题、企业诊断、建立大学生实习基地、人才培训、科技成果转化等多项服务。为信息技术产业升级换代、调整产业结构等提供了人才智力支撑。

47．服务现代商贸服务业。依托我院汽车技术服务与营销专业组织 3 个服务团队 15 名专家，面向秦皇岛市 20 个汽车销售与维修服务行业企业，依托电子商务专业组建 2 个服务团队 12 名专家，为 62 家区域电子商务企业发展提供了技术攻关、解决技术难题、企业诊断、建立大学生实习基地、人才培训、科技成果转化等多项服务。提高了现代商贸服务企业的营销能力和规范化管理水平。

48．服务生态旅游业。依托我院旅游管理、酒店管理、商务英语等专业组建 2 个专家团队 11 名专家，为 75 家生态旅游企业提供了企业文化与 CI 策划、景区政务导游、基本礼仪姿态训练、导游实务、岗位礼仪姿态、国家导游员考试技巧等培训，为中国文化创意园区、北戴河区西古城村音乐小镇、旅游文化创意产业园区等提供了设计策划服务，大规模组织志愿者为重大活动、重大赛事、重大展演提供了高水平的服务。助力推动了秦皇岛"旅游＋全产业融合"，将我市打造成京津冀最佳旅游目的地。

49．服务健康产业。依托我院体育专业师资优势和体育健身康复研发平台组建 2 个团队 13 名专家，对 71 家健康产业提供了奉献爱心、关爱老人、知识讲座、文化宣传、实践基地建设等服务。促进了秦皇岛市民健康生活方式的形成，为建立全民健身科学指导和服务体系提供科技支撑。

50．服务社会公共交通事业。发挥我院科研资源优势，对 54 条公交路线的全部站点、场站、地标等进行了重新设计和优化，清晰表述了所有信息内容，绘制出高水平的交通路线图，助力了秦皇岛智能交通系统建设，提升了秦皇岛市公共交通品质和公共交通系统形象，为市民提供了更为优质和便捷的服务。

附件 2：

《服务秦皇岛五年行动计划（2016—2018 年）》具体项目明细简表

制定出台《服务秦皇岛五年行动计划》相关文件方案简表

序号	名称	部门
1	河北建材职业技术学院《服务秦皇岛五年行动计划》10 大工程 50 项实施方案	学院党委
2	河北建材职业技术学院《暑期志愿服务秦皇岛市公交总公司实施方案》	学院党委
3	《河北建材职业技术学院与北戴河区合作方案》	党政办公室

（续表）

序号	名称	部门
4	《河北建材职业技术学院关于商洽服务地方建筑行业的方案》	党政办公室
5	河北建材职业技术学院《督查督办管理办法》	党政办公室
6	《河北建材职业技术学院助力秦皇岛市党政机关建设服务方案》	党政办公室
7	《河北建材职业技术学院社会服务管理办法》	产学研合作部
8	《河北建材职业技术学院创建文明城市、卫生城市、洁净校园计划》	后勤管理处
9	《校地合作重点培训项目实施方案》	现代服务管理系
10	《毕业生留秦就业创业、人才培养、基地建设、志愿服务以及产教合作具体实施方案》	材料工程系
11	《教师服务秦皇岛经济活动情况综合绩效评价体系》	财经管理系
12	《现代学徒制"双导师"教师管理办法》	教务处
13	河北建材职业技术学院《大学生志愿服务管理办法》	学生处
14	河北建材职业技术学院《"四进四融入"志愿服务秦皇岛工作机制》	校团委

一、旅游旺季服务形象展示提升工程

序号	项目内容	服务单位（地点）	类型
15	2016—2019年秦皇岛马拉松志愿服务活动	秦皇岛市体育局	志愿服务
16	参加第二届河北省旅游产业发展大会志愿服务活动	秦皇岛市海港区旅游发展大会指挥部	志愿服务
17	秦旅山海号观光火车讲解活动	秦皇岛市区	文化宣传
18	"助力文明创城，爱我第二故乡"主题宣讲活动	海边栈道	文化宣讲
19	规划设计秦皇岛市三区公交线路图绘制	秦皇岛市公共交通有限责任公司	规划设计
20	"青春、靓丽、活力、文明"暑期公交服务活动	秦皇岛市公共交通有限责任公司	志愿服务
21	河北省园博会接待服务与讲解的志愿者服务工作	河北省第二届（秦皇岛）园林博览会	志愿服务
22	安全巡查、文明指引、旅游讲解暑期火车站志愿服务	秦皇岛市火车站	志愿服务
23	山海关老龙头景区游客服务中心接待外宾服务	山海关老龙头景区游客服务中心	志愿服务
24	彩绘装扮海岸、彩绘装饰家园、彩绘助力美丽乡村建设	海韵广场、山海关古城、青龙南坎子村等	志愿服务

（续表）

序号	项目内容	服务单位（地点）	类型
25	"献爱心，伴成长"福利院社会实践活动	秦皇岛市儿童福利院	志愿服务
26	"爱驻夕阳，关爱老人"关爱老年人志愿活动	秦皇岛市海港区老来福养老院	文艺演出
27	北戴河团中央团委拓展基地拓展培训	北戴河团中央团委拓展基地	知识讲座
28	创建国家文明、卫生、森林城市进社区入户宣传活动	世纪海洋花园、森林逸城、文昌里、幸福里	文化宣传
29	青年文化艺术节活动	秦皇岛市海港区政府大礼堂	文娱活动
30	秦皇岛青龙满族自治县南坎子村实践基地	青龙满族自治县	文化宣传
31	吉利峪村实践基地	吉利峪村	文娱演出
32	"牵手自闭儿童 用爱唤醒孤独"志愿爱心服务基地	秦皇岛市星曜孤独症康复中心	文娱演出

序号	专家宣讲主题	聘请行业企业专家	宣传形式
33	"开创秦皇岛美好未来"的主题讲座	市委常委、市政府常务副市长李国勇	专题讲座
34	"玻璃艺术和艺术玻璃、玻璃的魅力"主题讲座	中国工艺美术学会艺术玻璃专业委员会理事韩永久、副主任段国平	专题讲座
35	玻璃熔化窑炉设计、玻璃锡槽设计主题讲座	秦皇岛玻璃工业研究设计院副总工程师、教授级高级工程师谢建群、黄治斌	专题讲座
36	举办"不忘初心，砥砺前行"青春大讲堂专题讲座	NE教育集团单鹏宇	专题讲座
37	以"知艾防艾共享健康"为主题的艾滋病防治知识讲座	市红十字会专职副会长刘冬青、秘书长王玉梅，市疾控中心性病艾滋病防治科科长冯艳洁	专题讲座
38	大学生常见的心理问题及其应对办法	秦皇岛市心理卫生协会秘书长	专题报告
39	中国玻璃互联网之浅谈主题讲座	中国玻璃网运营总监高晗	专题讲座
40	"退伍不忘报国志，卸甲不懈爱国心"退伍老兵励志分享会	武警北京市总队"国门警卫队"	经验交流

二、大学毕业生留秦就业创业率提升工程

序号	企业名称	行业类别
41	秦皇岛中秦兴龙投资控股有限公司	金融业

(续表)

序号	企业名称	行业类别
42	中国耀华玻璃集团公司	制造业
43	正大食品企业（秦皇岛）有限公司	制造业
44	宏启胜精密电子（秦皇岛）有限公司	制造业
45	康泰医学系统（秦皇岛）股份有限公司	制造业
46	秦皇岛金洋建设集团有限公司	建筑业
47	康姿百德集团有限公司	居民服务、修理和其他服务业
48	鹰领航空高端装备技术秦皇岛有限公司	科学研究和技术服务业
49	秦皇岛新绎旅游有限公司	文化、体育和娱乐业
50	秦皇岛北岛博智科技孵化器有限公司	租赁和商务服务业

三、秦皇岛职业教育提升工程

序号	合作项目名称	合作单位名称
51	开展中职教师师资培训活动	卢龙、青龙、抚宁职教中心，中铁山桥集团
52	学院与卢龙职教中心签订中高职衔接协议	卢龙职教中心
53	学院与抚宁职教中心签订中高职衔接协议	抚宁职教中心
54	学院与青龙职教中心签订中高职衔接协议	青龙职教中心
55	与中铁山桥集团高级技工学校签订中高职衔接协议	中铁山桥集团高级技工学校

四、企业员工素质提升工程

序号	培训项目名称	培训对象单位名称	培训课程内容
56	抚宁区职教中心教师组织专业培训	抚宁区职教中心	计算机专业课程
57	秦皇岛市玻璃博物馆开展茶艺培训	秦皇岛市玻璃博物馆	茶艺培训
58	旅游旺季为秦皇岛公交总公司职工开展礼仪培训	秦皇岛市公交总公司	礼仪培训
59	开展工程技术人员专业技能培训	秦皇岛北戴河新区发展有限责任公司	工程管理培训
60	开展关于公共营养师专业课程讲座	秦皇岛市培训师协会	营养师培训
61	开展关于健康管理师专业课程讲座	河北健康管理研究会	健康管理培训

(续表)

序号	培训项目名称	培训对象单位名称	培训课程内容
62	开展关于程序开发和网络组建与配置技能培训	秦皇岛微讯信息技术有限公司	网络组建
63	开展关于建筑工程项目法律法规培训	秦皇岛熙恒智能安装工程有限公司	建筑工程项目法规
64	组织秦皇岛市恒鼎建筑公司BIM基本技术培训	秦皇岛市恒鼎建筑公司	BIM技术培训
65	团中央北戴河培训基地拓展训练	团中央北戴河培训中心	拓展培训
66	《建筑工程项目管理》课程培训	秦皇岛熙恒智能安装工程有限公司	工程项目管理
67	《营销心理学》课程及技巧培训	秦皇岛市裕盛商贸有限公司	营销心理学
68	学习新思想千万师生同上一堂课活动	河北科技师范学院	党性教育
69	服务礼仪、酒店管理课程培训	北戴河阿尔卡迪亚滨海度假酒店	服务礼仪
70	电工职业技能培训	秦皇岛市聚贤职业培训学校	维修电工
71	软件英语培训	秦皇岛市人力资源和社会保障局	软件英语培训
72	SYB创新创业课程培训	秦皇岛市联合创业服务有限公司	创新创业培训

五、组织管理专家学者深入行业开展企业诊断、咨询服务工程

序号	行业企业名称	工作内容	工作形式
73	北戴河疗养院	虚拟现实	企业诊断
74	山海关区古城保护开发有限公司	抵押价值评估	企业诊断
75	秦皇岛玻璃研究设计院	项目评审	企业诊断
76	秦皇岛市热电厂	监理指导	企业诊断
77	秦皇岛工建工程咨询有限公司	招标控制价预算报告	企业诊断
78	秦皇岛山景木材有限公司	景区设计修复	企业诊断
79	秦皇岛市公交总公司	公交线路绘制	企业诊断
80	康泰医学系统有限公司	电商运营	企业诊断
81	秦皇岛赛盾防腐材料有限公司	企业存货核算	企业诊断
82	秦皇岛秉阳贸易有限公司	进口试验设备的指导	专题研讨
83	国务院国有监督管理委员会北戴河疗养院	核算纳税实务	技术服务
84	河北出版集团北戴河培训中心	竣工验收	技术服务

（续表）

序号	行业企业名称	工作内容	工作形式
85	秦皇岛玻璃工业研究设计院	项目管理和控制	技术服务
86	秦皇岛市城乡建设局勘察设计科	水池基坑现场论证	技术服务
87	秦皇岛热电厂	企业管理咨询	企业咨询
88	秦皇岛市生产力促进中心	机房故障检测与维护	企业诊断
89	秦皇岛博赫科技开发有限公司	技能竞赛筹备策划	企业咨询
90	东北大学秦皇岛分校	实验室验收	企业咨询
91	秦皇岛市图成玻璃技术有限公司	档案分类、细化等技术指导	技术服务
92	燕山大学机械厂	机械加工工艺文件整改	技术服务
93	秦皇岛泰盛会展服务有限公司	园博会的参与及协调各项工作	企业咨询
94	秦皇岛大龙建材有限公司	玻璃图形设计与绘制	技术服务
95	河北夏都葡萄酿酒有限公司	税法解读	企业咨询
96	秦皇岛港股份有限公司流动机械分公司	党建工作	研讨交流
97	秦皇岛港股份有限公司第六港务分公司	数据分析	企业诊断
98	秦皇岛市人民政府征兵办公室	学生士兵从军事迹报告会	研讨交流
99	秦皇岛晶维石材有限公司	项目评审	企业诊断
100	秦皇岛市职业技能鉴定指导中心	茶艺师鉴定	技术服务
101	秦皇岛市体育总局	篮球裁判	技术服务
102	秦皇岛市职业技能鉴定指导中心	茶艺师鉴定	技术服务

六、党政关创新能力培训提升工程

序号	服务单位名称	服务内容
103	秦皇岛市委市政府	推动校地深度合作的建议
104	秦皇岛市旅游局	旅游发展纲要编写
105	抚宁区人民法院	房地产评估
106	秦皇岛旅游局	申报山海关 5A 景区
107	秦皇岛市团市委	团务管理
108	北戴河新区机关	讲党课活动
109	秦皇岛市体育总局	比赛裁判
110	秦皇岛市人民政府	比赛裁判
111	秦皇岛市节能监察中心	项目评审
112	秦皇岛金梦海湾商务旅游度假区管理委员会	亮化海边度假区

(续表)

序号	服务单位名称	服务内容
113	秦皇岛市政建设集团有限公司	信息检索
114	秦皇岛市物价局	景点门票价格座谈会
115	河北省自行车运动管理中心	赛事播报
116	秦皇岛市人力资源和社会保障局	实训基地建设方案审议
117	北戴河旅游局	大赛评委
118	秦皇岛市委宣传部	案例评审

七、校地校企合作精品打造工程

序号	合作项目	合作企业名称
119	森远路桥工程有限公司共建"森远订单班"	森远路桥工程有限公司
120	智能电子产品开发工作室	秦皇岛海帝自动化设备公司
121	河北建材职业技术学院现代玻璃学院	河北沙河经济开发区管委会、沙河市聚美同创玻璃产业发展有限公司
122	现代装饰玻璃工程技术研究中心	秦皇岛耀华建筑装饰玻璃公司
123	秦皇岛复合硅质石英石工程技术中心	秦皇岛晶维石材有限公司
124	秦皇岛海燕国际旅行社示范基地	秦皇岛海燕国际旅行社
125	河北省耀华玻璃镀膜工程技术研究中心	秦皇岛耀华玻璃集团股份有限公司
126	BIM 研究中心	材料工程系
127	建立蒋金金牌导游工作室	现代服务管理系
128	NS-II 工程技术研究中心	秦皇岛奥晶玻璃制品有限公司

八、相关行业企业有关技术难题攻关工程

序号	课题名称
129	供给侧结构性改革背景下高校助力激活企业创新主体研究
130	秦皇岛特色地域文化在现代城市景观设计中的开发与应用研究
131	秦皇岛地方特色陶瓷旅游产品的设计与开发
132	提升高职学生创新创业能力的相关性问题研究
133	秦皇岛市特色农产品及深加工产品电子商务发展策略研究
134	秦皇岛市休闲体育绿色发展对策研究
135	以诗词文化提升秦皇岛市旅游品位路径研究
136	"营改增"对秦皇岛中小型企业税负及盈利水平影响研究

(续表)

序号	课题名称
137	天然漆为媒介综合材料的秦皇岛旅游纪念品研发
138	AR 技术支持下的教育产品品牌推广中视觉元素的应用研究
139	京津冀协同创新背景下秦皇岛市涉外技能人才培养模式研究
140	基于混合所有制的现代装饰玻璃人才培养研究与实践
141	秦皇岛文化创意旅游产业发展模式及对策研究
142	"一带一路"背景下校企合作培养外贸类人才培养模式探究
143	沥青混凝土路面就地热再生热效率提升技术研究与应用
144	基于 WebVR 与 WebIS 深度融合的旅游资源数字化技术研究与应用
145	装配式建筑多功能一体化墙板关键技术应用研究
146	秦皇岛养老旅游对策研究
147	基于秦皇岛地区高校生态景观植物实训基地的规划设计
148	减胶剂在秦皇岛商混站的推广应用研究
149	校企共建国际商务(跨境电商方向)订单班人才培养模式的探索
150	我国建筑施工企业 BIM 技术应用现状调研报告
151	大洋采矿补偿平台与驱动并联机构的研究

九、校地校企人员双向挂职培养工程

序号	专业课程名称	所任课程名称	专业技术职务
152	材料学	材料科学基础	副研究员
153	机械制造	职业技能培训与鉴定	高级工程师
154	无机材料	玻璃岩相分析	高级工程师
155	土木工程	绿色预拌砂浆	工程师
156	材料检测	混凝土外加剂应用技术	工程师
157	国际商务	顶岗实习	工程师
158	经济学	理论授课	中级金融
159	国有资产管理	理论授课	土地估价师
160	信息管理与信息系统	数控车工	技师
161	机电一体化	数控车工、钳工	技师
162	结构工程	建筑构造与识图	讲师
163	工民建	工程量清单计价	高级工程师
164	防灾减灾工程	钢结构基础与施工	工程师
165	机械电子工程	工程量清单计价	高级工程师
166	建筑工程	测量实习	工程师

(续表)

序号	专业课程名称	所任课程名称	专业技术职务
167	体育人文社会学	瑜伽	高校教师
168	社会体育服务	团操	讲师
169	体育教育	体育营销理论与实践	讲师
170	计算机信息管理	HTML+CSS3 实训	教员
171	国际商务	Java 程序设计基础实训	工程师
172	数字媒体艺术设计	GUI 项目	UI 讲师
173	广告设计与制作	品牌策划项目	CBO 首席品牌官
174	建筑装饰工程技术	项目设计	工艺美术师

十、相关产业结构调整服务工程

序号	企业名称	专业团队名称	行业类别
175	中国耀华玻璃集团公司	玻璃专业群	制造业
176	河北新丰工程检测有限公司	新材料及水泥专业群	制造业
177	秦皇岛中秦兴龙投资控股有限公司	会计专业群	金融业
178	河北港城电力工程有限公司	工程技术专业群	建筑业
179	秦皇岛金洋建设集团有限公司	工程管理专业群	建筑业
180	秦皇岛达润置业有限公司	工程技术专业群	建筑业
181	宏启胜精密电子（秦皇岛）有限公司	机电设备维修与管理	制造业
182	秦皇岛威卡威汽车零部件有限公司	机械设计与制造技术	制造业
183	正大食品企业（秦皇岛）有限公司	机械设计与制造技术	制造业
184	秦皇岛新源汽车销售维修有限公司	市场营销专业群	批发和零售业
185	秦皇岛市全弘汽车销售有限公司	市场营销专业群	批发和零售业
186	秦皇岛云商电子商务有限公司	电子商务专业群	科学研究和技术服务业
187	秦皇岛康诺健电子商务有限公司	电子商务专业群	科学研究和技术服务业
188	秦皇岛新绎旅游有限公司	旅游类专业群	文化、体育和娱乐业

（续表）

序号	企业名称	专业团队名称	行业类别
189	秦皇岛山海关欢乐海洋公园股份有限公司	健身指导与管理专业团队	文化、体育和娱乐业
190	秦皇岛天行九州海滨体育公园有限公司	休闲体育专业团队	文化、体育和娱乐业
191	睿酷体育发展有限公司	健身指导与管理专业团队	文化、体育和娱乐业
192	康泰医学系统（秦皇岛）股份有限公司	市场营销专业群	制造业
193	康姿百德集团有限公司	市场营销专业群	居民服务、修理和其他服务业
194	秦皇岛市公共交通有限责任公司	连锁经营管理专业	交通运输、仓储和邮政业

借得东风扬巨帆[①]

夏日清晨,曙光熹微,朝霞满天。

漫步在河北建材职业技术学院,树木葱茏,环境优美,简洁朴素的建筑辉映着严谨勤奋的校风。

2016年,市委十一届八次全会对推进校地合作提出新要求。为更好落实市委全会精神,河北建材职业技术学院围绕全市大局,结合学校实际谋划了《服务秦皇岛五年行动计划》10大工程50项具体工作,并将相关情况向市委书记孟祥伟作了汇报,得到了专门批示。孟祥伟对该校采取的一系列落实全会精神的举措给予了肯定,并号召全市所有党政企事业单位向该校学习。

从立足优势到项目带动、从借智借力到协同创新、从校地合作到产教融合……如今,三年过去了,河北建材职业技术学院与秦皇岛携手共进,"合作之花"竞相绽放。双方优势互补、资源共享,在各方面合作不断走向深入,逐渐形成生态互利、产业互补、人才互通、民生共享的良好局面,合力勾勒出一幅开放创新、互惠共赢的新时代发展画卷。

勇于担当服务发展大局

行走在港城的主要路口,人们总能看到头戴红色鸭舌帽、身穿红色马

[①] 本文是《秦皇岛日报》记者采访我院校地合作工作撰写的通讯,发表在2019年8月6日《秦皇岛日报》头版。

甲、手握红色小旗的交通志愿者，其中有很多是来自河北建材职业技术学院的学生志愿者。他们对闯红灯、骑车带人等行为进行劝导，向过往的市民宣讲交通法规和文明城市创建，他们阳光向上，朝气蓬勃，用年轻的身影，绘就了烈日下、风雨天中感人、温馨的画面。

这些年轻力量的加入，有效缓解了旅游旺季交通志愿者人数不足的问题。他们用微笑、真诚和爱心展现了港城人民的善良与好客，也收获了奉献社会的幸福感。

"作为一名在校大学生，能为这座城市贡献自己的力量，感觉无比光荣和自豪。"河北建材职业技术学院大学生志愿者李爽说，虽然执勤中有些辛苦，但大家在一起都互相打气，努力为有序的交通贡献力量。

走进山海关古城小区，浓郁的文化氛围让人纷纷点赞。河北建材职业技术学院艺术设计系师生彩绘志愿服务团在王健老师指导下，对山海关古城小区进行了彩绘设计与绘制。彩绘结合了古城文化底蕴深厚的特点，选取了京剧脸谱作为彩绘表现元素，以灰、黄、白、绿为主色在小区墙体和桥体上进行绘制，弘扬了中华优秀传统文化。

三年多来，河北建材职业技术学院谋划的《服务秦皇岛五年行动计划》10大工程50项具体工作全面推进并取得了重要成果。先后共有275名教师6000名学生近2万人次，为全市30多个行业300多家企事业单位开展了人才培训、企业诊断、科技攻关、志愿服务等服务工作。

敢于创新永葆发展动力

日前，一项创新技术——粉煤灰表面改性技术在秦皇岛凯普商贸有限公司正式投入使用，不但提高了低档粉煤灰的质量，混凝土的工作性能也得到显著改善。而这项创新技术项目是河北建材职业技术学院与同济大学材料科学与工程学院和秦皇岛市政建材集团合作完成的河北省科技支撑计划项目——"流化床气相沉积法表面改性粉煤灰及其应用技术研究"，该项目顺利通过验收，极大节约了混凝土的生产和制造成本。

三年来，河北建材职业技术学院创新人才培养体系，探索实践"现代学徒制"人才培养模式。围绕玻璃建材绿色化、重振耀华品牌、重点发展新材料等要求，以新工艺、新技术、新产品研发与推广为主，为玻璃、水泥企业管理人员、技术人员、岗位工人进行培训与技能鉴定。他们还充分发挥河北建材职业技术学院作为全国百所"现代学徒制试点单位"的平台作用，积极与市公交公司、太平洋保险公司等企业合作，探索校企合作共育人才，引领秦皇岛职业教育人才创新培养。

同时，河北建材职业技术学院通过研讨会、交流会的形式，组织专家学者与行业企业精英联手谋划"产业园区＋标准厂房＋职业教育"的人才培养模式，增强学生的实践动手能力、就业竞争力、创新创业能力，形成服务、教学、就业、创业一条龙的创新型人才培养体系，提高留秦人才质量，为实现秦皇岛"双百双千"工程，提供创新创业人才支持。

校地合作不断引向深入

目前，由河北建材职业技术学院主持、河北森远路桥工程有限公司（秦皇岛）积极参与的河北省科技支撑计划项目——"沥青混凝土路面就地热再生热效率提升技术研究与应用"已经取得阶段性成果，申请专利3项，研发的沥青混凝土路面热传导实验装置和耙松装置已成功应用到我市河北大街西段道路的热再生项目的实验和施工当中，并取得非常好的施工效果。

由秦皇岛市政建材集团主持，河北建材职业技术学院与哈尔滨工业大学积极参与申报的"装配式建筑多功能一体化墙板关键技术应用研究"项目，2018年获河北省科技厅立项，项目的研究成果将被直接应用到秦皇岛市政建设集团的装配式建筑中。

依托学校资源，发挥自身优势，选派专家学者深入秦皇岛行业企业、事业单位挂职锻炼，促使高校教师"贴近社会、贴近企业、贴近一线"，搭建校地合作、校企合作平台，运用现代技术、管理理论帮助企业解决技术难题，加快科研成果转化，提升企事业单位管理水平。

邀请秦皇岛行业企业、事业单位热爱教育事业、具有相应专业背景和专业水平的高层科研人员、管理人员，到学院兼任教授，参与对口专业的人才培养方案制订、专业建设、课程体系建设等工作，搭建实践教学平台和科技研发合作平台，改善人才培养模式，促进学校和社会对接，培养真正符合秦皇岛市经济发展需要的应用技能型人才。

……

深化校地合作带来的"福利"还远远不止于此，目前，学院大学生毕业留秦就业创业率连续多年在驻秦高校中排名第一，对接的11所中等职业学校办学能力得到全面提升，为企事业单位提出合理化建议329条，解决技术难题172个，推动科技成果转化27个，校地双向挂职锻炼116人，打造校地合作精品工程6大项、20个小项目，为新材料产业、先进装备制造业、生态旅游业、健康产业等十大产业提供了产业结构调整的智力服务。

校企合作正焕发着勃勃生机。

校企合作,产教融合[①]

——《实施校地合作,共谋发展大局》之一

播音员: 2016年,市委十一届八次全会对推进校地合作提出新要求。河北建材职业技术学院响应号召,谋划了《服务秦皇岛五年行动计划》,列出10大工程50项具体工作。三年多来,河北建材职业技术学院与秦皇岛携手共进,融合发展,合力勾勒出一幅开放创新、互惠共赢的新时代发展画卷。系列报道《实施校地合作,共谋发展大局》,今天请听第一篇——《校企合作,产教融合》,采制记者汪晨。

记者: 又是一年秋季,新一批学生刚刚入学不久,我市一家高新技术企业就来到河北建材职业技术学院,和学校交流探讨软件研发、信息系统集成等方面的人才培养计划。企业市场总监李晓飞:

(出录音)我们作为一个高新企业,其实人才一直是我们最重要的一个资源,我们也更希望能够与学校多进行合作,然后能快速保证我们对人才的需求,建立起我们人员的储备库。(录音止)

河北建材职业技术学院信息工程系主任赵克宝介绍,学校以校地合作为契机,针对本地经济发展的特质研究谋划学科建设,依据企业实际需要培养学生,以校企对接推动校地合作:

(出录音)我们基本上都是征求企业的意见,他们对人才的需求、专业的设置、课程的设置、课程体系,包括实训,我们都会和企业共同协

---

① 本文是秦皇岛广播电台记者采访我院校地合作工作撰写的广播稿,于2019年11月7日在FM89.1早7:00《秦皇岛新闻》播出。

商，共同研发人才培训体系。（录音止）

"现代学徒制"是一种新型培养模式，通过学校、企业深度合作，教师、师父联合传授，对学生以技能培养为主的现代人才培养模式。2016年10月，河北建材职业技术学院成立了全国玻璃工业领域首家混合所有制二级学院，发挥传统专业优势，针对我市玻璃工业发展需要，以订单培养、现代学徒制模式培养高素质、技术技能型人才。今年大三的王立慧同学学的是建筑装饰材料技术，开学后她便和同学们一起来到位于北环路的一家玻璃企业实习，短短几天时间就让她得到很多收获：

（出录音）通过这几天跟师父的学习，把从课本上学的理论知识与动手结合在一起，加快了我们向职业人的转变。（录音止）

三年来，河北建材职业技术学院创新人才培养体系，充分发挥河北建材职业技术学院作为全国百所"现代学徒制试点单位"的平台作用，积极与企业合作，探索校企合作共育人才。学校共组织3500多名大学生走进全市40多个园区570多家企业进行顶岗培训，增加实践经验，促进了院校、企业可持续发展，打造了校企合作的精品工程。河北建材职业技术学院副院长朱玉春：

（出录音）校企合作产教融合，是职业教育的一个非常强势的办学模式，从根本上解决了企业需求和我们教育供给侧的这种结构性的矛盾。我们很多的工程技术人员也都参与到了我们全部的人才培养计划制订过程当中，企业全程参与了学校的教学过程，那在这个过程当中呢，就解决了学生们的这种专业精神、职业精神和工匠精神的培养。（录音止）

就业创业，校地双赢[①]

——《实施校地合，共谋发展大局》之二

播音员： 河北建材职业技术学院对学生进行创业辅导，同时在校内创建创业示范园，提高学生创业技能，毕业生留秦就业创业比例在驻秦高校中连续多年排名第一。系列报道《实施校地合作，共谋发展大局》，今天播出第二篇——《就业创业，校地双赢》，采制记者汪晨：

记者： 来自张家口的韩伟是河北建材职业技术学院的毕业生，在校期间他就开始自己创业。毕业后，他没有回到老家，在学校和就业指导教师李辉的帮助下，创办了一家电动自行车租赁店：

（出录音）一开始（学校）提供了100平方米的库房，然后租自行车专门规划了一块区域，然后跟李辉老师慢慢商量，学校有一定资金，比如我们做广告，学校有一定的资金补贴。（录音止）

经过四年多的发展，韩伟的店从开始的20多台车，增加到了200台，成为我市最大的电动自行车租赁店。

（出录音）（面向的是高校的学生？）90%是全秦皇岛的高校（学生），然后10%是社会上上班的。（现在咱们的效益怎么样？）效益每年营业额20万到30万元。（录音止）

从开始创业到现在，河北建材职业技术学院的就业指导老师李辉一

---

① 本文是秦皇岛广播电台记者采访我院校地合作工作撰写的广播稿，于2019年11月8日在FM89.1早7：00《秦皇岛新闻》播出。

直为韩伟提供创业帮助。韩伟介绍，学校出台了多项政策帮助学生创新创业，从师资、政策、场地方面都为学生尽可能地提供帮助：

（出录音）老师专业的指导，让学生在创业的过程当中少走一些弯路，把国家针对大学生的创新创业的政策进行讲解，还有场地，还有一部分资金的支持，在贫困生创业这块我们还有更多资金方面的补贴。再有，我们学校成立了大学生创业孵化园，在校期间的话，场地直接就可以入驻，网络、水电都是完全接入的，学生进去直接就可以办公。（录音止）

三年来，校内有50多个项目成功入驻创业示范园，累计有936名大学生参与创新创业。河北建材职业技术学院大学生留秦就业创业人数也每年递增，每年留秦就业创业人数都超过在秦招生人数，留秦就业创业比例在驻秦高校中连续多年排名第一。河北建材职业技术学院还对近万名毕业生进行回访，到100多家企业调研，围绕秦皇岛市"四大两特"产业发展布局，调整专业20个，其中新增专业12个，停招专业8个，使全部41个专业都和秦皇岛经济发展相契合。河北建材职业技术学院副院长崔永兴：

（出录音）留秦就业人数与在秦招生人数的比例（逐年增加），2016年是130%，也就是说在秦皇岛招生100人的话，我们留秦有130人，这是2016年，2017年是135（人），2018年提高到141（人）。（录音止）

城市发展,学校在行动[①]

——《实施校地合作,共谋发展大局》之三

播音员: 河北建材职业技术学院承担社会责任,积极参与全市重大活动,为全市经济社会发展各方面贡献力量,系列报道《开展校地合作,共谋发展大局》,今天请听第三篇——《城市发展,学校在行动》,采制记者汪晨:

记者: 作为全国著名的旅游城市,我市每年都会迎来大批国内外游客,大型会议、体育赛事众多。针对这一实际,河北建材职业技术学院立足旅游管理、艺术设计等本校专业优势,组织师生参与到全市各项重大活动策划、贵宾接待、安全保卫等工作中。这些年轻力量的加入,有效缓解了旅游旺季交通志愿者人数不足的问题。他们用微笑、真诚和爱心展现了港城人民的善良与好客,也收获了奉献社会的幸福感。河北建材职业技术学院学生苏洪宇:

(出录音)每年举行的国际马拉松,都会抽出一部分人员进行安保以及打扫卫生的工作,包括我们每次都会定期举行一些社会实践以及志愿者的活动,深入社区、养老院以及孤儿院,看望那些老人和孤儿,帮他们做做饭、搞搞卫生什么的,我认为这是我们当代大学生和志愿者应当做的事情。(录音止)

目前,我市正积极创建国家卫生城市,在街头小巷、海边浴场等公

[①] 本文是秦皇岛广播电台记者采访我院校地合作工作撰写的广播稿,于2019年11月10日在FM89.1早7:00《秦皇岛新闻》播出。

共场所，经常能看见进行志愿服务的建材学院学生。他们向市民宣传"创卫"知识、协助交警指挥交通、劝阻吸烟者、清洁环境卫生，倡导文明行为，净化、美化市容环境。秦皇岛金梦海湾管委会主任马治国：

（出录音）（学生们）在海韵广场、海澜广场进行了彩绘艺术（创作），通过这种艺术形式也提升了我们金梦海湾片区的文化氛围，同时孩子们也积极参与到我们片区禁烟、捡拾沙滩垃圾等志愿活动当中来，通过这些活动也确实贡献了孩子们的社会力量。（录音止）

据了解，从2016年《服务秦皇岛五年行动计划》实施至今，河北建材职业技术学院共组织1万多名大学生走进57个社区开展创建全国文明城市、全国卫生城市和全国森林城市宣传活动，8000名大学生志愿者为全国煤炭交易会、河北省旅游产业发展大会、世界徒步大会等重大活动和赛事提供志愿服务，培养了一批自愿主动传播秦皇岛正能量的大学生。河北建材职业技术学院副院长崔永兴：

（出录音）锻炼了学生的品质和意志，提高了学生服务社会的能力，助力创建文明城市、卫生城市的建设，为建设沿海城市、美丽港城贡献了自己的力量。（录音止）

开展志愿服务　引导大学生宣传建设秦皇岛[①]

一、建材学院：开展志愿服务引导大学生宣传建设秦皇岛

河北建材职业技术学院建立以服务地方经济发展为办学目的的改革，制订了《服务秦皇岛五年行动计划》，通过旅游旺季服务形象展示提升工程、校地校企合作精品打造工程、大学生毕业留秦就业创业率提升工程等10大类50项具体工作，全面、系统推进校地合作，服务地方、服务社会。

作为全国著名的旅游城市，我市每年都接待大量国内外游客，大型会议、体育赛事众多，建材学院立足旅游管理、艺术设计等本校专业优势，组织师生参与到重大活动策划、贵宾接待、安全保卫等多项志愿服务当中。

目前，我市正积极创建国家卫生城市，在街头小巷、海边浴场等公共场所，经常能看见进行志愿服务的建材学院学生。他们向市民宣传"创卫"知识、协助交警指挥交通、清洁环境卫生、进行艺术彩绘创作，倡导文明行为，净化、美化市容环境。

据了解，自2016年《服务秦皇岛五年行动计划》实施至今，河北建材职业技术学院共组织1万多名师生深入各个公共场所，开展创建全国文明城市、全国卫生城市等主题宣传活动，8000名大学生志愿者为全国煤炭交易会、河北省旅游产业发展大会、世界徒步大会等重大活动和赛事提

[①] 本文是秦皇岛电视台采访我院校地合作工作录制的采访新闻，于2019年10月11日《秦皇岛新闻》栏目典型报道，时长为7分钟的新闻稿。

供志愿服务。

二、建材学院：深化校企合作促进产教融合

又是一年开学季，新一批专业学生刚刚入学不久，我市一家高新技术企业就来到学校，和教师们交流探讨软件研发、信息系统集成等方面的人才培养计划。

一方面企业来到学校了解、制订人才培养计划；另一方面学生走进企业，通过"现代学徒制"的新型培养模式，学校、企业深度合作，教师、企业技术人员联合传授，对学生进行以技能为主的人才培养，深化校企合作，促进产教融合。同时充分发挥作为全国百所"现代学徒制试点单位"的平台作用，引领秦皇岛职业教育人才创新培养。

三年多来，学校共组织3500多名大学生走进全市40多个园区570多家企业进行顶岗培训，校企双方合作发展、资源共享，发挥了职业教育优势，促进了院校、企业可持续发展。

三、建材学院：加强培训提升能力促进毕业生留秦就业创业

韩伟是河北建材职业技术学院的毕业生，在校期间就有创业经历。毕业后，在学校和就业指导教师李辉的帮助下，创办了一家电动自行车租赁店。经过四年多的发展，从开始的20多台车，增加到了200台，成为我市最大的电动自行车租赁店。

就业指导教师李辉告诉记者，学校除了把一些国家的创业就业基本知识、扶持政策对学生进行讲解，还成立了大学生创业孵化园。

据了解，2016年以来河北建材职业技术学院大学生留秦就业创业人群涵盖建筑、玻璃、艺术等多个行业，每年留秦就业创业人数都超过在秦招生人数，留秦就业创业比例在驻秦高校连续多年排名第一，为秦皇岛本地经济建设培养了大量技术人才。

实践成果 / **117**

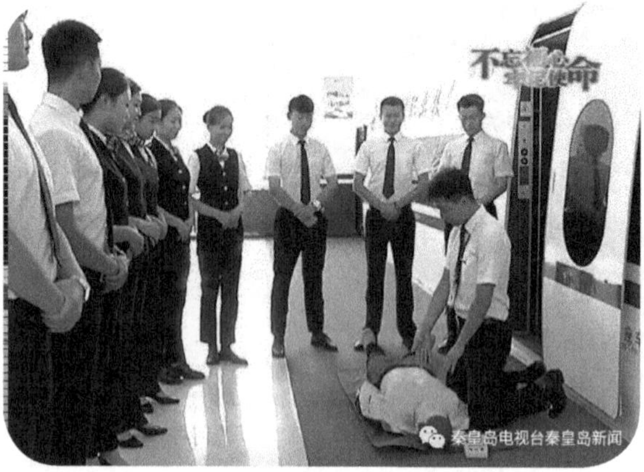
秦皇岛电视台秦皇岛新闻

秦皇岛电视台秦皇岛新闻

10月10日 星期四
记者 孙冰 孙逸飞
秦皇岛新闻
河北建材学院：加强培训提升能力 促进毕业生留秦就创业
秦皇岛电视台秦皇岛新闻

观察思考

本部分是作者在工作实践中学习新理论、研究新情况、推动新发展的思考与总结,且多为公开发表的一些思想见解,突出理论性、客观性、创新性和指导性。

培养更多"大国工匠"[①]

习近平总书记要求,努力培养数以亿计的高素质劳动者和技术技能人才。这不仅为加快发展现代职业教育指明了方向,更阐明了新时代职业教育的使命和职责,就是要为经济高质量发展培养更多大国工匠、提供人力资源支持。

职业教育是国民教育体系和人力资源开发的重要组成部分,是广大青年打开通往成功成才大门的重要途径,肩负着培养多样化人才、传承技术技能、促进就业创业的重要职责。可以说,职业教育决定着产业素质,代表着技能水平,关系着我们每一个人的生活品质。

进入新时代,"高质量发展"成为经济社会发展的关键词,我们比以往任何时候都更需要大量高素质劳动者。职业教育大有可为,也应当大有作为。职业技术学院应该担负起立德树人的职责,适应高质量发展的时代需要,让千千万万拥有较强动手和服务能力的人才进入劳动大军,推动中国制造向中国创造转变、中国产品向中国品牌转变。

如何才能培养出高素质劳动者和技术技能人才?我们在教学实践中,摸索出职业教育的两个支点:一是加强师德建设,建设高素质教师队伍。古人说:"师者,人之模范也。"老师的一言一行都给学生以极大影响。高素质的师资力量,就如同为职业教育提供了一个杠杆,能够通过师德潜移默化地影响更多学生。第二个支点是贴近实际,走实战和应用的办学路子。职业教育具有很强的实践性,需要与经济社会发展接轨,与市场需求

[①] 本文发表在《人民日报》2018年6月26日第5版。

结合。"在黑板上耕田""在课本上开机器",职业教育就会凌空蹈虚;只有站在田埂上、守在机床旁、蹲在车间里,精准对接社会发展用工需求,才能培养出经济发展需要的高素质劳动者。

前几年,一部《大国工匠》的纪录片让"工匠精神"鲜活呈现。工匠精神的一个重要内涵,就是精益求精、追求每一个细节都执行到位的专业精神和专业能力。职业教育也应该把提高职业技能和培养职业精神结合起来,不仅是要教会学生一门技术、一种本领,更应该是价值的传递、精神的涵养和人格的建立。正因此,我们不断推进党建和思政工作创新,把各类仪式典礼、文化艺术活动、优秀师生案例等传统思政教育资源搬到线上,让社会主义核心价值观融入职业教育,对广大学生起到了春风化雨、润物无声的引导效果。

当前,中国经济正处于从量的积累转向质的提升的关口,经济的转型升级呼唤大量高素质技术人才。在这样的大背景下,职业技术学院的发展也迎来广阔舞台。踏准改革的鼓点、顺应时代的需要,职业教育不仅能迎来自身发展的春天,更能为新时代培养更多既有真才实学又有高尚品德的高素质技术人才。

论新时代高校党委职能的有效发挥[①]

摘要：习近平同志在党的十九大报告中强调："经过长期的努力，中国特色社会主义进入了新时代，新时代要有新气象、更要有新作为。"高校党委是学校各项工作的领导核心，要在新形势、新环境下完成好高等教育改革攻坚的历史使命，需要在全面贯彻党的教育方针的基础上，发挥好把方向、聚合力、出主意、解难题、用干部、强保障的六大职能，推动学校办学水平持续提升，不断开创高等教育事业蓬勃发展的生动局面。

关键词：新时代；党委；职能

党的十九大报告指出：中国特色社会主义最本质的特征是中国共产党领导，中国特色社会主义制度的最大优势是中国共产党领导。中国特色社会主义进入新时代，建设教育强国是中华民族伟大复兴的基础工程，要全面贯彻党的教育方针，落实立德树人的根本任务，实现高等教育内涵式发展，必须持续加强党对高校各项工作的全面领导，充分发挥高校党委职能。高校党委在遵循中办《关于坚持和完善普通高等学校党委领导下的校长负责制的实施意见》的基础上，需要从实践层面上总结出切合工作实际、便于操作实施、独具自身特色的具体职能，发挥好把方向、聚合力、出主意、解难题、用干部、强保障的六大作用，推动新时期高校的创新发展。

---

① 本文发表在 2017 年 12 月 28 日中国高校人文社会科学信息网。

一、把方向

方向是思想或努力的预定途径。只要方向正确，即使道路艰难，也能推动学校事业朝着既定目标不断前进；如果方向错误，则会南辕北辙，让一切艰苦努力和辛勤付出最终事与愿违。"把方向"就是要确保各个时期、各个阶段、各个方面的工作始终贯彻总书记的系列讲话精神，始终与以习近平同志为核心的党中央保持高度一致，确保教育事业始终沿着正确道路不断前进。

把方向首先要抓好理论武装。要及时、全面、准确地传达学习党中央重要会议、总书记重要讲话精神和上级要求部署，着重抓好领导班子成员、中层干部和大学生思政工作人员的学习，利用好党委中心组、党支部学习、"两学一做"学习教育等各种机会，确保全体人员对上级精神学深悟透，在思想上时刻与中央保持高度一致。其次是抓好贯彻落实。努力推动上级精神在工作实践中的项目化、实事化、具体化，结合学校情况拿出因地制宜、切实可行、师生拥护的实施方案，确保上级要求在具体工作中有抓手、有落实、有体现。再次是抓好监控纠偏。建立健全过程监控、纠错纠偏机制，通过定期督导、过程跟进、目标复核等方式，及时发现问题、纠正偏差、校正方向，确保上级精神在落实过程中不拖延、不衰减、不走样。

二、聚合力

合力是各方主体齐心协力地共同作为。形成了合力，推动发展中纵有千难万险，也能上下齐心，乘风破浪；形不成合力，就算道路平坦，也往往一盘散沙，易事难成。"聚合力"就是要不断地凝聚共识、凝聚人心、凝聚智慧、凝聚力量，把广大师生的"精、气、神"汇聚到实现学校整体发展的目标上来，全校上下手拉手、心连心，共同创造辉煌的业绩。

聚合力一要"一诺千金"。领导班子和领导干部做出任何决策、进行任何部署都要吃透上级精神、摸清实际情况、融汇各方经验、维护师生利益，保证决策科学严谨、一抓到底。一旦做出承诺就必须落实兑现，用诚信行为、现实成效赢得师生信赖。二要真心服务师生。在各项工作中高度重视师生诉求，设身处地地为师生着想；对于能够及时解决的问题，抓紧办、马上办；对无法解决的问题，耐心做好说服解释工作；对于暂时无法满足的合理诉求，做好计划、创造条件、尽早解决。三要充分尊重师生。坚持问政于民、问计于民、问需于民，研究重大问题时虚心征询师生意见，进行重大决策时优先考虑师生利益，评估工作效果时充分重视师生评价，多做发扬民主、发掘才智、激励人心的工作，从广大师生中凝聚起推动学校发展的不竭力量。

三、出主意

主意是推动事业发展的理念规划和方法韬略。有主意才能有预见、有秩序地推动发展，没主意则会导致无所适从、无的放矢甚至盲目作为。"出主意"是指做好顶层设计，科学地谋划、推进各项工作，善于对发展中的各种问题答疑解惑，把美好蓝图转化成发展实践。

第一，出主意要找准关键领域。要在大是大非的问题上出主意，在师生困惑迷惘的问题上出主意，在群众普遍关注的焦点问题上出主意，当好师生的主心骨和领路人。第二，出主意要拿出科学方案。注重顶层设计的前瞻性、系统性、协同性和操作性，有的放矢地提出包括宏观愿景、目标任务、实施路线、工作要求、方法步骤和保障措施等要素在内的"一揽子"方案。第三，要把好主意变成好成果。通过会议传达、解读宣讲等方式加强各级各部门对党委要求部署的领会认同，加强对落实环节的过程指导、考核督促，提高基层对党委部署的执行质量和执行效率，把好办法变成好行动，让好主意收到好效果。

四、解难题

难题是阻碍发展的突出问题和关键瓶颈。难题破解得好，可以以点带面，拉动全局发展；难题破解不好，容易形成发展桎梏、拖慢前进速度。"解难题"就是党委带头破解学校深层次的矛盾和问题，责无旁贷地担负起带领全校师生爬坡过坎、克难攻坚的责任使命，面对棘手问题敢于动真碰硬，在不断地攻坚克难中推动事业持续发展。

一是领导带头破解难题。领导班子要把涉及学校发展的重大疑难紧紧抓在手上，集中优势力量努力攻关、带头突破，班子成员要对分管领域内的突出问题找准症结、牵头解决，通过以上率下把"不怕困难、勇于攻坚"的进取精神渗透到现代大学的精神血脉里。二是打造迎难而上的攻坚环境。在破解难题过程中识别人才、选拔人才、历练人才，引导干部职工通过加强学习、解放思想、更新知识、深入思考等方式，增强应对危机风险、处置复杂问题的意识和能力，形成面对疑难敢打敢拼的良好氛围。三是建立破解难题的长效机制。在破解好具体难题的同时，深挖产生问题的制度诱因和机制漏洞，建立包括"问题、差距、目标、责任、办法、制度"等要素在内的螺旋改进机制，形成"发现问题—分析问题—解决问题"的良性循环。

五、用干部

干部是决定事业成败的关键力量。干部想干、能干、会干，可以推动事业发展迎难而进、蒸蒸日上，反之则会让各项工作停滞不前甚至一事无成。"用干部"就是以识别人的慧眼、培养人的热情和重用人的魄力，在适当时候把合适的人提拔到合适岗位，为推动科学发展提供强大动力。

第一是坚持正确的用人标准。认真贯彻党中央《党政领导干部选拔任用工作条例》，按照总书记的要求大力选拔"那些政治上靠得住、工作上有本事、发展上有成效的干部，那些想干事、肯干事、能干事、干成事的干部，那些作风优良、实绩突出的干部"，形成有效管用、简便易行、有利于优秀人才脱颖而出的选人用人机制。第二是科学地考察干部。在考察干部时既要历史地看，又要现实地看；既要看优点，又要看缺点；既要看显绩，又要看潜绩；既要看政治品德，又要看业务水平；既要看服务意识，又要看看齐意识；既要看领导评价，又要看群众的认可；既要看工作过程又要看工作能力；既要看今天的努力程度，又要看未来的发展潜质。真正选拔出不图虚名、不务虚功，为学校出实策、鼓实劲、办实事的优秀干部。第三是大胆地培养使用干部。一要用人不疑给空间，支持干部发挥才智、尽展所能；二要加强磨炼给平台，多为干部提供锻炼磨砺的平台和机遇；三要奖优罚劣给压力，形成"你追我赶、争先进位"的奋进氛围，打造"政治坚定、担当作为、勤政务实"的干部队伍。

六、强保障

保障是指为了促进事业发展、确保目标达成而采取的支撑措施。保障到位，能够促进各项事业生机勃勃、后劲十足地向前发展；保障不足，则会导致前进迟缓、支持匮乏甚至成果流失。"强保障"是指党委履行好管党治党、办学治校的主体责任，筑牢学校加速发展的思想、组织和政治基础，成为学校发展的有力领导和坚强后盾，确保学校发展朝着既定的目标阔步前行。

第一是加强思想保障。把牢学校的政治大门，旗帜鲜明地推进习近平新时代中国特色社会主义思想进课堂、上讲台、入头脑，有计划、分阶段、不定期地举办主题教育活动，不断增强师生的"四个意识"和"四个自信"。推动重大工作前充分动员统一思想、解读方案统一步调、合理分工明确责任，加深师生对发展目标的理解认同，形成共促发展的思想自觉。第二是加强组织保障。全面落实党委领导下的校长负责制，处理好党委领导与校长负责、教授治学的关系，做到党委定方向、谋战略，校长定战术、施管理，教授定规矩、做学问；加强党的基层组织建设，切实拓展组织覆盖和工作覆盖，促使基层强起来、重心重起来、基础实起来，在急难险重任务中更好地发挥战斗堡垒作用。第三是加强作风保障。不断巩固和扩大党的群众路线教育实践活动、"三严三实"专题教育活动、"两学一做"学习教育中的作风建设成果,通过思想引领、行为示范、典型引路、考核激励、建章立制、以上率下等方式,培树人人追求卓越、事事争创一流的优良作风,形成良好的学习、工作、学术和廉洁氛围,为学校中心工作有效开展保驾护航。

  高校党委职能的充分发挥,必将推动高等院校的科学发展,为社会主义建设更好地培养德才兼备、全面发展的优秀人才,有效促进各个领域综合改革的全面深化,不断开创党和国家事业发展的生动局面,为决胜全面建成小康社会、夺取新时代中国特色社会主义伟大胜利、实现中华民族伟大复兴的中国梦作出新的贡献。

论新时代高校党委的工作方法[①]

摘要：中国特色社会主义进入新时代，对高等教育发展提出了新要求。高校党委作为高等院校的领导核心，肩负着办好"让党和国家满意、让广大人民群众满意、让广大师生员工满意"[1]的优质高等教育的重大使命，要想在新时代洞悉新矛盾、解决新问题、实现新跨越，需要坚持顶层设计、以上率下、问题导向、重点突破的科学工作方法，进而更好地完成立德树人的根本任务，更好地履行为实现两个一百年奋斗目标提供人才支撑的历史责任，推动高等教育事业迈上新台阶。

关键词：新时代；高校；党委；工作方法

习近平总书记在党的十九大报告中指出："经过长期的努力，中国特色社会主义进入了新时代，新时代要有新气象，更要有新作为。"高校党委是学校各项工作的领导核心，要在新形势、新环境下完成好高等教育改革攻坚的历史使命，在"时"和"势"总体有利、"艰"和"险"正在增多的背景下加速推进高等教育现代化的伟大工程，不仅要有迎难而上、拼搏奋进的坚定决心，更加需要科学务实、行之有效的工作方法。做好高校党委工作，需要做到顶层设计、以上率下、问题导向、重点突破的"四个坚持"，这样才能更好地履行党和人民交托的光荣使命，推动学校事业科学发展。

[①] 本文发表在 2018 年 7 月 20 日中国高校人文社会科学信息网。

一、坚持顶层设计

顶层设计是指运用系统论的方法，从全局的角度，对学校的宏观战略和重点工作进行各方面、多层次、全过程的统筹规划，使全校范围内"所有办学要素的活力竞相迸发"[2]，以便集中有效资源，高效快捷地实现发展目标。推动高校事业发展是一个庞大的系统工程，科学的顶层设计，能够理顺工作思路、整合优势资源、降低执行难度、提高工作效率，使学校的整体发展和重点工作沿着统一的方向、合理的路径有序推进，把复杂问题简单化、具体化、程式化，避免其中的盲目性、碎片化和不确定性风险；没有有效的顶层设计，往往导致工作缺乏整体性、系统性和执行力，出现盲目冒进、虎头蛇尾、各自为战和自相矛盾，甚至造成好事办砸、实事泡汤。

顶层设计包括方案谋划的顶层设计、推动工作的顶层设计、督导检验的顶层设计三个层面，做好顶层设计要做到精心设计在前、精细执行于后、检验提升贯彻始终。在方案谋划时，要认真吸收领会上级政策和文件精神，充分借鉴校内外的成功经验，认真结合学校工作实际，涉及重大问题时要通过专题研讨会、战略咨询会等方式深入征询专家和师生意见，对备选方案反复比较、优中选优，把任务书、策划案、时间表、路线图作为谋划每一项重点工作的必备要素，确保顶层设计周密科学。在推动工作时，要统一认识、上下衔接、形成合力，实施重大工作项目前要充分动员统一思想、解读方案统一步调、合理分工明确责任。实施过程中要注重师生员工积极性、能动性、创造性的充分发挥，加强跟踪、适时反馈、及时协调，各级之间相互衔接，部门之间密切配合，确保各项工作相互促进、并行不悖。在督导检验时，要认真总结经验，深入分析得失，虚心听取群众评价和师生反馈，把群众的认可度、满意度作为检验工作成效的最高标尺，坚持问政于民、问计于民、问需于民，为完善下一次的顶层设计夯实基础、积累经验，促进各项工作不断迈上新台阶。

二、坚持以上率下

"教者,效也,上为之,下效之。"[3] 以上率下就是各级领导干部身体力行地当榜样、作表率,通过自己身先士卒的示范作用,带动下级和群众的干事创业,形成激发全校发展活力的"鲶鱼效应",团结师生员工奋发进取、真抓实干、奋发跨越、砥砺前行。"风成于上,俗形于下。"[4] 党委是高校的领导核心,是引领学校事业发展的旗帜,这一职责定位决定了党委需要在迷茫之中看得清、在杂乱之中稳得住、在是非面前勇举旗、在错误面前敢亮剑、在攻坚克难中当先锋,进而凝聚全校师生的智慧和力量,使解放思想、突破创新等重大和疑难工作取得事半功倍的效果。

做好以上率下,第一是强化思想理念。利用党委会、党委中心组学习、"两学一做"学习教育等各种机会,在全校各级干部中不断强化"以上率下"的工作方法和理念思路,使之成为全校干部职工熟知和拥护的工作原则。第二是抓好行动示范。把"以身作则"作为带动全体师生员工干事创业的重要方式,各级干部率先做出"向我看齐"的行动表率,要求别人做到的自己率先做到,要求别人做好的自己必须做精,用自身的工作热情和敬业态度感染带动全体师生。第三是注重典型引路。努力把政绩突出、爱岗敬业、勇于创新、为校争光的优秀榜样树立起来,把各级干部在各项急难险重工作中带头突破的典型案例凸显出来,把以上率下的成功经验推广开来,通过培树校园中的先进典型,让师生亲身体会到"身边的感动"。第四是实施考核牵引。坚持把以上率下的表现和成效作为部门和干部年度考核内容,把以上率下意识的强弱和水平的高低作为干部调整、选拔和任用的依据之一,通过奖优罚劣推动"以上率下"在全校范围广泛践行。第五是加强制度保障。通过建章立制巩固榜样和模范的示范效果,制定并落实领导干部带头科学决策、带头攻坚克难、带头改进作风、带头努力工作、带头廉洁从政等一系列制度规范,推动各级干部时时、处处、事事发挥标杆作用,促进广大师生不断强化看齐意识、标杆意识,实现以上率下的规范化和常态化。

三、坚持问题导向

问题是实践的起点、创新的起点，问题导向是把强烈的问题意识贯穿于教育、教学改革的全部实践，带着求真和创新的观念，去发现工作和实践中的缺点和失误，坚持把发现问题与改进工作相结合，大问题重点抓，小问题不放过，在不断解决问题的过程中更好地把握和运用教育和办学规律，推动学校事业持续发展。当前阶段，国内大多数高校正在或已经进入平稳发展阶段，忽视了问题导向，就可能出现自大心态滋生、进取意识弱化、工作按部就班、创新动力不足的负面倾向，拖慢甚至阻碍事业持续发展。坚持问题导向有助于清醒客观地认识学校发展状况，打破"小进即满、小富即安"的自足心态，避免事业发展陷入守成有余、创新不足的"中等水平"陷阱。

落实问题导向，首先要及时发现问题。党委要经常性地梳理、审视自身工作，对照上级要求找问题，对标先进水平找差距，对应群众期盼找不足，利用民主生活会、组织生活会等各种形式，着重找主观问题而不是客观问题，找自身问题而不是他人问题，找当前的问题而不是过去的问题，找关键的问题而不是表面的问题，对工作中出现的各类问题及时发现、掌握主动。第二是有效解决问题。党委成员特别是主要领导要时刻保持头脑清醒，对存在的问题不掩盖、不回避、不推脱，采用个别交流、集体研讨、专家诊断等方式对找出的问题深刻剖析、追根溯源，找出主要矛盾。对于个案问题明确责任、及时处理，做到彻底解决、不留隐患，防止小问题演化成大问题。对于普遍性、深层次的问题做到站位全局找原因、立足根源找方法、查透问题出实招，做到系统解决、标本兼治，解决好已有问题的同时，努力避免同类问题再次发生。第三是建立长效机制。在解决问题、促进工作的同时，着力消除产生问题的制度诱因和机制漏洞，把发现、分析和解决问题过程中积累的有益经验、成熟做法、创新成果上升为制度设计，通过持续加强制度建设来不断巩固、扩大工作成果，探索包括"问题、差距、目标、责任、办法、制度"等要素在内的螺旋改进机制，既顾眼前，又管长远，推动各项工作在"发现问题—分析问题—解决问题"的循环中不断推进。

四、坚持重点突破

重点突破就是扭住学校各阶段工作中的重点、热点、难点问题，整合优势力量和有限资源集中发力，通过突破工作中的主要矛盾和发展瓶颈，以点带面、梯次推进，由此激发改革动力，推动各项工作和整体改革迈向更高层次。随着教育改革进入深水区，高校在发展中会更多地面对多种矛盾交织、机遇挑战并存的复杂局面。当此中流击水之际，主要矛盾的重点突破，不仅会带来一系列相关问题的迎刃而解，推动某项乃至全局工作进入高速发展轨道，还能产生积极的示范和辐射效应，坚定师生的发展信心，鼓舞全校的进取士气，进而增强党委在广大教职员工中的公信力、凝聚力和号召力，带领学校的改革巨轮破浪前行。实现重点突破，首先要科学确定工作重点。聚焦"牵一发而动全局"的重点领域和"子落满盘活"[5]的重点环节，把制约当下发展的瓶颈问题、师生普遍关切的现实问题和关系学校长远发展的全局性、根本性问题作为阶段性的工作重点集中突破，以点带面拉动学校全局全面发展。第二要深入分析找准关键。对需要突破的工作认真分析、仔细研判，确定实现突破的关键和难点所在，坚持继承经验与解放思想相结合，不仅从成熟经验中找思路、找方法，更善于突破创新，用"新思路"解决"老问题"，对难点工作真正"吃透弄通"，找准突破口和发力点。第三要内外协同集中发力。在攻坚克难过程中动员一切可以动员的力量，领导靠前指挥、部门紧密配合，全校上下勠力同心，集中精干力量、优势资源合力攻坚。积极营造有利于问题解决的外部环境，通过服务地方、服务行业、服务社会，不断扩大学校影响，全力争取各方对学校发展的关注和支持。第四要科学统筹服务全局。坚持从全校高度对各项重点工作通盘谋划、协调推进，使各项重点工作在顶层设计上相互配合，在实施过程中相互促进，在实际成效上相得益彰。通过定期通报工作进展、及时总结攻坚经验，把重点工作的阶段成果、宝贵经验转化为增强师生发展信心、激发全校工作热情的强大动能，推动学校事业向着既定的宏伟目标加速前进。

"使命呼唤担当，使命引领未来。"党委作为高校事业发展的领导核心，责任重大，使命光荣。唯有做好顶层设计指引前进方向，躬行以上率下凝聚发展合力，坚持问题导向践行求真务实，实施重点突破促成创新发展，才能不断优化党对高校工作的全面领导，使高等教育真正成为培养创新型人才、建设教育强国的强大引擎，谱写新时代高等教育创新发展的壮阔篇章。

参考文献

[1] 李元元. 新时代中国高等教育发展的新判断新特征新使命 [N]. 中国教育报，2017-11-02（06）.

[2] 杜玉波. 在新时代谱写"双一流"建设新篇章 [N]. 人民日报，2017-11-19（05）.

[3] 东汉班固，《白虎通三教》.

[4] 习近平. 之江新语 [M]. 杭州：浙江人民出版社，2007.

[5] 杨亮，曲一琳. 一子落而满盘活 [N]. 光明日报，2014-03-06（05）.

为教育发展建设专业化干部队伍[①]

党的十九大报告指出,优先发展教育事业。我们的教育事业是党领导下的教育事业,我们的学校是党领导下的学校。非常之事,需要非常之人。办好中国的教育,确保教育事业优先发展,关键在党的领导。在推进教育事业优先发展、全面深化教育领域综合改革进程中,要选好党的各级领导干部,为教育事业提供政治保障,以确保社会主义办学方向。

党的十九大报告指出,党的干部是党和国家事业的中坚力量,要坚持正确的选人用人导向,提拔重用牢固树立"四个意识"和"四个自信"、坚决维护党中央权威、全面贯彻执行党的理论和路线方针政策、忠诚干净担当的干部,选优配强各级领导班子。

精准考察选拔干部,是建设高素质教育专业化干部队伍的基础和前提。

既要看现实表现,又要看历史轨迹。现实表现的优劣是一个干部德才的具体体现,也是选拔任用的基本依据。但干部成长也有其发展过程,今天的表现不能完全代表过去,过去的发展轨迹体现着一个人的深度和内涵,因此要综合衡量一个人成长的轨迹和当下表现。

既要看显绩,又要看潜绩。显绩是大家容易看得见、一致认可、有目共睹的业绩。潜绩是当下没有明显效果但对长远发展有决定性、基础性作用的业绩。单看显绩容易让人急功近利、只顾眼前、不谋长远,只有把显绩作为提拔重用的基本依据,又高度关注潜绩评价,才能让人当下有作为、发展有后劲。

[①] 本文发表在 2017 年 11 月 30 日《中国教育报》第 6 版理论周刊。

既要看平时一贯表现,又要看关键时刻作为。平时一贯表现是个人的工作态度、能力水平、价值取向、努力程度的集中体现,但平时表现突出不等于在关键时刻一定能够站得稳、顶得住、冲得上、有作为,而关键时刻的作为真正反映干部的政治立场、大局观念、承压能力、应变水平等基本素质。

既要看政治素质,又要看能力水平。只有政治素质过硬才能有政治意识、大局意识、核心意识、看齐意识,才能确保方向正确,承担发展重任。只有能力水平突出,才能破解工作难题凝聚集体力量、推动事业发展。

既要看当前岗位的工作成效,又要看未来岗位需求的适应程度。在推进教育事业优先发展、全面深化教育领域综合改革的进程中,要选好党的各级领导干部,为教育事业提供政治保障,以确保社会主义办学方向。要研判更高一级岗位对干部的素质需求,据此分析干部的政治素养、工作热情、业务能力、领导水平等各方面的发展潜力,避免"拔苗助长"。

既要看全面素质,又要看专长"奇才"。要在对干部进行全面分析衡量的基础上,综合把握干部的基础素质和能力特长,及时把具备特殊才能的干部提拔到具有特殊需求的岗位上来,做到人尽其才,才尽其用。

既要看领导的评价结果,又要看群众的认可程度。各级干部都有领导者和被领导者,领导班子对干部的评价往往是站位全局、立足长远、综合考量的结果,群众和被领导者的评价通常是其服务态度、处事水平和工作效果的体现。一般来讲,班子评价和群众认可是一致的。对于双方认可的要大胆提拔使用,对于评价不一致的要具体问题具体分析、区别对待。

既要看工作经历,又要看工作业绩。工作经历是一个人成长的外在体征,也是干部成长、锻炼、提高的基本路径,可以基本反映干部的成长脉络和发展潜能,是判断干部能否提拔使用的基本要素。但片面以工作经历决定使用结果也可能把"熬资历、少作为"的干部提拔上来。因此,在看经历的同时也要注重其在各个岗位上取得的工作业绩。只有经历丰富、阅历深厚、业绩突出、厚积薄发的优秀干部才能胜任更高的岗位,担负更重的责任，应对更大的挑战，创造更大的成绩。

既要看优点，又要看缺点。每个人都会有优点和缺点。在识别干部时要避免出现放大优点而忽视缺点的现象，同时也要防止只看缺点不看优点的片面行为。

既要看工作中取得的一般成绩，又要看工作中取得的创新业绩。取得工作成绩是提拔使用的前提和基础，但在选贤任能时应集中关注取得创新业绩的人才。取得创新业绩要求干部必须具备战略眼光、国际视野、善于学习、敢于创新、攻坚克难的基本素质。

既要看看齐意识，又要看服务意识。看齐意识就是坚定自觉地在思想上、政治上、行动上同以习近平同志为核心的党中央保持高度一致，坚决服从核心，忠诚维护核心。服务意识就是真心服务群众、事事为了群众，始终把群众利益放在第一位。看齐意识和服务意识就像车之两轮、鸟之双翼，紧密联系，缺一不可。

既要看工作结果，又要看工作过程。考察干部要避免"唯结果论"和"唯过程论"两种倾向，只有结果和过程并重，才能有效遴选出"有德有为、敬业担当"的优秀人才。

精准考察选拔干部是做好选贤用人的基础和前提，只有切实把信念坚定、为民服务、勤政务实、敢于担当、清正廉洁的好干部及时发现出来，把想干事、能干事、干成事的优秀干部合理使用起来，才能更好地推动教育事业发展，促进伟大复兴的中国梦更早实现。

亟待建立高校毕业生跨省就业创业的补偿机制①

我国高校分教育部直属高校、省属地方高校和设区市属高校三大类型，分别由国家财政、省级财政和设区市财政负责经费投入。目前的情况是教育部直属高校经费投入远远高于省属高校和设区市属高校，经济发达地区远远高于经济欠发达地区。2018年4月底，75所教育部直属高校均发布了2018年预算数据，最高269亿元，7所超100亿元。从2018年各有关省公布的高校经费投入看，广东省前10所高校2018年总经费最多，达到173.83亿元，平均每所高校达17亿元，其中经费最多的深圳大学年度经费达到近50亿元。广东省10所高校经费是湖北省和辽宁省10所经费最多的地方高校的2倍以上，也是甘肃省地方高校的5.2倍。浙江省10所地方高校经费达到127.08亿元，平均每所高校经费达到12.7亿元，仅次于广东省。山东、上海和四川省地方高校总经费相当，总经费在100亿元左右。河北、湖北和辽宁省10所地方高校总经费少于100亿元。由此不难看出高校间经费投入的巨大差距。

分析高校间经费投入产生巨大差距的原因，固然有投入主体财政实力不平衡的原因，教育部直属高校由国家财政投入，其财政实力远远超于省级地方财政；经济发达省份的财政实力远远超于经济欠发达地区。更重要

---

① 本文观点摘发在2019年8月29日全国政协《每日社情》第63期，呈全国政协领导以及国务院有关部门主要负责人参阅。

的原因是由于目前毕业生跨省就业创业政策缺少必要的补偿机制。高校毕业生找工作均通过市场双向选择实现，用人单位不需任何投入。因此，出现了优秀毕业生纷纷涌向北上广等大城市以及经济发达地区的情况，不仅导致经济社会发展区域间越来越不平衡、不协调，而且还会导致地方政府对高校投入缺少必要的积极性、主动性的问题。这个问题不解决，不仅会影响各种高校的均衡高质量发展，而且也会影响社会主义现代化强国建设的进程。

从根本上解决这个问题，笔者认为应建立高校毕业生跨省就业创业的补偿机制。对教育部直属高校而言，因为是国家财政投入，毕业生应面向全国就业创业。按各省对国家财政贡献率和高校在一省的录取数确定该省毕业生接收基数，接收毕业生超过基数的省份每多接收一名毕业生提供一定数量的资金补偿额度给少接收毕业生的省份予以补偿；对省属高校而言，因为是省级财政投入，大学毕业生理论上应在本省工作。其他省份每接收一名毕业生应向所属高校省份提供一定额度的资金补偿。资金补偿机制的建立和落实应由国家教育主管部门和财政部门协调落实。按照这种思路建立补偿机制，既可以解决各地方高校经费投入不足的问题，又可以推动各类高校均衡发展、可持续发展。

新时代推进高校党建工作的实践与成效[①]

——以河北建材职业技术学院为例

摘要：加强党建工作是新时代的发展要求，是强化"四个意识"的具体体现，是高校立德树人的根本任务。本文从政治建设、思想建设、组织建设、作风建设、纪律建设、制度建设六方面详细阐述了河北建材职业技术学院加强高校党建工作的具体创新做法以及取得的成效。

关键词：新时代；高校；党建工作；实践；成效

习近平总书记指出，加强党对高校的领导，加强和改进高校党的建设，是办好中国特色社会主义大学的根本保证。只有把总书记的重要指示真正落到实处，才能确保高校按照正确的方向不断前进，才能培养出高素质的建设中国特色社会主义的各类人才。

一、加强政治建设

加强政治建设的关键是强化"四个意识"，确保全党与以习近平同志为核心的党中央保持高度一致。一是抓好习近平新时代中国特色社会主义思想的学习。出台了《关于加强习近平新时代中国特色社会主义思想学习贯彻的意见》，利用全体党员会议、党委中心组学习会议和支部学习会议

[①] 本文发表在河北省教育厅主办的《高教参考》2018年第4期总第69期。

进行学习研讨。要求大家谋划工作、推动工作、检查工作、评价工作都要坚持以习近平新时代中国特色社会主义思想为指导,实践证明工作思路正确的坚决坚持毫不动摇,有偏差的必须纠正毫不含糊,不正确的坚决改正毫不懈怠。二是抓好上级各种会议和文件精神的学习贯彻落实。凡是上级召开的会议和下达的文件党委第一时间学习传达并作出安排部署。全局工作由党委统一安排并督导落实,日常工作由部门负责完成。对于工作推动进展情况党委加强指导和协调,确保上级部署的各项任务不折不扣地得以落实。三是坚持把立德树人作为办学的根本任务。通过开展知识竞赛、专题研讨等丰富多彩的活动,提高学生学习习近平新时代中国特色社会主义思想的兴趣和效果。组织学生参加社会实践、志愿服务等活动,达到实践育人的目的。通过主题团日、网络媒体等进行宣传教育,组织学生进农村、进社区、进企业等社会实践活动,体验自己担负的责任与义务。弘扬社会主义核心价值观,使学生真正成为社会主义核心价值观的坚定信仰者、积极传播者、模范践行者。四是强调严格遵守政治纪律和政治规矩。向党的理论和路线方针政策看齐,向党中央决策部署看齐,向习近平总书记看齐。党中央让说的话和做的事必须说好做好,不让说的话和做的事坚决不说不做,不但自己要说好做好而且要管好下属、家属子女说好做好。每位党员的言行都要用习近平新时代中国特色社会主义思想和《党章》来规范、要求、检验、评价。

二、加强思想建设

加强思想建设的首要任务是坚定理想信念。一是重视理论武装。首先抓好党的十九大精神的学习贯彻,组织全体师生收看"十九大"开幕式盛况,党委中心组及各级党组织第一时间学习"十九大"报告,各级党委书记上讲台进行辅导,思政专职教师深入支部、班级进行宣讲。其次发挥党委中心组理论学习的示范作用,党委中心组坚持自学和集中学习相结合、精读原文和交流心得相结合等多种方式及时学习党的最新理论、上级最新要求。注重解决工作中的现实问题，注重围绕重大理论和实践问题统一思想，注重用学习的成果指导学院改革发展的具体实践。最后推动习近平新时代中国特色社会主义思想进课堂、进教材、进头脑，坚持"第一课堂"与"第二课堂"、思政课程重点辅导与专业课程集中宣讲相结合等方法，使新理论真正入学生头脑并落实在实际行动上。二是做好意识形态工作。成立意识形态工作领导小组，出台《落实意识形态工作责任制实施方案》，加大网络舆情监控力度，强化网络舆论引导，牢牢把握网络舆情话语权。三是丰富校园文化。把"解放思想、主动作为、迎难而上、创新发展""爱校如家、爱生如子""团结、勤奋、求实、创新"等作为大家的共同追求和精神力量。充分利用校园网、电子屏等载体及时推送正能量信息。打造洁净文明校园，用优美的校园环境净化人们心灵。四是打造两支队伍。选择党性强、品德好、业务精的人员充实党务工作和学生思想政治工作队伍。党委对他们在政治上关心、业务上指导，和他们真交心、交真心、做朋友。

三、加强组织建设

加强组织建设的根本任务是确保党中央各项方针政策、重大战略部署不折不扣地落实到位。一是认真贯彻落实党委领导下的校长负责制。明确党委工作职责是把方向、聚合力、出主意、解难题、用干部、强保障。确定党委工作方法是坚持顶层设计、坚持以上率下、坚持问题导向、坚持重点突破。明确党委议事规则，制定《党委会议事规则》《书记会议事规则》和《院长办公会议事规则》，党委发挥领导核心和决策作用，坚持"三重一大"事项上党委会研究。党委支持院长独立行使职权大胆开展工作。院长办公会研究执行党委决策的执行、落实和日常行政事务工作。二是坚持民主集中制。重大事项决定前深入调查研究，分管领导和职能部门提出两个以上工作方案的建议和意见，会议材料提前送达参会人员研究；党委会召开时分管领导认真汇报，按照党委成员排名末位先发言顺序充分发表意见，按照少数服从多数原则进行决策，意见分歧较大的暂缓决策。涉及重大工作采用票决方式决定。三是发挥基层党支部战斗堡垒作用。配齐配强支部成员，特别是选好支部书记，坚持"三会一课"制度，出台《进一步规范党总支支部组织生活会的暂行规定》，实施党委领导联系基层支部制度，加强对支部成员的培训教育，开展支部书记述评。四是加强党员先进性教育。坚持"控制总量、优化结构、提高质量、发挥作用"的原则，把政治标准放在首位，把住发展党员的进口。对党员提出永远做群众榜样的高标准要求，工作上争一流、纪律上严要求、作风上更优良。坚持每周党员活动日制度，开展理论学习、谈心谈话、廉政教育、为民服务等工作，提高党员发挥先锋模范作用的自觉性、主动性和坚定性。

四、加强作风建设

加强作风建设是全面落实以"人民为中心"和全心全意为人民服务工作理念的根本保证。一是坚决落实中央八项规定精神。出台《内控管理手册》，加强"三公"经费使用和管理，落实办公用房使用面积，全年精简会议10%以上。落实《河北建材职业技术学院—问责八清理和治理微腐败实施方案》，重点自查清理"小金库"和教育扶贫专项整治。二是点滴做起转作风。出台并实施领导干部联系系部、学生、辅导员工作制度，定期深入基层，了解他们的所思、所盼、所想、所急，千方百计为他们排忧解难，政治上关心、生活上关怀。各级干部每年都深入基层围绕工作中重点、难点、热点问题调查研究，撰写有情况、有问题、有分析、有建议的调查报告，推动了工作深入开展。通过建立督查问责机制，引导大家以问题为导向，以落实为根本，形成一抓到底、干就干好、事争一流的良好风气。

五、加强纪律建设

加强纪律建设是保障党的路线方针政策落到实处的关键所在。一是明确各种纪律要求。根据党中央要求和上级文件精神，对党员必须遵守的六大纪律具体化，并采取各种措施、方法让大家清楚了解，在学习工作生活实践中认真落实好。二是落实党委主体责任。党委每年都专门听取纪委工作汇报并召开专门工作会议进行部署，党委书记亲自抓、党委成员具体抓，坚持"一岗双责"，重大问题党委亲自过问、重点环节亲自协调、重大案件亲自督办。党委全力支持纪委独立开展工作，充分发挥其职能作用。三是坚持抓早抓小抓苗头。一方面抓好学习教育，让大家筑牢反腐倡廉的思想防线，另一方面通过工作指导、明察暗访等多种形式注意发现苗头性问题，一旦发现及时解决。坚持党委、纪委和中层干部廉政谈话制度，认真开展警示教育。四是发挥纪委监督作用。纪委负责同志列席党委会和院长办公会，参与决策的同时行使对党委和行政决策的监督职责。对党委和行政重大决策部署，纪委主动作为、积极推进，落实纪委监督责任。建立权力运行监控体系，梳理权力风险点，对招生就业、招标投标等重点事项全程监督。对于发生的违规违纪案件坚决查处，绝不手软。

六、加强制度建设

加强制度建设是党的先进性和纯洁性的基本保障。一是科学建立制度。在认真学习习近平新时代中国特色社会主义思想基础上，深刻领会上级文件和会议要求，本着从实际出发、促进工作的原则，对已有的制度进行认真梳理，已过时完全不适用的废止，部分适用的修改完善，缺少的重新建立。二是严格执行制度。制度一旦确定，就必须严格执行。要做好制度宣传普及工作，使大家主动自觉地执行制度。执行制度从领导和部门做起，对不按制度办事的严格追责问责，及时通报，维护制度的权威性和严肃性。三是不断完善制度。制度具有长期性和基础性，一般不随意修改。但随着事业发展和情况变化，具体问题具体分析，对于因情况变化不适用的必须修改，使制度在促进工作推动事业发展上展示出强大的生命力。

通过加强党建工作，出现了人心齐、干劲足、团结紧、争一流、比奉献、勇担当的良好局面，学院在各种机构各种排名中位次明显前移，上级部署的各项工作均走在前列，学院党委作出的决策部署有突破、有创新，总结出了许多工作经验，取得了许多工作成果，广大师生员工对学院的满意度明显提高，社会影响力显著提升。

新时代培树主人翁精神的意义与实践路径[①]

习近平总书记对二十国集团领导人杭州峰会总结表彰工作作出重要指示,强调大力弘扬主人翁意识、爱国主义精神和无私奉献精神,为实现中华民族伟大复兴的中国梦提供强大精神力量。总书记的重要指示不仅对峰会总结表彰工作具有极为重要的指导意义,对在其他领域中弘扬主人翁精神同样具有非常重要的指导意义。对于培养担当实现中华民族伟大复兴中国梦接班人的高等院校来说,如何让每位教职员工都成为学校的主人,加大主人翁精神的培育力度,就更加重要、必要和紧迫。

一、培树主人翁精神的重大意义

(一)培树主人翁精神是推动高校高质量发展的客观需要

主人翁精神,又叫主人翁意识,它是指"一个人在基本符合某一岗位任职资格的前提下进入该岗位中,按照该岗位的要求,履行和完成岗位所赋予的全部工作,实现个人的社会价值"。事实证明,在所有人身上,几乎无一例外地表现出几个关键特点:把工作上的事当成自己的事,甚至比关心家事更关心工作,主动、积极、负责、奉献、坚持,追求成功、永不言败。他们不贪名利、不计得失,只是全身心地投入工作,全力以赴地完成任务,以"怎样才能更好,怎样才能更快"的标准,处理每一个工作细

[①] 本文是2018年7月26日作者深入系部调查研究与大家即席交流的整理文稿。

节。这就是主人翁精神的核心。它不只是一个口号，而且是一种信仰、一种高尚的品质。从主人翁精神定义来看，一个地区、一个行业和单位，如果它的建设者都具有主人翁精神，那么这个地区、行业和单位将事业发达、前程似锦，反之将一盘散沙、一事无成。高校也不例外，它的改革、建设、创新、发展需要每一位教职员工不忘初心、团结一心、共同努力、持续用力。特别是我国已进入新时代，新时代要有新目标、新举措、新气象、新作为。在这样的大背景下，高校改革任务更重、建设标准更高、创新要求更严、发展速度更快。这必然要求高校每一位教职员工充分发挥主人翁精神，以"功成不必在我，功成一定有我"的追求，以"世上无难事，只要肯登攀"的勇气，以不达目的绝不罢休的魄力，开创新时代高校高质量发展的新局面。

（二）培树主人翁精神是践行社会主义核心价值观的内在需要

习近平总书记 2014 年 2 月 17 日在省部级主要领导干部学习贯彻十八届三中全会精神全面深化改革专题研讨班开班时讲话指出："把培育和弘扬社会主义核心价值观作为凝魂聚气、强基固本的基础工程，继承和发扬中华优秀传统文化和传统美德，广泛开展社会主义核心价值观宣传教育，积极引导人们讲道德、尊道德、守道德，追求高尚的道德理想，不断夯实中国特色社会主义的思想道德基础。"习近平总书记的重要讲话，深刻阐述了践行社会主义核心价值观的重要性、必要性和紧迫性。社会主义核心价值观从个人层面要求是爱国、敬业、诚信、友善。这四个方面内涵既有所侧重又有内在联系。爱国、敬业本身就要求必须有主人翁精神，爱国、敬业必然爱单位爱集体，把单位的事、集体的事当作自己的事。诚信、友善虽不像爱国、敬业那样对主人翁精神要求得直接和具体，但和主人翁精神密切相关，试想一个没有主人翁精神的人怎么可能做到诚信和友善？综上所述，践行社会主义核心价值观是每个公民的责任和义务，培树并践行主人翁精神是践行好社会主义核心价值观的重要途径。换句话说，只有践行好主人翁精神才能真正培育和弘扬社主义核心价值观。作为培养人才的高校更应按照党中央要求，把践行社会主义核心价值观工作牢牢抓在手上，更应该把培树和践行主人翁精神工作抓出成效。

（三）培树主人翁精神是完成高校立德树人根本任务的基本需要

习近平总书记2018年5月20日在北京大学与大学生座谈时指出："要把立德树人的成效作为检验学校一切工作的根本标准，真正做到以文化人、以德育人，不断提高学习思想水平、政治觉悟、道德品质、文化素养，做到明大德、守公德、严私德。要把立德树人内化到大学建设和管理各领域、各方面、各环节，做到以树人为核心，以立德为根本。"总书记的重要讲话，在为我国教育工作坚持立德树人根本任务提出新要求的同时，也为我们在新时代牢牢抓住理想信念铸魂这个关键环节完成立德树人根本任务指明了方向。完成立德树人根本任务，必然要求高校培育人才的主体广大教职员工特别是广大教师要有理想、有担当、有情怀、有能力，尤其要求要有主人翁精神。只有具有主人翁精神才能把本职工作做好，才能完成立德树人的根本任务。也只有具有主人翁精神的人才能培养出有主人翁精神的合格的大学生。

二、培树主人翁精神的实践路径

马斯洛需求层次理论是由美国心理学家亚伯拉罕·马斯洛于1943年在《人类激励理论》中提出的。书中将人类需求像阶梯一样从低到高按层次分为五种，分别是：生理需求、安全需求、社交需求、尊重需求和自我实现需求。根据马斯洛需求层次理论，激发员工积极性就要从如何满足各种需求入手，培树主人翁精神也应从最大限度地满足员工不断提高的各种需求做起。中国已进入新时代，物质资源和文化食粮不断丰富，生理需求、安全需求、社交需求已基本得到满足，尤其对高校广大教职员工来讲，主要是满足尊重需求和自我实现需求等较高需求层次。按照这个判断和原理，从实践操作层面上如何培树主人翁精神是一个很有意义的重大课题。

（一）真心实意听取广大教职员工意见建议，征求意见制度化、常态化、日常化。在倾听、采纳和落实中让广大教职员工体会到存在的价值与意义，增强践行主人翁精神的自觉性和主动性

征求意见态度要诚恳。要落实习近平总书记一切以人民为中心的重要思想，坚持一切为了广大教职员工、为了广大教职员工一切的理念。想问题、办事情、做决策首先要想到广大教职员工认可不认可、答应不答应、支持不支持、满意不满意。征求意见绝不能走过场，为了征求而征求，要抱着认真请教、虚心学习、不耻下问的态度，要俯下身子、放下架子，要带着感情、责任和追求。只有这样，才能摸到实情，听到诤言，求到真经，觅到良方。征求意见机制要健全。征求意见不可随心所欲，要使其制度化、常态化、日常化。主要领导带头征求，分管领导和有关部门经常征求。尤其是重大事项决策时，涉及教职员工切身利益问题需要研究时，高校发展遇到瓶颈制约破解乏术时，重大工作需要广大教职员工共同努力时，改革创新需要达成共识时，都必须深入、反复、广泛征求意见和建议。征求意见方式要灵活。根据不同情况、不同问题、不同对象，因地、因时、因势征求意见，做到有的放矢、灵活多样。可采取召开座谈会、下发调查问卷、个别走访、举办研讨会和设置意见箱等多种方式征求意见。不论采取哪种方法，都要让征求意见对象回答简单方便，从回答内容中提炼出规律性的东西，分析出深层次的问题和原因，以便问题的分类归纳和根本解决。征求意见解决要到位。对征求到的意见建议要分类梳理，对于有道理且能办到的事责成有关部门和专人马上办、办得好，而且把办理情况及结果及时向建议人反馈并表示真诚感谢；对于有道理但因为种种原因暂时难以解决的事要做出计划，纳入解决范畴，告知建议人请求理解，邀请建议人监督落实；对于没有道理的建议要给予充分理解和尊重，不可置之不理，采取适当方式选择合适时机和建议人沟通，征得建议人的理解和认可，让建议人真切感受到组织和领导真诚征求意见的态度和决心。征求意见效果要明显。通过征求意见的诚恳态度和解决问题的成效，在找到解决问题方法和路径的基础上，让广大教职员工自尊心得到最大满足，使他们心更齐、劲更足，团结一致，高度共识，凝聚人心。从而激发教职员工做主人翁的责任感和使命感，增强干好工作、爱校如家、爱生如子的主动性和自觉性。

（二）千方百计为广大教职员工做好事、解难事，在长期坚持中让广大教职员工感受到被关心的快乐与满足，激发践行主人翁精神的激情和动力

各级领导要牢固树立为广大教职员工服务的思想，把为广大教职员工排忧解难作为自己工作的重要责任和基本义务，把教职员工的事当作自己的事去跑、去想、去做，要有不达目的不罢休的韧劲，多办事、办成事、办大事、办好事。

当广大教职员工家庭遇到困难时热心帮助。要充分发挥各级党组织和工会组织的作用，定期深入教职员工中进行家访，查实情、解真困，个性问题认真解决，共性问题建立解决困难的长效机制，对于特别困难的教职员工要采取特殊举措进行帮扶，让广大教职员工体会到大家庭的温暖和幸福。思想遇到困惑时耐心解疑。要经常开展谈心谈话活动，动态掌握教职员工思想情况，发现苗头性问题分析原因、对症下药，反复深入地做好思想政治工作，解除顾虑，放下包袱，轻装上阵。做好理论武装工作，用正确理论思想武装头脑。工作遇到难题时悉心指导。要不同情况不同对待，对因工作没有完全尽力导致困难的指出问题症结，鼓励他们尽心尽力投入工作。对于即便做出最大努力也难以完成的工作，在教方法指方向的同时给予充分理解并帮助完成任务。工作失误甚至犯错误时及时弥补并批评帮助。要树立鼓励创新、宽容失败的理念。工作中需要大胆探索、不断创新，就必须打破条条框框的束缚和制约，就有可能出现这样那样的偏差甚至失误，一旦出现偏差和失误领导应在批评帮助弥补基础上主动承担责任，和大家一道分析原因、寻找对策、共同解决，切不可不问青红皂白一味埋怨、责备。这不仅是领导风范的体现，而且也是怎样对待工作失误态度的诠释。取得成绩时真心祝贺并善意提醒继续努力。要有"归零"思想，昨天的优秀不代表未来。在取得成绩时往往容易产生自满情绪，应提醒保持清醒头脑，不忘初心、一往无前。

只要各级组织和领导真心实意为广大教职员工排忧解难，广大教职员工就会心甘情愿追随组织接受领导，就会一心一意为共同目标而努力奋斗，也会和单位迎难而上共度时艰，还会使广大教职员工之间心贴得更紧、更近，友谊会更深、更久。

（三）竭尽全力为教职员工成长创造条件提供机会，在成长、成熟、成才中让广大教职员工感受到集体的力量和温暖，增强践行主人翁精神的责任感和使命感

高校的发展离不开广大教职工的努力和奉献，广大教职工的不断成长进步也是高校发展的重要组成部分，要把营造广大教职员工成长的良好氛围作为各级组织和领导的基本职责和义务。

工作上压担子教方法。教职员工成长的基本路径是在工作中历练、学习、提高和锻造。本职工作要高标准完成，要对标先进、争创一流，在同行业、领域要有影响、有创造，要对社会发展有贡献、有作为。在完成本职工作基础上要有目的、有重点、有针对性地交办一些有利于个人成长的工作任务，创造条件让有前途的同志到急难险重工作中或艰苦岗位去锻炼，要加强对教职员工的指导，指出工作标准、目标、重点、难点及工作方法方略等，有些工作要亲力亲为、主动示范。要注意引导及时总结工作，总结经验和教训，为做好其他工作提供借鉴奠定基础。学习上给机会提供方便。创新驱动战略的实施，要求高校在培养具有创新精神、创新意识和创新能力人才方面有更大的作为。承担起这一历史使命，完成好这一历史任务，对于广大教职员工特别是广大教师而言，不断学习、及时充电是非常重要也是非常必要的。要对广大教职员工学习进行制度规范，什么时间学、学什么、怎么学，学到什么程度，采取哪种方式学，有哪些激励政策和制约措施等都要有明确规定，使广大教职员工学习制度化、规范化和长期化。勇于为教职员工科研和社会服务等提供有力帮助。广大教职员工要成长就必须有科研成果和社会服务经历，要主动为他们提供指导和服务，积极和科研主管部门沟通协调，争取科研经费支持并为其开展科研提供便利。要和有关行业、企业开展对接活动，联系服务项目，组织专家团队，开展人才培训、企业诊断、技术攻关、产品研发等社会服务活动。积极为教职员工搭建展示才华成果的平台。广大教职员工在学习工作中必然不断提高自己能力，获得更多的成果，要为他们搭建平台充分展示自己的才华，在展示中增加自信更加进步。要经常组织各种成果展览会和多种形式的交流会、报告会、研讨会等，组织开展各种竞赛活动等。

通过采取以上各种措施，广大教职员工一定会更加奋发图强、爱校如家、爱生如子，在工作岗位上贡献自己的才华和力量，为学校发展而激情满怀信心倍增。

（四）殚精竭虑推动发展，让广大教职员工充分享受发展成果，增强践行主人翁精神的自豪感和幸福感

一个国家、集体、组织的每一个建设者，无一例外地关注并推动着所在单位的发展和命运，他们会和所在单位同呼吸、共命运。高校也不例外，广大教职员工会为本校发展成就而自豪和骄傲。因此，培树主人翁精神依然要把推动高质量发展作为首要任务和基本途径。

推动高质量发展，一要有长远规划。长远规划要和国家教育发展规划相衔接，和本校发展实际相适应，同时要和相关产业发展相匹配。规划内容既要全面表述又要突出重点，既要有指导性又要有操作性。二要有近期安排。在服从服务长远规划的基础上，近期干什么、怎么干、谁来干、干到什么程度、如何来检验等问题都要具体明确，把各项工作任务项目化、实事化、目标化，列出时间表、做出路线图，件件抓落实、事事有结果。三要有政策推动。政策制定得要科学、合理、全面，既要有奖励政策又要有惩罚措施，既要有宏观指导又要有具体要求，既要有泛泛提倡又要有细节规范。要用管用务实的政策引导大家干事创业，鼓励大家勇于创新，激励大家求真务实，约束大家不敢懈怠。四要有工作重点。推动高校高质量发展，各方面工作都要有新突破、新成效，但重点工作要重点安排精心部署，各项改革要强力推进，教学创新要常抓不懈，立德树人要精准发力，思政教育要形成合力，必须用重点突破带动全局，从而形成科学发展高质量发展的良好局面。五要有工作合力。领导要率先垂范、亲力亲为，部门要各司其职、求真务实，基层要争创一流、不断创新，方方面面要心往一处想、劲往一处使，为了共同目标而拼搏进取、勇攀高峰。六要有落实机制。部署工作强调针对性、可操作性，督办工作要明确责任、完成时限、工作标准和奖罚措施，建立通报制度，完善责任追究。工作落实过程要全程监督调控，及时发现问题及时解决，确保各项工作特别是重点工作按要求圆满高质量完成。七要有工作成效。工作过程要扎实，工作结果要圆满。坚持结果导向，以工作成效论英雄，不讲条件、不讲客观，工作任务完成好的就肯定就表彰，完成不好的就批评就问责。

坚持发展依靠广大教职员工、发展成果由广大教职员工共享的理念，让广大教职员工在推动发展中充分展示自己的才华，让他们社会认可度、知名度以及学生赞誉度大幅度提升，让广大教职员工成为推动发展的宣传者、实践者、受益者、见证者，特别要通过发展让他们切身感受到实惠和利益，让广大教职员工更加热爱自己的学校和工作岗位，把职业当作事业来奋斗、来追求、来拼搏。

推动高校"不忘初心、牢记使命"主题教育取得实效[①]

习近平总书记在 2019 年 5 月 31 日召开的全国"不忘初心、牢记使命"主题教育工作会议上的讲话中强调指出:"开展'不忘初心、牢记使命'主题教育,是用新时代中国特色社会主义思想武装全党的迫切需要,是推进新时代党的建设的迫切需要,是保持党同人民群众血肉联系的迫切需要,是实现党的十九大确定的目标任务的迫切需要。"总书记的重要讲话精辟论述了开展"不忘初心、牢记使命"主题教育的重大意义,深刻阐明了主题教育的使命任务、重点工作和关键举措,为全党开展"不忘初心、牢记使命"主题教育指明了方向,提供了遵循。高等院校是立德树人的主阵地,开展好"不忘初心、牢记使命"主题教育非常重要、十分必要和特别迫切。

一、在深学真懂上下苦功夫

加强学习是前提、基础和保障。要通读原文。习近平新时代中国特色社会主义思想是马克思主义中国化最新理论成果,内容丰富、系统全面、博大精深。要全面领会精神实质就必须一句一句读原文、学原著。要精读重点。重点研读习近平总书记有关教育工作和高等教育改革以及

[①] 本文是 2019 年 7 月 19 日作者参加省委组织的高校书记、校长培训班时撰写的学习体会文章,主要观点在学院"不忘初心、牢记使命"主题教育动员会讲话中使用。

如何立德树人等重要论述，以指导工作、推动发展。要熟记金句。《学习强国》上每日金句是习近平新时代中国特色社会主义思想的精华和精髓，必须做到倒背如流、学懂弄通，时时刻刻用其武装头脑、指导实践。要领悟实质。既要知其然又要知其所以然，掌握核心要义和丰富内涵，真正做到学以致用。

创新学习方法，坚持领导带头学，充分发挥引领示范作用；坚持带着感情学，只有带着对习近平总书记崇高的尊敬和由衷拥护的感情才能做到深学、真悟、笃行；坚持直面问题学，在学习中找到解决问题的思路、方法、策略和措施，防止形式化和表面化；坚持带着责任学，学习好习近平新时代中国特色社会主义思想是责任、是使命也是任务，不是可学可不学而是必须学，不是可学好可学不好而是必须学好。特别是对党员领导干部学习要做到如饥似渴，废寝忘食。

二、在查找差距上下真功夫

开展"不忘初心、牢记使命"主题教育一个关键环节是找差距。要和初心比照找差距。初心是每一个人的理想、追求和目标的具体体现，结合自己身份角色看一看目前的言行和初心是否存在着差距，差多少、差在哪儿、什么原因都要清晰明了；和总书记要求比照找差距。党的十八大以来，习近平总书记系列重要讲话对全党同志不论从事什么岗位工作都提出了明确要求和具体标准。结合自身实际和总书记要求比一比、看一看、查一查，有多少没有做好，存在多大差距要做到心知肚明。和岗位职责比照找差距。每个岗位都有应担当的责任、标准和任务，在实际工作中是否做到了尽职尽责、尽心履职和无愧我心。和先进典型比照找差距。要对标对表先进人物和先进事迹，看我们在工作标准上、在工作追求上、在工作成果上是否存在着差距和不足。和广大师生期盼比照找差距。坚持"以人民为中心"的工作理念是我们党的基本要求，是否做到了师生利益至上、学校发展至上和服务社会至上，查找思想上、行动上和言语上的差距和不足。

必须做到找主观原因而不找客观原因，找自己原因而不找他人原因，找思想深处原因而不找浅层次原因，找本质原因而不找表面原因。各方面存在的各种差距固然有客观、他人、浅层次和表面原因，但这些不是存在差距的根本、内在和核心因素，而主观、自己、思想深处和本质原因才是存在差距的关键和根本。只有真正找到关键和根本原因才能找到解决问题的方法、思路和对策，也才能真正激发起解决问题的动力、信心和勇气。

三、在破解难题上下硬功夫

破解难题是开展"不忘初心、牢记使命"教育的基本要求。要破解瓶颈问题。瓶颈问题是制约发展的突出问题，是影响整体工作进步的滞后问题，是短板问题。破解瓶颈问题会起到牵一发影响全局的效果。高等院校要集中破解如何提高人才质量问题，如何实现人才培养和市场需求结合更紧密的问题，如何提高服务社会能力问题等等。要破解热点问题。热点问题通常反映一定时期、一定范围内的主要矛盾焦点，解决得好会对全局产生重大的影响和推动作用。如何解决广大教师激励机制建立和待遇稳定提升问题，如何解决能者上、平者让、庸者下的问题，如何建立教师能力提升长效机制问题等等。要破解共性问题。共性问题是某一领域、某类群体中共同存在的，具有一定普遍性和关联性的问题，解决好共性问题对于推动发展会起到事半功倍的效果。比如要解决好高校中广大党员的先锋模范作用发挥不充分的问题，如何调动各级政府对高等教育投入积极性的问题，如何实现产教学研用衔接更加紧密的问题等等。要破解关键问题。关键问题是一个单位一定时期、一定范围内的主要矛盾所在，解决关键问题就如同找到"开锁的钥匙"。比如，如何落实好党委领导下的校长负责制的问题，如何推进习近平新时代中国特色社会主义思想"三进"问题，如何推动高质量发展问题等等。

破解难题是一项十分艰苦艰难的工作，需要持之以恒的毅力、坚韧不拔的精神和不达目的誓不罢休的勇气。要发扬钉钉子精神，一锤一锤地敲。要有"功成不必在我，功成一定有我"的境界；要建立解决问题的落实推进机制，明确责任、明确标准、明确时限，定期督导、严格奖惩，形成"交账—要账—查账—算账"的落实体系；要坚持项目化管理，建立台账、明确目的、设定时限、提出标准，确定好时间表、任务书和责任人，让问题的解决可跟踪、可量化、可追溯、可考核；要调动党员的主动性和创造性，提高党员的政治觉悟和工作能力，强化创新意识和责任担当。对全体党员工作上支持，待遇上保障，心理上关怀。

四、在突出特色上下实功夫

特色是发展的核心竞争力。要把握高校培养人才这个特性确定开展"不忘初心、牢记使命"主题教育的特色，就要围绕学校、学生和岗位来确定。把"爱校如家、爱生如子、爱岗敬业"教育活动作为高校主题教育的特色来展开是创新之举、务实之策。

开展"三爱"教育就要明确标准。做"爱校如家"的典范，维护学校形象，促进学校发展，践行优良校风，引领学校文明；做"爱生如子"的标杆，努力做学生的偶像，积极做学生的知音，认真做学生的朋友；做爱岗敬业的先锋，创一流的业绩，争一流的荣誉，育一流的人才，出一流的成果。

把"三爱"教育活动抓实抓出成效，就要加强领导，党委靠前指挥、行政认真推进、部门协调联动、基层积极落实；要顶层设计、科学谋划、制订方案、分解任务、督导落实；要典型引路、总结经验、表彰先进、批评后进；要精心指导、搭建平台、丰富活动、创新载体；要建立机制、完善制度、持续推进、久久为功。

只要我们下足了功夫，就一定能把高校"不忘初心、牢记使命"主题教育不断引向深入，确保活动取得实实在在的扎实成果，充分锤炼党员的先进性、纯洁性和示范性，推动高校高质量创新发展，向党组织和广大师生交上一份满意的答卷，为迎接祖国70华诞献上一份厚礼！

解放思想　团结奋进
努力推进学院各项事业又好又快发展[①]

经过全体代表的共同努力，河北建材职业技术学院第四届教职工代表大会第四次会议暨工会会员代表大会圆满完成了各项议程，就要闭幕了。这次大会是在全院上下深入开展解放思想大讨论活动、精心谋划"十三五"发展规划、全力推进学院又快又好发展的重要时期召开的一次会议。大会听取、讨论并通过了学院工作报告、财务工作报告，听取了四届三次教代会提案落实情况和本次大会提案征集情况。会议期间，各位代表以高度负责的精神，认真履行职责，围绕学院事业发展和教代会工会工作，畅所欲言，共商大计，提出了许多好的意见和建议。本次会议，时间紧凑，内容丰富，富有成效，展现出了学院团结、务实、民主、奋进的新气象。大会进一步增进了共识、凝聚了力量、坚定了信心，增强了我们推进学院事业发展的紧迫感和使命感，必将对学院各项事业迈上新台阶起到重要的推动作用。

努力促进学院各项事业又快又好发展，是我们共同的愿望，也是我们共同的责任。我们要大力弘扬职工代表的主人翁精神，充分发挥教代会、工会职能作用，努力推进学院各项事业全面发展。

[①] 本文是 2016 年 3 月 12 日作者参加四届四次教代会暨工会代表大会时的演讲稿。

一、解放思想，创新工作，大力弘扬职工代表的主人翁精神

长期以来，广大职工代表认真贯彻学院党委的工作部署，立足本职岗位，兢兢业业、扎实工作，在推进学院改革、加强管理、改善校园民生等方面做了大量工作；在维护和落实教职工民主权利、协调学院内部关系、支持和监督行政工作等方面起到了重要作用。为更有效地发挥职工代表的作用，我觉得广大教职工代表还要做好以下几点：

首先，要牢牢树立"校兴我荣，校衰我耻"的主人翁意识。"主人翁"三个字蕴藏的是一种肯定和认同，体现的是一种责任和使命。树立主人翁意识就是要求我们时刻以实际行动自觉捍卫学院利益、维护学院形象、弥补学院不足，要做到发现问题勇于直言、破解难题敢于担当、培育亮点及时宣传，对不利于学院发展的言语要敢于反驳，对损害学院利益的行为要敢于抵制。作为建材人，学院的未来属于我们每一个人，学院的辉煌要靠我们大家付出不懈的努力和辛勤的汗水才能赢得。无论是领导干部还是普通职工，我们都是学院的主人，任何时候都要做建材学院坚定的建设者、宣传者和利益的捍卫者，任何时候都不能以局外者的心态来背离自己的责任和使命。

其次，要进一步转变观念、创新思路、积极谋划工作。不日新者必日退。在国家经济结构转型升级、大力倡导创新驱动的新背景下，在京津冀协同发展战略广泛推进、高职教育改革不断深化的新形势下，我们办学必然要遇到很多新挑战、新问题。在这种情况下，如果我们不能及时转变观念、创新思路，还是蒙着头走老路，还按照旧理念、老做法行事，按照过去的经验办学，那我们就不可能有进步，工作不可能有起色，所定的目标就很难实现。我们要摒弃用传统思维思考问题，反对教条地按经验办事，倡导结合实际、主动谋划、创新性地开展工作。要坚持开门办学，主动对标先进，做到与国家战略、地方发展和建材行业同向同行，在新形势下形成新思路，开拓新境界，拿出新举措，努力做到超越自身、突破前人，不断推动学院事业实现跨越发展。

最后，要狠抓会议精神的落实。蓝图已经绘制，关键在落实，会后我们当务之急的工作就是按照会议的部署一心一意地抓落实。不抓落实，一切思想都是空想；不抓落实，一切目标都是空谈。因此，我们要克服思想上的麻痹心理，消除工作中的松懈情绪，把思想和行动统一到既定的任务目标和重点工作上。首先，领导干部要带头抓落实。要把各自的担子担起来，把各自的责任负起来，把各自的队伍带起来。要一级做给一级看，一级带着一级干，努力形成上行下效、上率下行的良好局面。其次，广大教职工要立足岗位认真践行落实。要把工作当作事业来干。学院的建设和发展给每一个人提供了平台，每一个想成就一番事业的人，都应该抓住机遇，珍惜机会。无论从实现个人人生价值来讲，还是从学院发展来讲，有多大的机会，就有多大的舞台，有多大的付出，就有多大的回报。最后，相关部门要加强考核促落实。办公室、组织部等部门要把落实学院部署的工作作为重点督查和考核内容，要确保各项工作落实及时，落实到位。

二、发扬民主，群策群力，充分发挥工会、教代会的职能作用

工会、教代会是高校教职工民主管理学校的基本形式之一，能否调动全校教职工的积极性、主动性和创造性，直接关系到学院的发展和办学水平。多年来，在学院改革发展重大决策的制定、重大任务的落实和重大活动的开展方面，在加强民主管理、推进校务公开、提高民主治校水平、维护教职工权益等方面，工会和教代会都发挥了组织参与、凝聚人心、推动工作的不可替代的作用。今后，我们更要牢固树立全心全意依靠教职工办学的思想，增强群众观念、群众意识，进一步发挥教职工在学校发展中的主人翁精神和主力军作用。为达到这一目的，工会、教代会要重点做好以下工作：

一要以提高提案的落实率、职工代表的满意率和问题的解决率为核心，进一步加强提案工作。做好提案工作，不仅可以使学院的决策更加民

主、科学，而且还可以有效表达民情民意，维护教职工的切身利益。因此提案工作非常重要，必须要高度重视。首先，要做好对职工代表写好提案的培训工作，从内容和形式上着实提高提案质量，这是做好提案工作的前提；其次，要高度重视提案的落实工作，着实提高提案的落实率。能落实的，要促成相关领导和部门抓紧落实，由于客观原因不能落实或暂时不能落实的要及时给出合理解释，要确保件件有回音，这是做好提案工作的关键和核心。要通过做好提案工作，来着实促进学院各种问题的及时解决，来积极回应广大教职工的合理诉求。

二要创新工作方式方法，充分调动教职工的积极性。要认真研究教育改革发展对工会工作提出的新要求，研究教职工队伍的新特点和职工群众的新需求，探索发挥工会作用的新机制、新途径。工会工作一定要有载体、有平台，也一定要有主题。要通过积极组织开展各类群众性活动，努力满足广大教职工的精神文化生活需求，丰富业余文化生活，促进教职工全面发展，把工会真正办成大家热爱的"教工之家"。要加强工会管理队伍建设，提高工会工作水平，牢固树立服务意识，增强群众观念，使工会真正成为教职员工的贴心人。

三要增强联系党组织和教职工的桥梁和纽带作用。工会的工作水平主要体现在服务学院中心工作上。发挥纽带桥梁作用，首先，要把党委的工作意图和决策部署及时向广大教职工宣传，让广大教职工在思想上达成共识，在行动上与党委保持高度一致。其次，要及时把教职工的各种诉求向党委汇报并提出合理化的建议。最后，要深入教职工，关心教职工的工作和生活，努力多为教职工办实事、办好事，及时把学院党委的关心、关怀传递给广大教职工。当前，学院改革发展的任务很重，尤其需要团结和凝聚各方面力量。要把维护群众的部分利益、眼前利益同维护学院的共同利益、长远利益有机统一起来，发挥上下沟通、解疑释惑、化解矛盾、增进共识的作用，调动一切积极因素，努力形成团结一心干事业、齐心协力谋发展、群策群力促和谐的良好氛围。

三、认清形势，坚定信心，努力推进学院各项事业全面发展

学院发展目前正处于攻坚克难的关键阶段，尽管我们也面临一些发展机遇，但摆在我们面前更多的是各种挑战。对于机遇我们要紧紧抓住，对于挑战要积极应对。2016年，我们将以深入开展解放思想大讨论活动为引领，认真查找自身问题，坚决攻坚克难，不断推动创新发展。首先，一定要全面落实学院2016年的工作部署，确保"十三五"开好局、起好步。其次，要坚决攻坚克难、努力突破难题，2016年一定要在重大难题上有所突破，力争做到：招生困境得到扭转、校区建设取得实质进展、大讨论活动取得实质成果、校企合作有新突破、管理水平有新提升、职工精神面貌有新转变。最后，广大教职工要以只争朝夕、夙夜在公的精神状态，全身心地投入工作。我们必须要有紧迫感、危机感，清醒、客观、正确地认识到学院发展所面临的困难、问题和挑战，要不断激发求进思变、大胆创新、科学谋划的精神和勇气，不断注入加快发展、创新发展、跨越发展的动力。

逆水行舟，不进则退。我们个人的命运是紧紧跟学院的命运连在一起的，希望并相信大家能够同舟共济，共创未来。让我们更加紧密地团结起来，增强主人翁意识，进一步解放思想，以更加开阔的视野、更加昂扬的斗志、更加扎实的作风，不断推动学院发展取得新成绩，共同创造建材学院的美好明天！

切实发挥党员的先锋模范作用①

今天，我们在这里隆重聚会，纪念中国共产党成立95周年，同时表彰2015—2016学年度在学院改革发展中涌现出来的先进基层党组织、优秀党务工作者和优秀共产党员。首先，我代表学院党委，向辛勤工作在教学科研、管理服务战线上的全体党员，向曾经为学院建设和发展作出贡献的离退休老党员，向广大刻苦学习、蓬勃向上的青年学生党员表示节日的祝贺和诚挚的问候！刚才，先进基层党组织和优秀共产党员的优秀代表都作了典型发言，充分展现了学院基层党组织的精神风貌，也充分体现了广大共产党员的先进性，他们是广大党员学习的榜样。在此，我谨代表学院党委，向受到表彰的先进党组织和先进个人表示热烈的祝贺并致以崇高的敬意！

回顾中国共产党走过的95年历程，我们深刻感受到这是一段争取民族独立、谋求人民解放的光辉历程，是一段实现国家富强、人民富裕的壮丽征程。95年来，中国共产党由一个只有50余名党员的小党，发展壮大到现在拥有8800万名党员的世界第一大执政党，它团结带领人民在中国这片古老的土地上，相继书写了人类发展史上一幅幅不朽的诗篇。以毛泽东同志为主要代表的中国共产党人领导全国各族人民，经过长期艰苦的反帝反封建反官僚的革命斗争，取得了新民主主义革命的胜利，建立了新中国，并顺利进行了社会主义改造，确立了社会主义基本制度；十一届三中

---

① 本文是2016年7月1日作者在纪念中国共产党成立95周年暨七一表彰大会上的演讲稿，题目是收录时增加的。

全会以来，以邓小平同志为主要代表的中国共产党人，解放思想，实事求是，实行改革开放，开创性地提出了社会主义市场经济理论，初步回答了什么是社会主义、怎样建设社会主义的问题，开辟了社会主义事业发展的新时期；十三届四中全会以来，以江泽民同志为主要代表的中国共产党人，在建设中国特色社会主义的实践中，加深了对建设什么样的党、怎样建设党的认识，积累了治党治国新的宝贵经验，形成了"三个代表"重要思想；十六大以来，以胡锦涛同志为主要代表的中国共产党人，根据新的发展要求，深刻认识和回答了新形势下实现什么样的发展、怎样发展等重大问题，形成了以人为本、全面协调可持续发展的科学发展观；十八大以来，以习近平同志为核心的党中央从改革发展稳定的实际出发，积极回应人民群众的期待诉求，提出并形成了全面建成小康社会、全面深化改革、全面依法治国、全面从严治党的战略布局，提出了国家富强、民族振兴、人民幸福的中国梦，开辟了我们党治国理政的新境界。事实充分证明，在近代以来中国社会发展进步的进程中，是历史和人民选择了中国共产党。事实还充分证明，中国共产党不愧为伟大、光荣、正确的党，不愧为领导中国人民不断开创事业发展新局面的核心力量。没有中国共产党，就没有中国的独立、富强，就没有人民的自由、幸福。伟大的中国梦，只有在中国共产党的领导下才能够实现！在党的95岁生日之际，让我们由衷地祝愿我们的党永葆生机、永铸辉煌！

我们聚会纪念党的生日，目的是使广大党员牢记党的宗旨和使命，同时对未来充满信心，立足本职岗位，在实际工作中发挥先锋模范作用。一年来，学院党委牢牢坚持社会主义办学方向，认真贯彻党的教育方针，在对历史全面反思、对未来深刻分析、对上级精神认真领会、对学院现状客观判断的基础上，确定了学院"十三五"实现全省高职院校发展进位最快的宏伟目标；理清了未来要在解放思想中主动作为、在主动作为中迎难而上、在迎难而上中创新发展、在创新发展中解放思想的工作思路；强调了未来工作重点将着力推进校区建设并努力取得实质性成果，着力"补短板"推动学院在各种排名中位次前移，着力提高人才培养质量，着力提高管理水平，着力推进校地校企合作，着力推进现代学徒制试点工作，着力做好招生就业工作；明晰了党委职责要聚焦在把方向、聚合力、出主意、解难题、用干部和强保障上；确立了党委工作要始终坚持问题导向、以上率下、顶层设计和创新发展的原则；明确了未来将积极探索如何与时俱进地确立正确办学方向并持之以恒地坚持，如何在实践中坚持党委领导下的校长负责制，如何在推进学院发展中体现把培养高素质人才放在首位，如何把开放、创新、合作、多元的工作理念落实到具体工作之中以及如何培养和造就一大批优秀管理人才和教师队伍。应该说学院未来发展目标已经确定，发展思路已经明晰，发展方向已经指明，发展重点已经明确，摆在我们面前最紧要的就是广大党员干部要统一思想谋执行，立足岗位抓落实，学院未来发展的速度将取决于执行的力度，学院未来发展的质量将取决于落实的力量。

今年是"十三五"开局之年，是加强内涵建设的关键之年，只要我们抓住机遇、齐心协力、主动作为，也是大有可为、大有作为的一年。建材学院是我们大家的，它的发展离不开学院每一个人的努力，俗话说"大河有水小河满"，国家强才有民族富，学院强才有个人好，学院的利益与个人的利益是息息相关的。这就要求我们广大党员干部认清形势、统一思想，牢牢树立"校兴我荣、校衰我耻"的主人翁意识，真正把建材学院当成自己的家，共同为之付出、齐心为之努力，做到"爱校如家、爱生如子"。要有忧患意识和大局意识，要有乐于奉献的胸怀和境界，时刻做好勇挑重担的准备，工作中敢于创新、迎难而上，充分发挥共产党员的模范先锋作用。

作为党员，要以做合格党员为基本要求，切实加强自身党性修养，给非党员同志做出表率。中央提出"两学一做"的落脚点就是做合格党员，并提出了"四讲四有"的合格党员标准。合格党员不是"及格"党员，不是降低要求，而是区别于普通群众的一种高要求，它要求党员在思想深处认识到党员称号的神圣，意识到党员所负使命的光荣和责任的重大。要时刻提醒自己不是一名普通群众，要在一举一动中高标准地严格要求自己，从现在做起、从身边点滴做起、从小事做起，不说中央不让说的话，不做中央不让做的事，严格遵守党规党章，不与非党员争利，工作上不比非党员落后，不让工作在自己的岗位和环节出问题，确保亲属不出现违规、违法行为。自觉把合格党员的标准和要求体现在日常言语中、体现在具体工作实践中、体现在对学生的教育培养中、体现在对配偶子女和身边人传帮带过程中、体现在各种社会角色的作用发挥中、体现在破解学院发展难题的创新中、体现在八小时之外的各种活动中。

做合格党员的要求永远在路上，一时合格容易，难的是做到永远合格。广大党员要想做到永远合格，当前重点要做好以下几点：首先，要树立并强化终身学习的理念。学习是"充电器"，可以通过学习接受新知识、增长新技能；学习是"望远镜"，可以通过学习开阔视野、更新观念；学习还是"清醒剂"，可以通过学习保持定力、增强抵御各种诱惑的能力。希望广大党员能把学习变成一种习惯，每天挤出半小时时间学习专业知识，了解国内外动态，研究高职教育理论。其次，要勇于并善于在工作实践中开拓创新。任何岗位都要摒弃用传统思维思考问题，反对教条地按经验办事，要不断激发求进思变、大胆探索的精神和勇气，倡导结合实际主动谋划、创新性地开展工作。最后，要敢于并主动同有损学院利益的行为作斗争。任何时候都要做学院坚定的建设者、宣传者和利益的捍卫者，对不利于学院发展的言语要敢于反驳，对损害学院利益的行为要敢于抵制，绝不能袖手旁观当看客，更不允许自己做出有损学院利益的事情。

作为党员干部，要以做优秀党员为基本要求，切实发挥党员干部率先垂范的模范作用，给普通党员做好表率。"榜样是看得见的哲理"，好的榜样是最好的引导，好的楷模胜过最好的说教。当前，全国上下都在开展向李保国同志学习的活动，他是我们教育战线上的标杆，是科技岗位上的排头兵。我们要学习他工作务实、生活质朴的可贵品质，学习他奋发作为、拼搏进取的创业精神，学习他心系群众、亲民爱民的大爱情怀。学院党委将在全院广泛开展学习李保国同志的教育活动，要求各党总支、直属党支部高度重视、精心组织，通过组织生活会、座谈会、研讨会、报告会等多种形式，营造浓厚的学习氛围，发挥先进典型弘扬正气、振奋精神、示范引领和凝聚正能量的强大作用。

广大党员干部尤其是副处以上党员干部和副高以上专业技术人员，是引领学院发展的"关键少数"，是支撑学院未来发展的脊梁，应该以优秀党员的标准严格要求自己，率先垂范，给其他党员群众做出表率。以树立标杆、向我看齐的姿态带头学习理论、带头查找问题、带头执行制度、带头遵规守纪、带头攻坚克难，做勤奋学习的模范、做品行高尚的模范、做遵守规矩的模范、做狠抓落实的模范。要敢于叫响向我看齐的口号。以令率人，不若身先。要求别人做到的自己先做到，要求别人不做的自己先杜绝，这样才能赢得别人的支持，才能树起自己的权威。学院班子向广大师生做出"十带头"的公开承诺，就是要通过以身作则，以上率下，在全院形成一级做给一级看、一级带着一级干、一级向着一级学、一级跟着一级干的良好氛围。要有敢于攻坚克难的担当精神。学院发展的道路上难免会出现各种问题和遇到各种困难，在问题和困难面前，党员干部不能回避更不能退缩，要率先冲锋在前，要当先遣队甚至是排雷兵，要敢于直面各种矛盾、困难和问题，迎难而上，要有一种"我不担当谁担当"的豪情壮志。工作上要一级担起一级的责任，一级对一级负责。要有更长远的眼光和更宽广的胸怀。党员干部要乐于学习、善于研究，把握高职教育的规律和方向，要比别人站位更高、看得更远。要有领导人独有的人格魅力和宽广胸怀，能接受别人的批评，能容得下别人的短处，要意识到别人都可以是自己学习的榜样，多看别人的长处，做到胸怀坦荡。

今天我们召开大会纪念建党 95 周年，一方面重温党的光辉历程，继承发扬党的优良传统，更重要的是希望学院各级党组织和全体党员牢记宗旨，进一步增强建设学院、发展学院的责任感和使命感，准确把握我们所处的历史方位，清醒认识我们所面临的形势任务，立足本职，从我做起，充分发挥党员的先锋模范作用和基层党组织的战斗堡垒作用，万众一心，众志成城，奋发图强，拼搏进取，为推动学院发展迈向新台阶、实现全省高职院校发展进位最快的宏伟目标而努力奋斗！

凝心聚力　奋发作为
为圆满完成"十三五"学院发展目标而努力奋斗[①]

在全体职工代表和与会人员的共同努力下，学院第五届教职工代表大会一次会议暨工会会员代表大会圆满完成了各项工作任务，即将闭幕。一天半的时间内，大会通过了《学院工作报告》《财务工作报告》《工会工作报告》和《工会经费审查报告》，选举产生了新一届工会委员会、女职工委员会、工会经费审查委员会、提案工作委员会和青年工作委员会。大会对院长所作的《学院工作报告》给予了高度评价，对学院2016年工作取得的成绩表示高度认可，对2017年的工作部署表示高度赞同，同时还征集到许多有利于学院发展的重要建议。这次大会开得非常成功，使我们进一步认清了形势、统一了思想、明确了任务、坚定了信心，是一次团结的大会、务实的大会、奋进的大会。在此，我代表学院党委和大会主席团，对大会取得圆满成功表示热烈的祝贺，对与会代表和工作人员的辛勤付出表示衷心的感谢！

刚刚过去的2016年，是学院"十三五"发展的起航之年，也是爬坡过坎的攻坚之年。在招生形势依然严峻、办学经费仍不宽裕、校区建

---

① 本文是2017年4月2日作者参加五届一次教代会暨工会代表大会时的演讲稿。

设困难重重的情况下，广大教职员工迎难而上、勠力同心，在党委的坚强领导下推动学院各项工作取得了新的成绩：圆满完成了巡视整改任务，各项工作更加规范有序、更加扎实高效，教职工精神面貌焕然一新；科学编制了《"十三五"发展规划》，明确了工作目标、工作重点、工作举措，学院未来的发展思路更加清晰；率先成立了全国首家混合所有制现代玻璃学院，全面深入探索现代学徒制，办学模式和人才培养模式在实践中不断创新；出台并实施了《服务秦皇岛五年行动计划》，成功召开了服务秦皇岛合作项目推介会，校地校企合作不断深化；招生就业质量双重提升，大学生创业孵化园获得"河北省大学生创业孵化示范园"称号；持续加强党风廉政建设，纪检监察工作扎实开展，全年"零违规、零违纪、零违法"目标圆满实现；安全稳定工作富有成效，学院全年无较大事故发生；后勤保障工作有力推进，师生满意度不断提高；工会工作多姿多彩，荣获"河北省职工文化优秀示范阵地"称号；校区建设取得重要进展，置换环境工程学院原校区相关工作有序推进。可以说，我们实现了"十三五"良好开局，为顺利实现"十三五"全省高职院校发展进位最快的宏伟目标奠定了坚实基础。

一年多来，全体教职员工的工作状态也发生了可喜的变化：工作中观望等待的少了，主动作为的多了；安于现状的少了，拼搏进取的多了；避重就轻的少了，攻坚克难的多了；为名为利的少了，干事创业的多了；盲从冒进的少了，积极谋划的多了；拖延庸懒的少了，只争朝夕的多了。更为可喜的是，学院工作中涌现出许多感人的先进事迹：有的同志经常加班加点、废寝忘食、无怨无悔地默默奉献着；有的同志不辞辛劳、四处奔波，为提高学院声誉积极努力着；有的同志离岗不离心、以只争朝夕的精神忘我工作着；有的同志精益求精、自我加压，为提高自身业务能力不断奋斗着；有的同志敢于攻坚克难，为把工作做得最出色而努力拼搏着……如此种种，还有很多很多。大家的高尚情操和自觉行动深深地感动着、感染着、激励着我们党委一班人，让我们不敢懈怠、不愿懈怠、不能懈怠，只有夙夜在公、殚精竭虑、如履薄冰、勇往直前地工作，努力、努力、再努力，才能不辜负大家的期望。应该说学院发展中每一项成绩的取得，都凝聚着教职工的心血和汗水，我们不会忘记每一个为学院发展而进取拼搏的身影！这也让我们深深地认识到：只有紧紧依靠广大师生，学院才会有更加辉煌灿烂的未来！在此，我代表学院党委向每一位不忘初心、砥砺前行的建材人表示由衷的敬意和深深的谢意！

在看到成绩的同时，我们也要清醒认识学院发展面临的种种挑战，冷静分析未来会遇到的各种困难。在困难和挑战面前，我们要始终坚持解放思想、主动作为、迎难而上、创新发展。为动员广大教职工实现全省"十三五"高职院校发展进位最快的宏伟目标，我讲三点意见：

一、要科学认识"十三五"发展目标的提出

目标就是方向，就是前进的动力。一个适合的目标定位对一个人的成长非常重要，对一个学校的发展同样至关重要，"十三五"选择什么样的目标将直接影响未来五年的发展走向。2015年年底，新一届班子成立后就开始谋划学院"十三五"发展目标。这个目标既要听起来响亮、振奋人心，能够给人以很强的激励和指引作用，又要立足实际，通过努力能够实现而不是遥不可及。在全面反思历史、深刻分析未来、认真领会上级精神、客观研判学院现状的基础上，党委最终提出了"十三五"全省高职院校发展进位最快的发展目标。

首先，我们认为提出这个目标是必要的。回顾学院发展历程，我们十分庆幸抓住了从中专升格高职的机遇，实现了办学层次的跨越，但也非常惋惜错过了国家示范校建设和省骨干校建设的机遇。一些曾经和我们处在同一起跑线的院校已经超越了我们，当年的并肩者现在成为我们追赶的对象。冷静客观地研判现状，我们与省内一流院校存在不小的差距，在这"缓进则退"的竞争背景下，"发展进位最快"要求我们具有比别人更强的忧患意识，付出比别人更多的努力，以比别人更快的发展速度来实现进位赶超。如果我们的发展速度不如排在我们后面的院校，那么就会被后者超

越,变得更为落后;如果我们的发展速度赶不上排在我们前面的院校,那么将会被前者甩得更远,差距就会更大。所以,我们别无选择,只有团结一心、奋起直追,以"发展进位最快"的决心和勇气全速追赶,争取早日完成超越。唯有如此,我们才能抓住机遇缩小差距,跻身同类院校前列,才能享有更好的发展机遇和资源,为学院谋求更加辉煌的未来。

其次,我们认为提出这个目标是现实的。"发展进位最快"并不是要求我们一下子就要达到省内的一流水平,它更多的是强调一种追赶的姿态和速度。就像改革开放三十年来我国是世界上发展进位最快的国家,但并不意味着我国就已经进入发达国家行列一样。我个人认为,在已有的基础上,如果通过五年的努力,我们以比其他院校更快的速度发展,在省内高职院校综合实力排名中迈入中上游发展水平,那我们就可以自信地说实现了"发展进位最快"的目标。

有句谚语说得好,"你能做到的,远比想象的更多"。2016年,我们已经做成了很多看似不可能的事情。比如说:我院在中国科学评价研究中心、中国教育质量评价中心联合发布的《2017年中国高职高专院校竞争力排行榜》中位列548名,首次跻身全国高职院校600强;我们提出的《服务秦皇岛五年行动计划》得到市委书记的重点批示并在全市所有机关单位推广学习;我们的招生工作在短短一年的时间内就实现了止滑趋稳的态势,并且在2016年单招考试院校关注度排名中位列全省第一、全国第九;我们的教师成功入围"美丽河北 最美教师"全省50强;我们的学生代表队在第四届"优优汇联杯"全国电子商务实战技能大赛中,以在本科、高职、中职全组别总分排名第一的突出成绩斩获大赛特等奖;学院大学生国防训练团的事迹能够在《中国教育报》头版广泛宣传报道等。所有这些都说明了一个道理:"有志者事竟成"。只要我们有信心、有决心、真付出、努力干,看似不可能的事情最终都有可能变成现实。学院拥有39年的办学积淀,拥有广大建材人的执着追求,我们完全有理由相信,只要大家瞄准方向,矢志不渝,齐心协力,奋起拼搏,那么"十三五"全省高职院校发展进位最快的宏伟目标就一定能够实现。

二、要准确把握"十三五"发展目标的抓手

任何目标都需要通过一些指标来衡量和支撑，要能找到可以牢牢扭住的抓手，只有这样，我们的目标才具有发展指引性，才具有操作性，也才具有实现的可能性。全省"十三五"高职院校发展进位最快目标可以从以下五个方面重点去抓：

一是上级提出的各项工作要走在前列。坚决贯彻上级部门的工作指示和工作部署，既是高校牢牢树立"政治意识、大局意识、核心意识、看齐意识"的必然要求，也是提高学院影响力和关注度的有效途径。作为驻秦省属高校，我们一定要认真学习贯彻教育部、省教育工委、教育厅、秦皇岛市委、市政府召开的会议精神和下发的文件精神，把上级精神体现在工作中，积极主动完成上级各部门部署的各项工作，对有评比要求的工作要力争在考核排名中位居前列，对没有评比要求的工作要通过工作实效赢得上级部门的认可和支持。这是确保办学方向的政治要求，也是衡量工作效果的重要指标，还是推动学院发展的重要条件。

二是学院党委作出的各项工作部署要有突破、有创新，不断地出经验、出成绩。党委决策是落实上级要求、破解发展难题、指引学院方向的重要指针，实现发展进位最快的目标，关键是在党委的统一领导下，全院上下辛苦付出、勤恳干事、扎实工作、真抓实干。各部门对学院党委做出的各项工作部署，要做到吃透领会、站位全局、严格执行，同时要立足实际，主动作为，一级担起一级的责任，一级发挥一级的能动性，工作中要善于总结、不断提高，力争工作思路有新意，工作方法有亮点，工作部署有体系，工作结果有成效。

三是广大师生对学院的满意度明显提高。学院发展依靠广大师生，学院发展也是为了广大师生。要充分认识师生是推动学院发展的根本力量，是确保校园和谐、各项改革得以落实的重要保证。"发展进位最快"目标就要以更加扎实的工作作风、更加突出的工作业绩去真切赢得师生的认同，充分调动广大师生的积极性，想方设法吸引师生的参与和支持。要把

满足师生的需求作为工作的出发点和落脚点，主动问计于师生，主动接受师生监督，使广大师生对学院领导决策、干部作风、发展现状以及未来愿景等方面的认可度、满意度和参与度稳步提高，主人翁意识显著增强，"爱校如家、爱生如子"在校园蔚然成风。

四是社会各界对学院的认可度和学院在社会上的影响力明显提升。学院只有得到社会认可才能获得更好的发展资源，而要得到社会认可，首先要提高自身的社会影响力。广大师生要主动参与、努力争取，以积极进取的精神风貌、精湛高超的职业能力和务实高效的工作业绩来着实提高学院的社会影响力，在相关行业专业领域的参与度、话语权日益增强，参加各种社会协会、团体的数量和层次不断提升，服务地方发展项目的数量和质量不断提高，兄弟院校来我院参观学习的次数和上级领导来我院调研的次数逐步增多，各种媒体和政府信息对学院的正面宣传报道不断增加。通过社会影响力的提高，赢得上级主管部门、新闻媒体、用人单位和学生家长对学院认可度的显著提升。

五是在各种机构用各种方法排名中位次明显前移。"发展进位最快"不能光靠自我感觉，还要借助第三方评价，这样不仅更有说服力，而且能够借力发力。要充分认识参加相关排名对宣传学院形象、扩大学院影响力的重要意义，尽管不是所有排名都是完全科学的，但是我们也要意识到它对学院发展所起到的积极作用。所以，我们要认真研究各种关乎学院办学实力、专业建设、行业影响、学生竞赛等方面的机构排名，要积极动员、精心谋划、充分准备、务求实效。以前没有参与的，要根据实际情况积极参与，实现从无到有的突破；以前已经参加的，要力争名次前移，实现从有到优的升级。

三、要全力确保"十三五"发展目标的实现

学院"十三五"发展蓝图已经绘就，未来发展目标已经确定，不容我们徘徊，也不容我们观望，要俯下身子扎实干，撸起袖子加油干，以"时

不我待"的紧迫感和"舍我其谁"的使命感，努力把蓝图变成现实，确保"十三五"发展目标顺利实现。

一是要逐步推进，统筹谋划。"十三五"规划是指引学院未来五年的总规划，"发展进位最快"是到2020年的总目标。我们既要有咬定青山不放松、一张蓝图绘到底的恒心和毅力，也要有分步实施、逐步推进的方法和策略。学院要在总规划和总目标的指引下，谋划好各个年度的工作要点和阶段任务，明确时间表和路线图；部门系部要根据学院年度要点确定本部门的落实计划和重点工作，一年接着一年干，做到年度之间有衔接、目标层级有递进、部门之间有配合，牢固树立"一盘棋"的思想，实现学院整体工作通盘谋划。要坚决避免头疼医头、脚疼医脚的短视做法，也不允许出现首尾不顾、各自为政的盲目行为。

二是要重点突破，以点带面。在学院发展问题上，我们既要坚持"两点论"，抓住普遍矛盾，全面推进各项工作有序开展；还要坚持"重点论"，抓住重点矛盾，紧盯核心工作、急切矛盾和自身短板，集中发力、重点突破。力争强项工作创品牌、争一流；弱项工作补短板、争进位；重点工作强基础、上台阶。当然，学院有学院的工作重点，部门也应该结合实际确定本部门的工作重点，只有重点突破，才能以点带面。当务之急，学院要聚精会神地抓好内涵质量建设，以系统开展教学诊改为契机，不断加强专业建设，持续深化课程改革，努力提升教育教学质量；要驰而不息地抓好招生就业工作，强化招生宣传实效，不断巩固和拓展招生渠道，进一步优化就业服务和创业教育，努力开创招生就业工作新局面；要全力以赴地抓好校区建设工作，全力攻克最后的难关，尽快完成环境工程学院原校区的置换改建工作，努力改善广大师生的学习生活条件。

三是要干部带动、率先垂范。党员干部是学院发展的骨干力量，是学院建设的中流砥柱。我们刚刚完成了中层干部换届工作，提拔了一些想干事、能干事的年轻人到中层干部队伍中来，可以说这次换届工作换出了干部队伍干事创业的激情，换出了学院发展的活力。各级干部在面对历史的使命、组织的信任和师生的期盼时，只有前进的动力、绝无后退的理由，要以强烈的责任感和使命感站在学院发展的新起点上，充分发挥先锋模范作用和带头示范作用，把工作当作事业做，立足岗位树立新理念、谋划新举措、把握新机遇、开创新局面。领导班子要牢记"十项承诺"，各级干部要争当群众典范，敢于担当、甘于奉献、顾全大局、追求卓越，真正做到一级带着一级干，一级做给一级看，争做实干家，绝不当"二传手"。

四是要解放思想，大胆创新。解放思想就是要不断突破固有习惯和主观偏见的束缚，研究新情况，解决新问题。我们每个人都会有思维惯性，甚至是思维惰性，而且随着年龄增长和在同一岗位上工作时间的增加，这种惯性和惰性会越来越严重。这就要求我们在实现"十三五"发展目标的征程中，跳出传统思维的樊篱，反对教条地按老经验办事，倡导结合部门实际和岗位实际，用新理念、新思路、新方法、新手段来解决新矛盾、新问题，主动谋划工作而不是被动完成工作。还要从学院发展大局出发，鼓励创新、宽容失败，允许在创新中失误，但不允许在守成中平庸；允许在发展中提高，但不允许在徘徊中等待。

教职工代表大会和工会会员代表大会制度是广大教职员工参与民主管理、民主监督的基本形式，是推动学院事业加速发展的强大动力。一直以来，教代会和工代会围绕学院中心工作，团结广大教职员工锐意改革创新，稳步推进基层民主建设，积极构建和谐校园文化，坚持维护发展稳定大局，各项工作都取得了可喜成绩。在此，我代表学院党委，向各位代表、工会工作人员以及所有关心支持工会工作的部门和个人，表示衷心的感谢！

学院党委会一如既往地高度重视工会工作，不断加强政治领导，主动研究工会工作的重点、难点问题，把依法治校、从严治党、民主办学有机结合，推动学院事业持续、健康、快速发展；工会要密切联系广大职工，倾听他们的呼声，关心他们的生活，反映他们的意愿，把工会真正建成"职工之家"。家是心灵的港湾，是不需任何理由，永远爱着而总也恨不起来的地方，所有家庭成员要互相理解、互相关心，每一名成员都要心甘情愿地为这个家庭奉献自己的聪明才智，而家庭也要为每一名成员遮风挡雨。部门系部要大力支持、积极配合工会工作，保证广大教职工参与到各项工作的民主决策、民主管理和民主监督中来，进一步推动教代会、工代会制度的成熟完善；各位代表要牢记使命，勇于担当，积极投入学院教育教学的具体实践当中，大胆建言献策，勇于开拓创新，成为"爱校如家、爱生如子"的先锋表率。

  回顾过去，我们拼搏进取，收获满满；展望未来，我们任重道远，信心满满。蓝图宏伟开局好，远征扬帆正当时。我们大家要以本次教代会的胜利召开为契机，用更加解放的思想、更加饱满的热情、更加勤奋的态度、更加务实的作风投入各自工作中，锐意进取、砥砺前行，为圆满完成"十三五"全省高职院校发展进位最快的宏伟目标努力奋斗，用优异成绩向党的十九大献礼！

撸起袖子加油干　拼搏进取谱新篇[①]

经过各位代表和与会同志们的共同努力，河北建材职业技术学院第五届二次教代会暨工会会员代表大会，圆满完成了各项议程，就要胜利闭幕了。这次大会是团结的大会、民主的大会、奋进的大会、求实的大会。会议以习近平新时代中国特色社会主义思想为指导，深入学习党的十九大精神，全面贯彻上级有关职业教育的各项工作要求，坚持凝聚共识、振奋精神，动员全院广大师生员工勠力同心、奋发作为，为实现"十三五"全省高职院校发展进位最快宏伟目标而撸起袖子加油干、拼搏进取谱新篇。会议审议并通过了《学院工作报告》《财务工作报告》和《工会工作报告》。各位代表本着对事业负责、对学院负责的态度，提出许多有价值的意见和建议。会议对学院2017年工作给予高度评价，认为过去的一年在学院党委坚强领导下，学院各项工作都取得了长足发展。解决了一些热点问题，突破了一些难点问题，化解了一些焦点问题，如期完成了"十三五"全省高职院校发展进位最快宏伟目标的年度工作任务。会议认为2018年的工作部署全面具体，思路清晰，目标明确，措施有力，按照这个报告抓下去，学院创新发展一定会迈上新台阶。

过去的一年，我们全院广大师生员工心相印、手相牵、不忘初心、砥砺前行，顺境面前勇前行，逆境面前不退却。坚持在大局下行动，坚持在创新中发展，坚持在总结中提高。学院在各种机构各种排名中位次明显前移，上级部署的各项工作均走在前列，学院党委做出的决策部署有突破、

[①] 本文是2018年4月14日作者参加五届二次教代会暨工会代表大会时的演讲稿。

有创新，总结出了许多工作经验，取得了许多工作成果，广大师生员工对学院的满意度明显提高，社会影响力显著提升。这一成绩的取得是我们始终与以习近平同志为核心的党中央保持高度一致的结果，是坚决落实上级一系列工作要求的结果，是我们坚持一切从实际出发、创造性开展工作的结果，也是全体师生员工共同努力的结果。在此我谨代表学院党委向爱校如家、爱生如子、默默奉献、积极进取的每一位建材人致以崇高的敬意和深深的谢意！2018年是全面建成小康社会的关键一年，是落实党的十九大精神的开局之年，也是迈入新时代、创造新辉煌的起步之年。我院和全国一样也已阔步迈入新时代。新时代要有新气象、新要求、新作为，我们将以习近平新时代中国特色社会主义思想为指导，以贯彻落实党的十九大精神为主线，以推进高质量发展为重点，以改革创新为牵引，以推动重点工作上台阶为抓手，以加强思想政治工作立德树人为根本，以调动广大师生员工积极性为动力，全面加强党的领导，坚持依法治校，不断开创学院改革发展的新局面。

  2018年的各项工作部署已经非常清晰，工作重点已经非常突出，工作措施也已经非常明确。三分战略，七分执行。不落实，再好的蓝图只能是一纸空文，再美的夙愿只能是空中楼阁，所以当前最关键的是抓好落实。抓落实是一种能力，是一种境界，也是完成工作任务的必然要求。一要落实责任。把已经确定的各项工作任务进行分解，明确责任领导、责任部门和责任人；明确完成的时限和工作进展的阶段性目标；明确保障措施、评价标准和奖惩办法；明确督办方式、反馈形式和结果运用。二要突出重点。重点工作具有引领性、根本性和关键性的特征，抓住了重点工作就等于抓住了全局工作的"牛鼻子"，会对全局工作的创新发展起到积极的推动作用。因此学院要明确全局的重点工作，各部门各系部都要明确自己的重点工作。以重点工作的突破带动全局。就学院而言，要把十九大精神进教材、进课堂、进头脑，推进教学诊改，加强校区建设，深化校地合作，推进各项改革、国家省市各种试点等工作作为重点工作。集中力量，统筹协调，全力推进，务求实效。三要加强督导。全局工作全面督，定时了解和掌握各项工作进展情况，总结经验，查找差距，及时解决。重点工作全力督，建立重点工作定期汇报、及时调度、协调推进的工作机制。党委会、院长办公会要定期听取重点工作情况汇报，各分管领导、牵头部门、责任单位要把重点工作牢牢抓在手上，采取过硬措施，确保工作取得成效。

中国梦是实现中华民族的伟大复兴。实现中国梦需要全体中华民族每个人的努力和奉献，我们每个人的梦都和单位、国家息息相关，在每个人圆梦的过程中都在为实现中国梦做着努力和贡献。我们在座的各位都是"建材"的主人，不是看客，"建材"的发展能给我们每个人提供空间和舞台，反过来我们每个人的努力和贡献又能够推动"建材"更好地发展。幸福是奋斗出来的，奋斗本身就是幸福。我们所有人渴望成功，渴望发挥聪明才智，渴望有更大的舞台。新时代的"建材"恰恰给每个人都提供了宽广舞台任尔驰骋。因此我们要以时不我待、只争朝夕的精神状态为实现我院"十三五"全省高职院校发展进位最快宏伟目标而不懈奋斗。领导同志要带头。领导是单位的核心，对事业发展至关重要。作为党委书记我要做带头的表率，我会和全体班子成员以及广大师生员工一道，登高望远绘蓝图，披荆斩棘闯新路，不遗余力谋发展，只争朝夕谱新篇。每位班子成员都要践行"十带头"的庄严承诺，要求大家做到的自己必须做到，不允许大家做的坚决不做。对分管工作要善谋划、重指导、敢担当、争一流，真正担负起一岗多责的责任。中层干部要担当。中层干部是学院创新发展的脊梁和骨干，既是过去成绩积累的实践者又是未来发展的主力军。要一心为公干实事，真抓实干干成事，统筹谋划带队伍，严格自律做表率。职能部门要尽责。各职能部门是全院某一领域或某一项工作的指挥部、参谋部、作战部，必须尽职尽责发挥作用。要服从大局求创新，恪尽职守勇担当，善于协调强服务，敢于拼搏解难题。系部工作要争先。系部是培养高素质人才的主战场，是学院发展的主阵地。要对标先进争一流，千方百计上水平，一心一意为师生，精益求精抓教改。全体教师要奉献。教师是人类灵魂的工程师，是所有人的尊敬者、崇拜者、依赖者，因此我们广大教师应更加自省、自警、自励、自尊。要爱校如家做楷模,爱生如子做榜样,为人师表树形象,终身学习提素质。只要我们不同岗位的人按照上述对应要求做到做好,我们将圆梦自己、奔向远方、求索未来、精彩人生!我相信我们大家一定能够做到,一定能够做好,创造我们各自美好的未来与辉煌!

过去的一年工会工作取得了突出成绩,在服务大局上有担当,在服务职工上有作为,在自身发展上有突破。广大职工代表认真履行职责,积极建言献策,立足岗位发挥作用。新的一年工会组织和工会代表以及全体教师员工都要树立更高的工作追求,善于学习、志存高远、爱岗敬业、追求卓越、拼搏进取、大胆创新、默默奉献,为学院的创新发展做出更大的努力和贡献!

乘风破浪潮头立,扬帆起航正当时!让我们更加紧密地团结在以习近平同志为核心的党中央周围,认真落实党的十九大精神,进一步振奋精神、顽强拼搏、不忘初心、砥砺前行,为圆满完成学院确定的年度目标任务而努力奋斗,为实现中华民族伟大复兴的中国梦而撸起袖子加油干,拼搏进取谱新篇!

奋力谱写新时代建材梦的华丽篇章①

经过全体代表和与会同志的共同努力，我院五届三次教职工暨工会会员代表大会圆满完成各项议程，即将胜利闭幕。这次大会以习近平新时代中国特色社会主义思想为指导，深入贯彻国家和省教育工作会议精神，紧紧围绕创新发展这个主题，各位代表畅所欲言，认真履职，共谋良策。大会开得非常成功，统一了思想、凝聚了共识、形成了合力、振奋了精神，是一次团结民主、求实鼓劲的大会，是一次砥砺奋进、继往开来的大会，必将激励广大教职工立足新时代、开创新局面、再铸新辉煌！

会上，院长作了务实的工作报告，总结工作客观全面，分析形势冷静深刻，部署工作具体翔实，很好地体现了党委意图和全体教职工的愿望。落实好这个报告，对于实现"十三五"全省高职院校发展进位最快宏伟目标必将起到积极的促进作用。

过去的一年，学院工会在院党委的坚强领导下，立足优势、突出特色、守正创新，在职工关爱项目化、活动载体多样化、基层建设规范化、健康教育经常化等方面取得了突出成绩，赢得了广大教职工的拥护和爱戴，受到了上级工会组织的表彰和肯定。新的一年，各级工会组织要紧紧围绕党委中心工作，结合自身实际，选准突破口，奋力推进工会工作再上新台阶。要在凝聚人心、提案办理、品牌打造和自身建设等方面再出新招、再鼓实劲、再建新功。

回顾我们一起走过的2018年，我们有惊喜、有欣喜，为我们取得的

---

① 本文是2019年4月20日作者参加五届三次教代会暨工会代表大会时的演讲稿。

成绩感到由衷的骄傲和自豪。我们解决了多年想解决而没有解决的校区建设问题；我们第一次获得了国家级教学成果奖；我们荣获了全省唯一一个"国家技能人才培养突出贡献单位"荣誉称号；我们在上级12次检查评比中均名列前茅；我们有5项创新工作在全国、全省产生了积极而重要的影响；我们有3项全国试点工作经验得到全面推广；我们的《服务秦皇岛五年行动计划》取得重大突破，成为学院一张亮丽的名片；我们先后迎接了20个兄弟院校来院学习取经扩大了自身影响；我们的工作经验有17家媒体进行了宣传报道；我们获得了各种竞赛奖励和荣誉表彰59项、113人次，等等等等。上述的一切一切，都凝结着全体教职工的智慧和汗水。我们不会忘记那些爱校如家、爱生如子、爱岗敬业、夙夜在公、拼搏进取、默默奉献的人们；我们不会忘记顺境中清醒、逆境中奋进，始终敢于担当的人们；我们也不会忘记立足岗位作贡献、呕心沥血育人才、事争一流当先锋的人们；我们更不会忘记敢为人先解难题、突破创新获佳绩、脚踏实地争荣誉的人们。我们不该忘记的还有很多很多，我们应该记住的也有许多许多。此时此刻，我谨代表学院党委向全体教职工表示真诚的谢意和崇高的敬意！

我们已经进入了新时代，迎来了职业教育发展的美好春天，我们要抢抓机遇、迎接挑战、正视困难、勇往直前。在如期圆满实现"十三五"全省高职院校发展进位最快宏伟目标的基础上，向着"十四五"发展水平进入全省高职院校一流行列、校地合作成效成为全市一流样板、广大师生对学院一流认可、优势项目在全国职业院校有一流影响的"四个一流"更高目标全力奋进！

实现"四个一流"的更高目标，需要党委更坚强地领导，需要各级领导干部更努力地奋斗，需要全体教职工更务实地拼搏。新时代、新挑战、新机遇，在推动学院发展的生动实践中，会为有志于成就一番事业的人们提供更加宽阔的舞台，希望大家认清形势、珍惜机会、负重奋进、砥砺前行。习近平总书记指出"幸福都是奋斗出来的"，奋斗本身就是幸福。每一位教职工都要努力践行习近平总书记"政治要强、情怀要深、思维要新、视野要广、自律要严、人格要正"的"六要"要求，在推动学院"四个一流"建设中作出自己应有的努力和贡献。

一、做"爱校如家"的典范

学院是每一位教职工生存、成长、发展的平台和阵地，也是创造幸福生活、实现人生价值的依托和支撑。因此，我们每个人都没有理由也不应该不倾其所能爱护它、发展它、建设它。爱校如家是爱校的最基本要求，也是最高标准。习近平总书记多次强调"天下之本在家"。家是我们每个人心灵停靠的港湾，是生命追寻的归宿，更是我们倾尽所有也依然心之向往的地方。一要做形象的维护者，要心存敬畏、荣辱与共、不离不弃，立志为学院增光添彩；要身体力行，传播正能量，说有利于学院发展的话，做提升学院形象的事，抵制不利于学院的言论和行为；要顾全大局，无私奉献，坚持学院利益至上。二要做发展的促进者，要善于履职尽责，做事争一流的标兵榜样；要勇于面对矛盾，做化解矛盾的行家里手；要敢于破解难题，做攻坚克难的开路先锋。三要做校风的践行者，同志之间要精诚团结，多欣赏不贬低，多交心不猜忌，多担责不抢功，多支持不拆台，多提醒不吹捧，多表扬不挖苦；要勤奋努力，珍惜每一天，做好每件事，兑现每一个承诺，完成每一个任务，抓住每一个机遇，战胜每一个困难，经受每一次考验；要求真务实，不降低每一项标准，不忽视每一个细节，不放过每一个疏漏，不原谅每一个失误，不允许每一个懈怠；要勇于创新，敢于做"第一个吃螃蟹"的人，敢于做"摸着石头过河"的事，敢于"在无人处辟蹊径"，敢于"把不可能变成可能"。四要做文明的引领者，注重形象文明，仪容整洁，仪表得体，仪态端庄，杜绝陋习；注重用语文明，言语和气，礼乐待人，多用敬语谦辞，杜绝污言恶语；注重行为文明，举止文雅，谦恭有礼，德行相配，遵章守纪。

二、做"爱生如子"的标杆

十年树木，百年树人。享誉世界的著名教育家苏霍姆林斯基说过："要成为孩子真正的教育者，就要把自己的心奉献给他们。"教育是爱的艺术，爱护每一个学生是为人师长的本分，也是作为教师的光荣。我们的许多教职工都已经为人父母，谁都希望自己的孩子拥有良好的教育环境，遇到有爱心、有学识、负责任的优秀老师。由己及人，作为老师，我们要像爱护孩子一样爱护每一个学生，像教导孩子一样教好每一个学生。一要做"偶像"。学识要渊博，既精通专业又知识视野广泛，既通晓现实发展脉络又洞悉历史发展规律，既在业务领域独领风骚又在政治上成熟稳健。品德要高尚，先天下之忧而忧、后天下之乐而乐，勿以善小而不为，勿以恶小而为之，己所不欲勿施于人。技能要高超，敢于叫响向我看齐，敢于说出我就是第一，敢于践行困难面前没有我，敢于做所有难题的终结者。二要做"知音"。要尊重了解学生，善于和学生进行推心置腹的交流沟通，倾听学生的心声，让他们心无顾忌地表达自己的愿望和诉求；要关心关爱学生，善于为学生释难解惑，学习上关心、生活上关爱、成长上关注，让他们身心愉悦地学习和生活；要赏识信任学生，善于发现学生特长和闪光点，因材施教、循循善诱，多些包容，多些信任，多些鼓励，多些赞赏，让他们形成自信、自立、自强的人生品格。三要做"朋友"。要荣辱与共，学生取得成绩时要真诚赞美善意提醒，受到挫折时悉心帮助鼓励关心。要敢于直言，做到说真话不说假话，说实话不说空话。讲究直言的方式方法，既要表达对学生的真诚和良好的愿望又要追求直言达到的效果。要无私奉献，帮助他人不求回报，支持他人不求感激，成全他人不求回馈，赞美他人不求回应。四要做"严师"。对成绩突出发展前景可期的学生要确定高标准重点培养支持，对可塑性较大的学生要严格要求积极成长，对发展空间较大的学生一对一个性制订培养方案促使其跟上队伍。对所有学生要一视同仁、严管厚爱，严格每一项标准，严抓每一项纪律，做好每一项服务。

三、做"爱岗敬业"的先锋

爱迪生说过:"人生在世是短暂的。对这短暂的人生,我们最好的报答就是工作。"一份职业,一个岗位,是一个人赖以生存的基础保障,是一个人展现才华的发展平台,是一个人成就事业的重要支柱。每个人都渴望成功,但每一个成功者的背后都沉淀着无数的艰辛和汗水,而爱岗敬业往往是他们共有的特质。作为高等院校的教育者,我们幸运地拥有了受人尊敬的职业光环,拥有了一份足以安身立命的稳定收入,我们都渴望实现更高层次的人生价值,这就要求大家更好地从"爱岗敬业"做起。一要创一流业绩,做到可比工作走在前,成为团队当中的佼佼者;常规工作出特色,成为突出业绩的创造者;同类业务争最优,成为一流水准的引领者。二要争一流荣誉,敢于在工作中勇闯新路填补空白,敢于打破现有纪录争锋亮剑,敢于挑战最高水平勇夺佳绩,敢于在较高层次、影响重大的活动中展示风采。三要育一流人才,用高尚品德感召学生,培养一流道德品行;用广博学识教授学生,培养一流文化素养;用精纯技能指导学生,培养一流职业能力;用拼搏精神激励学生,培养一流奋进意识。四要出一流成果,要摸清学情、精研教法,创造一流教学成果;要潜心钻研、大胆创新,形成一流科研成果;要总结归纳、提炼经验,争取一流工作成果;要提高站位、把握规律,打造一流理论成果。

习近平总书记指出:"一个有希望的民族不能没有英雄,一个有前途的国家不能没有先锋。"对我们而言,一个有希望的学校不能没有标兵,一个有前途的单位不能没有榜样。让我们携起手来更加紧密地团结在以习近平同志为核心的党中央周围,乘职业教育大发展的东风,走创新之路、扬发展之帆,奋力谱写新时代建材梦的华丽篇章。在奋力谱写新时代建材梦华丽篇章的生动实践中,每个人都要立足岗位、珍惜机会,"撸起袖子加油干",每个人都要创造引以为自豪的工作业绩,每个人都要争当标兵和榜样,每个人都要成就自己的人生精彩,用我们创造的辉煌业绩向祖国七十华诞献礼!

立德树人

本部分是作者结合岗位职责，完成立德树人根本任务，为不同人员进行素质能力提升培训的演讲稿，突出思想性、现实性、可学性和务实性。

作者于 2015 年 10 月到河北建材职业技术学院工作。2016 年 3 月 20 日在全院广大师生解放思想大讨论会议上作了主题发言。总结了过去的工作，分析了面临的形势，提出了发展目标，描绘了未来蓝图，明确了工作重点和保障措施。通过广大师生的共同努力，欣喜地看到，许多设想变成了现实。

解放思想　主动作为　迎难而上　创新发展 为实现"十三五"全省高职院校发展进位最快宏伟目标而努力奋斗

今天，我们召开全院教职工大会，主要任务是推进解放思想大讨论活动，动员全院教职工解放思想、主动作为、迎难而上、创新发展，为实现"十三五"全省高职院校发展进位最快宏伟目标而努力奋斗！确定这样一个目标是对历史全面反思，对未来深刻分析，对上级精神认真领会，对学院现状客观判断，本着实事求是必须通过付出极大努力才能实现而且能够实现的原则而作出的既积极又慎重的抉择。所谓实现全省高职院校发展进位最快宏伟目标，就是上级提出的各项工作要求必须走在前列，学院党委做出的各项工作部署要有突破、有创新、出经验、出成绩，在各种机构用各种方法排名中位次明显前移，广大师生对学院的满意度明显提高，社会各界对学院的认可度以及学院在社会上影响力明显提升。下面结合认真学习上级有关精神、联系我院实际，就学院发展的一些重大问题讲六点意见，供同志们研究、思考、落实。

一、认真总结回顾学院的发展历程，把积累的工作经验转化为实现发展进位最快宏伟目标的宝贵财富

认真总结过去才能很好思考未来，只有不忘历史才能创造新的历史。历史是一面镜子，能给我们以启示，也能给我们以力量。我们学院始建于1978年，前身是国家建材总局秦皇岛玻璃工业技工学校，是改革开放初期省内首批自主培养科班玻璃技术人才的摇篮。1985年改建国家建材局管理干部学院秦皇岛分院，一直是国家部委所属学校。1998年划转河北，成立河北建材职工大学，坚持立足建材、服务河北的办学理念，在河北乃至全国建材、建筑相关行业发展中留下了浓墨重彩的一笔。2001年，河北建材职工大学改建为河北建材职业技术学院，形成了以高职教育为主体、职业培训为增长点、联办远程网络教育为延伸的办学格局。为省市生产、建设一线培养了数万名管理和技术人才，被中国教育科学研究院和全国高职高专协会评为"中国十大特色高职院校"，在教育部人才培养工作评估中获得优秀等次，实现了全面跨越式发展。

38年来，学院经历了从无到有、从小到大、从弱到强的发展历程，从一个培养技工人才的学校发展到培养高职高专人才、在河北乃至全国建材行业有一定影响力的高等院校，这凝结着建材学院几代人的辛勤汗水和集体智慧，同时也积累了推动学院发展的工作经验：一是必须与时俱进地确立正确的办学方向并持之以恒地坚持；二是必须坚持党委领导下的院长负责制；三是必须坚持把培养高素质人才放在首位；四是必须坚持开放、创新、合作、多元的工作理念；五是必须坚持把培养和造就一大批管理人才和优秀教师队伍作为工作重点。从学院的发展历史看，我们曾经创造过令人骄傲的辉煌，也取得了让我们铭记于心的工作业绩，但也有一些教训需要认真地汲取。但更为重要的是我们积累的这些工作经验，这是建材几代人大胆实践、不断凝练的结果，也是我们实现发展进位最快宏伟目标的宝贵财富，我们要倍加珍惜、弘扬光大，在未来的工作中予以借鉴，使之成为我们推动各项工作的一把利器，成为实现发展进位最快宏伟目标的精

神动力和力量源泉。

二、准确把握研判学院的发展机遇和挑战，增强实现发展进位最快宏伟目标的自觉性、主动性和责任感、使命感、紧迫感

任何时期、任何单位发展都面临一定的机遇和挑战，把握好了机遇可能转化为优势甚至是胜势，否则也可能成为挑战；挑战应对得得当，也可能转化为机遇而且成为跨越发展的突破口。我们建材学院发展到今天，也毫不例外地面临诸多机遇和挑战。机遇必须牢牢抓住，挑战必须积极应对。我们面临着四大机遇：一是创新驱动战略的实施。十八届五中全会首次把创新驱动战略明确为"十三五"五大发展战略之首，这就为培养人才的高等院校成为推动发展的主力军奠定了坚实的基础，因为创新驱动的关键在人才。尤其是京津冀一体化发展成为国家战略，必然为河北的发展包括河北高校加快发展提供强有力和持续的动力。二是国家对高校支持力度的不断加大。当前国家采取多种措施，把职业教育发展放在突出位置强力推动，特别是提出了到2017年生均拨款不低于1.2万元的财政支持。这对于我们加快改善办学条件，加强各种硬件建设，集中财力办一些过去想办而办不成的大事，放大优势补足短板成为可能。三是建校38年来取得了弥足珍贵的工作经验。我们已总结了五点工作经验，这些经验运用得当将成为我们宝贵的财富。加之比较成熟的办学理念、办学模式以及拥有一批优秀教师队伍等，都是我们不可多得也不可或缺加快发展的资本。四是全面建成小康社会、精准扶贫攻坚成为全党的中心工作。这对我们职业院校举办继续教育、培训农村转移人口等提供了广阔的市场，对于我们适时拓宽培训领域、范围，创新培训方式、扩大学院社会影响、服务地方经济提供了新的切入点。

在看到机遇的同时也必须清醒地看到挑战：一是普通本科院校向应用技术型职业院校转型。目前，全国已有六百多所院校开展了转型试点工作，河北也有十所院校名列其中。普通本科院校不论从办学历史、硬件条件，还是教师队伍、科研能力等都比我们具有很多优势和特点，加之社会的影响力和社会的认可度我们都无法比肩，这对我们目前招生和就业都面临一定困难的学院来说会是雪上加霜。如果一所院校招生难、就业难集于一身时，学院不用谈发展，就是生存都会极端困难。二是学院存在的薄弱环节和短板。我们学院的硬件建设严重滞后，招生、就业困难凸显，科研能力、创新能力明显偏低，特别有些办学指标已经到了亮黄牌甚至亮红牌的程度，历史欠账多、工作短板多、管理人员和教师队伍思想不解放，追求卓越争创一流的氛围不浓厚，等等。这些问题的存在为我们"十三五"有突破性的发展带来了不可低估的挑战。

在清醒认识机遇和挑战的基础上，我们要增强信心，只要我们付出努力，我们的目标完全能够实现。因此，我们要进一步增强实现发展进位最快宏伟目标的自觉性、主动性和责任感、使命感、紧迫感。所谓自觉性，就是要在思想上增强对所从事工作的认同感，情感上加强对所从事工作的荣誉感，行动上秉持一种慎独精神对待工作，无须他人督促，不用纪律苛责，明确长远目标，厘清阶段任务，以强烈的责任心和职责意识脚踏实地地对待工作。所谓主动性，就是要把工作看成是自己的事而非学院的事、他人的事，在学院宏伟目标的指引下，从实际出发，不循规蹈矩、不呆板教条，将目标实现分解为适合个人情况、部门情况的阶段性、个性化目标，合理预期困难与结果，主动采取符合实际的方法，依靠多次主动行为实现最终目标。所谓责任感，就是要有一种自觉主动做好分内分外一切有益事情的精神状态，工作中端正态度、严格律己、拒绝理由、不讲借口、止责于己、勇于担当，抛弃"打工心态"而抱有"老板心态"，注重小事，严抓细节，高效执行，注重落实，着眼全局，对院负责。在这里，我要求大家要心怀感恩，无论在工作还是生活中都要勇于担当，一个有责任感的人才有可能活出精彩。所谓使命感，就是知道自己在做什么以及这样做的意义，无论任务有多难都有一定要完成的信念，不仅有做好分内分外事的精神，更要有一定要完成的信念，不仅要完成而且自觉要求完成得更出色。在完成工作的过程中，不仅不能有怨言而且要充满荣誉感与担当自豪感，不要把工作视为一种压力与痛苦，而应源自内心地将其视为一种自我实现的方式与途径。所谓紧迫感，就是要清楚地认识到我们建材学院当前所面临的严峻局势，深刻洞悉在当前局势下面临的危机，制订切实可行的危机处理方法，以时不我待的精神和舍我其谁的勇气，扛起实现发展进位最快宏伟目标的艰巨任务，要居安思危，忘记过去的荣誉，向上奋进、向前看齐，要树立危机意识、保持清醒头脑、主动谋划、及时行动，要关注大局、关注未来，集中精力办大事、办正事、办实事、解难事。

三、科学确定党委工作职责和推动学院发展的工作原则，确保发展进位最快宏伟目标如期实现

推动学院全面发展，全院广大师生都有义不容辞的责任，都应齐心协力付出每个人的艰辛努力。但院党委起着举足轻重的作用，因为党委是领导核心，是全院广大师生的主心骨。充分发挥党委以及每名党委成员的作用就必须明确工作职责和工作原则，从而形成党委统一领导、班子成员各负其责、重大事情集体决策、日常工作协调推进的良好局面。

根据高校坚持党委领导下院长负责制的要求，党委应认真履行好六项具体职责：一是把方向。学院党委要始终保持学院按照正确的方向不断阔步向前，始终与以习近平总书记为核心的党中央保持高度一致，始终认真贯彻落实习近平总书记的系列重要讲话精神，始终坚持按客观规律办事、依法治校、科学治校，不断推动学院健康、平稳、可持续发展。二是聚合力。就是要采取各种方法，利用各种手段，调动各方力量，把全院广大师生的力量凝聚到实现发展进位最快宏伟目标上来，把广大师生的心紧紧贴在一起，心连心、手拉手、不畏难、永向前，创造辉煌的业绩。三是出主意。学院党委要领导和引领全院广大师生共同攻坚克难，对各项工作特别是重大工作要亲自出谋划策，做好顶层设计，对于广大师生的困惑要善于并勇于答疑解惑，所出主意要科学、可行、务实，还要努力让大家理解党

委意图，使大家在统一认识的基础上行动更加自觉。四是解难题。要敢于带头解决深层次的矛盾和问题，对于棘手问题要敢于碰硬，党委解决不了的问题不能上推下卸，要敢于承担责任，要有解决问题的韧劲和长劲，有达不到目的誓不罢休的勇气，要在不断解决难题中树立威信，在不断化解矛盾中推动发展。五是用干部。正确路线确定之后，干部就是决定因素。党委要有识别人的慧眼，要有评价人的水平，要有重用人的魄力，要有管理人的方略，要有培养人的热情，要有求贤若渴的激情，要有不拘一格降人才的胸怀、要有在合适的时候把合适的人提拔到合适岗位的胆略、智慧和勇气。六是强保障。党委要对确定的宏伟目标如期实现提供强有力的保证措施，要提供思想保障、制度保障以及干部队伍的保障等，确保学院发展方向不偏、发展后劲十足，充满无限的生机与活力，朝着既定的目标大踏步前行。

工作中应坚持四项原则：一是坚持问题导向。就是要形成发现问题—分析问题—解决问题的良性循环。发现问题是前提，分析问题是关键，解决问题是目的。这种往复不断的循环就推动了各项工作的深入开展。发现问题要在和上级要求对比中找问题，要在对标先进中找差距，要在群众期盼中找不足；分析问题要站位全局找原因，要立足长远找方法，要遵循规律出实招；解决问题要重实效、建机制、管长远。二是坚持以上率下。就是要领导带头、群众紧跟、相互配合、干事创业。领导带头就是各级领导干部时时、处处、事事起模范带头作用，一级带着一级干、一级做给一级看；群众紧跟就是强化看齐意识，下级机关和同志向上级机关和领导看齐，时时、处处、事事不落后，一级跟着一级干、一级向着一级学；相互配合就是领导和同志之间相互理解、相互关心、相互支持、相互提醒、相互监督、相互学习，在尊重中学习、在学习中工作、在工作中奉献、在奉献中成长；干事创业就是要上下同心为实现"十三五"全省高职院校发展进位最快宏伟目标扎实奋进，一步一个脚印，一天一个进步，每个人都发挥出自己的聪明才智，实现自己的人生价值，谱写自己和学院辉煌的篇章。三是坚持顶层设计。学院推动各项重大工作，特别是创新工作都必须在调查研究、解放思想的基础上制订一个切实可行、科学务实的工作方案，确保有序推进。制订工作方案要吃透上级精神、掌握自身情况、广泛征求各方意见并借鉴先进经验。工作方案应包括指导思想、工作目标和任务、重点举措、完成时限及要求、责任要求及落实主体和奖罚措施等要素。方案要具体、可操作。工作方案一经确定就要认真落实。党委不但要加强领导而且要加强指导，及时跟踪方案落实情况并能及时解决执行中的各类问题。要加大工作总结的力度，善于把个性问题的解决经验、方法、策略、理念运用到共性问题的解决上来，举一反三、建章立制、形成规范。四是坚持创新发展。创新是为了发展，发展能够推动创新。创新是一个民族进步的灵魂，也是发展的不竭动力。我们只有牢固树立创新发展的理念，才能推动学院工作科学发展。坚持创新发展首先是持续不断地推进解放思想，用思想不断解放为创新提供不竭的思想动力；其次要在理论创新、思想创新、管理创新、制度创新以及科技创新方面有所作为，把创新成果及时转化为发展成果；最后要营造有利于创新的浓厚氛围，鼓励创新、宽容失败，可以在创新中失误但不允许在守成中平庸，可以在发展中提高但不允许在徘徊中等待。要树立创新光荣、创业伟大、创优崇高的新理念，让这一理念深入人心并成为大家的自觉行动。

四、奋力破解学院发展中的难题，以扎实工作业绩为实现发展进位最快宏伟目标夯实基础

推动学院发展有许多工作要做，我们必须立足当前、放眼未来、攻坚克难，着手解决一些制约学院发展的根本性、基础性和决定性的难题，以重点问题的解决带动全局。

一要着力推进校区建设并逐渐取得实质性的成果。目前，校园面积不够问题已严重制约和影响了学院的健康发展，已成为全院广大师生高度关注的重大问题，也是省教育厅和市委、市政府极为关心的问题，同时也成

了困扰我院十几年的老大难问题。这个问题已经到了非解决不可的时候。如果再不解决好不仅简单是影响学院发展的问题,而且将失去广大师生热爱学院这颗真心。从某种意义上讲,我们已经失去了解决问题的最佳时机,但我们不能抱怨,更不能有畏难情绪,要勇于承担责任、扛起担子。我们要从实际出发,确定工作思路,主要领导带头发力,最大限度地争取省教育厅和市委、市政府的大力支持,依靠全院力量,力求尽快取得突破性进展。我们必须看到困难,解决这个问题不完全是学院自身能够主宰的,究竟什么时间有怎样的进度,我没有能力在这里向大家承诺,但我能承诺的是,在推进力度上我们会不遗余力,会摆在重中之重位置去谋划、去安排、去部署、去推进,不能让这种遗憾继续传递下去。在实际工作中,我们坚持多干少说的原则,如果说了而做不到会让大家失去信心,不说或者少说不等于我们不努力、不拼搏、不用心。院党委已经作了专题研究,达成了共识、形成了合力,我和班子成员正在努力推进。我们会在适当的时候向大家通报情况,解决这个问题也需要我们大家一起努力。

二要着力"补短板"推动学院在各种排名中位次前移。虽然有些排名不一定科学,也未必有权威,但学生家长和学生对此深信不疑,对于招生影响重大。我们务必引起高度重视,采取有力措施,本着积极推进、量力而行、由易到难的原则持续解决问题,使学院的排名逐渐前移。首先要研究各类机构排名的指标体系,搞清楚我们学院优势在哪儿、劣势在哪儿,哪些指标是暂时做多少努力都无法改变的,哪些指标是经过努力有可能改善的,这些都要做到心中有数;其次要把能提高的指标细化到具体工作项目,落实到有关领导和部门,提出明确的改进措施和要求,列入每一年的工作重点之中去谋划、去推动;最后要加大考核力度,把解决这些问题列入考核的重点内容去督办、去考核、去奖惩。同时要在解决难题中去识别干部、选拔重用干部、培养干部。在做好各项指标提升工作的同时要高度重视对学校产生良好影响的重大活动、重大赛事、重要举措等的组织、推动和宣传力度,让我们学院在社会上的影响力和认可度逐步得到提升。

三要着力提高人才培养质量。学院发展的根本和核心是培养大批高质量的优秀人才。要牢固树立并践行"一切以学生为本、以教学为中心和质量是生命线"的理念；要抓好师资队伍建设，创造条件引进高学历、高水平的优秀人才，加大对现有教师培养提高力度，努力做到业务能力提高和师德培育并重，把优秀人才引导到讲台上，调动广大教师的积极性和创造性；要搞好专业建设，从自身优势出发，培育特色专业、品牌专业，适时淘汰没有发展前途的专业，设立符合未来发展方向的新专业；要抓好课堂建设，重点是推进教学内容和教学方法的改革，最大限度地强化学生能力的培养，引导学生将知识用于解决实际问题当中。当务之急是解决提高学生的听课效率问题，以有效课堂建设为载体，让学生在课堂上坐得住、听得进、有收获；要抓好质量监控体系建设，发挥学术委员会作用，建立由督导、系部、同行、学生、企业等共同参与的人才培养监控体系，加强对教学过程和教学质量的考核评估。

四要着力提高管理水平。管理是科学、是艺术，管理得当能释放活力、推动发展。要坚持依法办学，完善学院章程，规范办学行为，保障学院和师生的合法权益；要不断坚持和完善党委和行政议事规则与决策程序，认真坚持民主集中制，充分发挥教代会和职工的作用；要完善和坚持学术委员会制度，充分发挥专家、教授在专业建设、学术研究、教学管理和学院发展方面的参谋和咨询作用；要改革学院内部管理体制，积极推进院系两级管理模式，调动系部工作的积极性、主动性和创造性；要强化精准管理、精细管理，管理工作要从大处着眼、小处着手，提高日常管理工作的时效性。

五要着力推进校地、校企合作。发挥区位优势和行业优势，要把服务秦皇岛和建材行业作为合作的两个重点；要充分发挥我院人才智力优势和专业优势，扬长避短，有组织、有针对性地加快推进合作，当前应重点抓好和市工商联、公交公司以及太平洋保险公司等的深度合作；要在重点合作取得突破的基础上，出台并实施建材学院《服务秦皇岛五年行动计划》，全面谋划和推进多领域、多行业、深层次的合作；要充分发挥建材职教集团的引领作用，举办各种技能赛事活动，提高行业水平，通过推动校地、校企合作，促进地方和行业经济社会健康发展，提高建材学院在社会上的影响力和赞誉度，展示全院广大师生风采，提高广大师生的实践能力和授课水平。

六要着力推进现代学徒制试点工作。我院是教育部批准的试点单位，这是我院经过付出艰辛努力才争取到的一项光荣任务。对于推进高职教育深化改革和提高我院办学能力意义十分重大而深远。要高度重视、精心组织、强力推进。要制订工作方案，明确目标、明确责任、明确工作任务，奋力推进；要和政府有关部门加大沟通力度，制定相关政策予以支持；要选定专业和开展合作的单位，提出用人招生计划，力争今年招生有一至二个班开展现代学徒制试点工作；要加强对现代学徒制试点工作的研究，充分认识这是高职教育和用工制度的一次重大改革，必须解放思想，改变原有办学模式、攻坚克难、大力度地解决试点工作中遇到的各种难题和困难。

七要着力做好招生就业宣传工作。招生是办学的前提，没有学生就没有学院存在的必要和可能。就业是办学必须解决好的问题，做好就业工作也会促进招生工作，两者相得益彰、相互促进。做好招生和就业工作关键在提高办学质量，但在办学质量一定时创新招生和就业工作也会收到事半功倍的效果。做好招生工作必须让有可能报我院的学生和家长全面了解学院，而做好就业工作不仅要让用人单位了解我们的学生而且要让学生全面了解社会对人才需求情况。因此，不论做好招生工作还是做好就业工作，都必须加大宣传力度。高度重视招生时集中的宣传工作是必要的，但也应重视日常的宣传工作。做好宣传工作要努力做到多渠道、多角度、多层次。要利用政务信息宣传学院解放思想、创新发展的工作举措及取得的重要成效；利用各种媒体宣传学院涌现出的先进人物和先进事迹，宣传改革发展中的重大成就；利用在校生和毕业生对外宣传他们对学院的理解和赞誉。在加大宣传力度的同时，要注意搭建平台、丰富载体、组织各种对接活动等推动招生和就业工作。

五、以强的队伍、严的作风、硬的制度为实现发展进位最快宏伟目标提供坚强保障

再美的蓝图需要我们励精图治才能绘就,再远的目标需要我们一步一个脚印地去实现,再实的举措需要我们一招一招地去落实。因此我们要强化保障措施,确保准时实现宏伟目标。

一要加强干部队伍组织建设。一是把好选人用人关,坚持正确的用人导向,坚持"德才兼备"的原则,适时把那些政治素质高、业务能力强、有思想、讲奉献、敢担当的优秀人才选拔到重要领导岗位上来。加大对优秀年轻干部的选拔培养力度,为年轻干部脱颖而出创造环境。坚持"能者上、平者让、庸者下"的用人机制,形成人人思进取、创佳绩、争一流的生动局面。二是做好干部的考核工作,坚持"注重实际、群众公认、客观公正、简便易行"的原则,完善考核内容、改进考核方式、创新考核方法、强化考核结果的运用。努力把政绩突出、爱岗敬业、勇于创新、为院争光的人和事凸显出来,解决唯分数、靠关系、不进取依然能获得好评的老大难问题。三是做好干部的培养工作,核心是抓党性教育,强化宗旨意识和公仆意识。基础是抓道德建设,强化品德修养。关键是抓能力建设,提高学习能力、总结能力、发现问题和解决问题的能力、创新能力、协调能力以及执行能力等。重点是提高干部的战略思维、理论水平、世界眼光和科学决策水平。

二要加强干部队伍作风建设。作风建设永远在路上。要坚持自律和他律相结合,提倡"严、细、深、实、快"的工作作风,各级干部要做到靠前指挥,发现问题在一线、解决问题在基层,要努力做到心系师生、心系发展、心系学院、心系未来。要努力做到在大事、关键上有原则,保清醒,在小事、细节上不放松,有坚守,作风建设要常抓不松、常抓不懈,建立作风建设长效机制。

三要加强制度建设。抓制度就是抓根本、抓长远、抓基础。首先要制定和完善科学合理的制度,各部门要对本职工作进行梳理,没有制度的要抓紧建立，不能出现制度真空，有制度的要进一步完善，把不合理、不到位、不科学的制度进行修订、完善，力求各项制度科学、适用、有效；其次要强化制度的刚性，制度一旦制定就必须按制度办事，合乎规定的及时快速办理，不合乎规定的坚决不办；再次要加强对制度执行情况的监督考核，对于严格按制度办事的要给予鼓励、支持和表扬，对于不按制度办事的坚决制止、追究和处理，要把制度的执行情况纳入干部考核内容之中，严格考核、严肃奖惩。

四要加强党风廉政建设。认真履行党委的主体责任和纪委的监督责任，坚决保持高压态势，持续推进反腐败斗争，努力实现不敢腐、不能腐、不想腐的目标。要坚持把纪律和规矩挺在前面，从严执纪，立足常教育、早提醒、多防范。不断加强廉政教育和警示教育，建立并坚持谈话提醒制度，努力推动高质量的民主生活会向基层党组织延伸，不断建立反腐败和党风廉政建设长效机制，进一步强化各级党员干部的"政治意识、大局意识、核心意识和看齐意识"。

六、认真抓好解放思想大讨论活动，为实现发展进位最快宏伟目标提供精神动力

按照省委全省解放思想大讨论活动延长至2016年年底的要求，学院党委对全院大讨论活动进行了专题研究，重新制订了工作方案，今天又召开专门会议进行安排部署，希望大家把思想统一到省委、省教育工委和学院党委的统一要求上来，抓好、抓实、抓出成效。

一要高度重视。充分认识开展解放思想大讨论活动的重要性、必要性和紧迫性，把解放思想大讨论活动摆上重要位置，坚持统一谋划、统一部署、统一推进。要把大讨论活动和推动学院的日常工作紧密地结合起来、和群众路线教育活动取得的成果运用紧密地结合起来、和巩固巡视工作取得的成果紧密地结合起来、和推广"三严三实"教育活动取得的工作经验紧密地结合起来。

二要明确目标。通过开展大讨论活动，要取得实质性的重要成果。学院未来的发展目标、发展重点、发展举措进一步明确并成为广大师生的自觉追求；学院的校风、校训、学院精神等学院的核心文化进一步明晰并成为广大师生的自觉践行的实际行动；涌现出一大批给学院带来重大荣誉、扩大影响的先进集体和个人；学院各级存在的突出问题彻底查清逐一得到破解并取得实实在在的成效；教职工的思想得到巨大解放，精神面貌焕然一新，主人翁意识得到强化；学院发展取得新突破、新气象、新局面，各项工作迈上新台阶。

三要精准发力。抓好深入学习这个基础，树立终身学习的理念，精读习近平总书记系列讲话，认真钻研指导高职高专院校发展的新理论，领会省委省教育工委以及市委、市政府关于加快高职高专院校发展新的精神；抓住查找问题这个关键，查找问题要不护短，要找主观问题而不是客观问题、要找自身的问题而不是他人的问题、要找现在的问题而不是过去的问题、要找关键的问题而不是表面的问题，要列出问题清单，明确整改时限；要抓实破解难题这个重点，根据列出的问题清单，按照先易后难、先重大后一般的原则做出破解计划、明确责任主体、工作目标以及具体举措，一个难题一个难题地破解，务求取得实效；要抓住建章立制这个核心，破解难题要坚持系统性、科学性和实效性，在总结破解难题的工作经验中摸索工作规律，用制度的形式把解决问题的好经验、好做法、好机制明确下来，建立解决问题的长效机制。

四要加强领导。党委要加强对大讨论活动的统一领导和指挥，主管领导要积极谋划，强力推进，各班子成员要抓好分管部门的工作，各部门主要负责人要对本部门的工作负总责，亲自抓，全院广大师生要积极参与、主动作为，在全院上下形成人人思想不断解放的生动局面；要加强督导和协调，及时召开各种会议进行推进，交流经验、取长补短、互相促进，要选树一批解放思想大讨论工作抓得实、抓得紧、抓得好，成绩突出的先进单位和个人，进行大张旗鼓的表彰；要加强舆论宣传，营造解放思想的浓厚氛围。

学院实现"十三五"的宏伟目标已经确定，发展美好蓝图已经描绘，工作重点和工作举措也已经明确。让我们全院广大师生紧密地团结起来，万众一心、众志成城、顽强拼搏、殚精竭虑、夙夜在公，为谱写建材学院发展新篇章、实现在全省高职院校中发展进位最快的宏伟目标而不懈奋斗！

不要把这些遗憾留在你的大学[①]

今天是 11 月 16 日，转眼间大家进入大学已经有两个月了，不知道大家对自己在学习生活中的表现是否满意。有人说大学是一场没有彩排的舞台剧，散场时每个演员都有遗憾。你们上几届的师兄师姐在毕业时总结了一些遗憾和无奈，委托老师把这些转告给大家，希望到你们毕业时，不再留下这些遗憾。

一、没有把握那些可以让自己变得更好的时间和机会

大学是人生中承上启下的一个特殊阶段，它给了大家一个缓冲的空间，让你们在完全踏入充满竞争的社会之前，能有一个集中成长的机会。在大学里，你们还没有太大的生活压力。这里有只要几百块钱就可以住上一年的宿舍，有可以在交通、旅游等很多场合享受半价待遇的"神奇证件"，有只要你想听就可以听到的本系和外系的各种课程，有只要你想问就会毫无保留为你答疑解惑的老师，还有不计成本和收益支持你们实现创新梦想的创业基地。这些特殊的"优待"，出了大学恐怕不会再有。

对于每个人来说，时间是一样的，机会是均等的。再没有一段时间，可以像大学阶段这样任你支配；也再没有一个单位，可以像大学这样包容你的失败和任性。在大学里，你们还有本钱犯错。如果说在大学里犯错是摔伤，那么在社会上犯错就可能会挂掉。所以希望大家抓住这个机

[①] 本文是 2016 年 11 月 16 日作者为 2016 级新生讲授思政课的整理文稿。

会，从容地建立起自己的优势，然后强强壮壮地走向社会。只有你对得起时间，时间才会对得起你，只有你珍惜了机会，成功才有可能对你青睐。希望大家珍惜这段不可回溯的时光，你本可以不迟到，本可以不逃课，本可以不挂科，本可以选择接本，本可以满载而归，你本可以变得更好……

二、没有深入地学好自己的专业

从个人的成长来说，"专业"是同学们进入大学才经常听到的一个词。大家在小学和初中所学的课程基本是相同的，到了高中也顶多会分出文理科，但到了大学开始有了专业的划分，你的学习开始有了特定的方向，你最基本的职业素养将会在大学里形成。只有经过专业的学习，你才会具备成为专业人员、职业人员的可能。设想一下，将来老板问到应该如何提高公司业绩的时候，学过财会类专业的同学起码会知道业绩反映在财务报表里，看财务报表的哪些指标反映了业绩，以及那些指标之间的联系，然后提出一些能够改进这些指标的建议，这样老板的问题就会得到解决，你的饭碗也就保住了。但如果把这个问题抛给高中生，你可以想象一下他的答案。

你在选择了一个专业的同时，也选择了一类专门的职业技能、一种独特的思考方式。同学们现在是大一，接触的还只是一些公共课和少数的专业基础课，但到了大二，你可以拿自己最基本的专业常识去问其他专业的同学或老师，他们往往答不上来。隔行如隔山，这就是职业的差别，也可能是你未来安身立命的根本。和不懂专业的人群相比，你能够轻松看懂的图纸他们看不懂，你能够轻松完成的操作他们做不到，你能够钻研解决的问题他们解决不了，这就是你的优势，这就是你的能力！大学是一个掌握精专的专门知识技能的阶段，在酣睡里、游戏里、无所事事里，大把光阴就这么流走。一些人学习了三年依旧浑浑噩噩，在对自己的专业知之甚少甚至一无所知的情况下，就随波逐流地涌入就业的人潮。

三、没有不为考试纯为兴趣旁听过任何一门课程

在不断被"功利"心波及的大学校园里，课程本身好像变得越来越微不足道。有的同学甚至不关心一门课学什么内容，反而更在意这门课考试好过吗？会挂吗？老师每次都点名吗？在必修学分都无法从容完成的时候，不为学分可能是奢求，但至少有一次，没有作业、考试、学分负担地走进一个教室，认真听听心仪的老师到底想要传达些什么。没有标画重点，没有考试范围，用两个小时的时间去触摸尽量多的知识，去开启尽量多的机会，去探索尽量多的可能性。或许你在某个教室门口驻足的几秒钟会改变你人生的方向！

苹果公司的创始人乔布斯大学时因为家里经济困难被迫辍学，他只能悄悄到人比较少的教室里去听一些其他人不太愿意参加的课程。他悄悄溜进教室学到的是瑞德大学的美术字课程，乔布斯就在这门课上学到了怎样去写出漂亮的美术字，他学到了一些漂亮的字体，学会了怎么样在不同的字母组合之中改变空格的长度，怎样才能做出最棒的印刷式样。在当时看起来，这些东西在乔布斯的生命中，似乎没有什么实际应用的可能。但是十年之后，当乔布斯在设计第一台苹果电脑的时候，就不再是那样了。他把当时学到的字体都用到了当时的苹果电脑，那是当时美国第一台使用了漂亮的印刷字体的电脑。如果不是旁听美术字的课程，也不会有乔布斯后来的传奇故事，也就不会有现在全球知名的苹果公司。

四、没有勇敢地向老师请教一次问题

大学的学习不再是以往的填鸭式教学，更多的是思想的碰撞和技能的传承，学习中遇到问题是再正常不过的事情。许多同学担心自己的数学和英语基础不够好，有了问题听不懂也不敢问，其实这没有什么可怕的。提问只能说明大家思考了、上进了，在大家都在迷茫时勇于提出问题的人是值得尊敬的。所以，不要不好意思提问，没有人会笑话你们，只要你们能

做到，你们的老师就一定能够做到，在我们学院，"爱校如家、爱生如子"绝不会是一句空话。

其实一次提问不能解决你全部的疑惑，但能够改变你面对问题的心态。我以前也这样，不要说主动地问老师，就连老师随机提问的时候我都在祈祷千万不要点到自己。不去提问，可以找到很多的借口，比如不屑问、没空问、不知道怎么问，等等等等，其真正作祟的，是内心深处的那一丝胆怯和自卑。但我知道这样逃避不行。社会这么大，以后自己要面对的太多，现在你们面对的只是人生的一小部分，如果现在逃避了以后将面对更多。一次提问，就可能让人建立起胜利的信心，但如果连提问的勇气都没有，那就只能成为别人发展奠基的铺路石中的毫不起眼的一个，无声无息，从生到死。如果不甘心，那你就早一点提出大学的第一个问题。

五、没有到图书馆好好地读上一些书

图书馆是大学文化的一种标志，它是一种求知精神的象征，没有进过图书馆的大学生活应该说是不完整的。大学时期可能这是你一生中最好的读书机会，很多书现在不读，一辈子可能就再也没有机会去读了。虽然不是每本书看了就一定有用，但是，因为你不知道究竟哪本书以后会用到，所以就会多看书，并且抛弃那些过于功利的想法。尽管每次网到鱼的不过是一个网眼，但要想捕到鱼，就必须要编织一张网。

大学三年，你应该至少有一次沉浸在书里。曾经有人说我们图书馆里有意思的书太少，但老师问图书馆有几个书库，他不知道；图书馆有几个阅览室，他也不知道；怎么从图书馆借出来一本书，他还是不知道；甚至连图书馆在教三的哪一层，他都不知道。所以在没有真正走进图书馆之前，不要凭着猜测和传言妄下定论，真正在图书馆的阅览室里沉心静气地读上一本书，可能就会有全新的视野在你的头脑中敞开，走出图书馆时，你的人生可能已经不同。我可不想再有同学到毕业时告诉我，关于图书馆，你仅仅知道它在第三教学楼。

六、没有学会独立认真地思考和总结

到了大学,同学们的第一感受可能是自由,没有人督促作业,没有人催促起床,许多事情都自己可以做主和支配。但大家接下来面对的可能是迷茫,自己的每一天、每一周、每一个月究竟该怎么过,你们真的想好了吗?如果仅仅是别人干什么我也跟着干什么,那么按部就班地过了一天又一天,自己都不知道自己到底在干什么。"行成于思毁于随",到了大学,你们应该学会独立地思考,对事对人要有自己的判断和主见,多思考,多总结,才会在未来有所收获。

在湖南省长沙市的中南工业大学曾经有两个学生,一个叫李盛,一个叫刘立荣,两个人是同班同学。最早李盛爱下围棋,刘立荣就跟他学。刚开始,李盛棋艺占优,刘立荣从来就没赢过。但是,刘立荣每次下棋时都认真思考,李盛却认为下棋就是打发时间,总漫不经心。这样一个学期下来,刘立荣的棋艺居然反过来比李盛高出一大截,能让他3子了。李盛很纳闷地问:"你怎么提高得这么快?"刘立荣说:"你下棋根本不思考,怎么能有进步……"现在刘立荣成了金立集团老总,创造了15亿的资产,而李盛依旧过着朝九晚五的打工生活。所以,学会独立认真地思考和总结是成功的第一步,我不知道同学们以前是不是愿意思考问题,但从现在开始努力,一切还来得及。

七、没有主动参加过任何一个社团组织

大学就是这个社会的缩影,是一个进入社会之前的演习期。大学之所以被称为小社会,更多地体现在学生会、学生社团等组织的工作和交际之中。社团组织是一个特别能锻炼能力和情商的地方,甚至可能是你未来工作的预演。你要用自己的双眼,去真切地阅读如何能举团队之力去完成一个项目、办好一个晚会、组织一次比赛。在这些小集体中,你会更快地认清自己的特点、位置,学会与他人交往相处,展示强化自身才华和特长。

这样，你会在快速成长的同时，让自己的大学生活变得充实、丰富和精彩。

尉迟琳嘉，香港凤凰卫视的著名主持人，得过凤凰卫视 2007 年度最佳娱乐节目主持人奖和 2011 年中国电视榜最佳脱口秀主持人等许多荣誉。他就是咱们河北人，标准的"80 后"，生在石家庄的一个普通家庭，在保定的河大上的大学，学的是计算机，但偏偏喜欢电视行业，对电视更感兴趣，当时许多老师和同学都想不到他能当上电视主持人，他是怎么做到的呢？尉迟琳嘉是当时河北大学城市学院的学生会主席，组织了一个叫作"日子"剧团的学生社团，当时自编自导了《河北大学自习曲》，被腾讯网独家播放，达到一个月几百万的点击率，从此受到了媒体的关注。在谈起大学时，他说社团给了他太多锻炼和回忆，也给了他太多的支持和平台，甚至让他提前积累了许多关于电视工作的经验，让他有机会不断向着自己的梦想前进。

八、没有和要好的老师、同学推心置腹地谈过

大学三年，老师和同学可能是几年中和你相处最久的人了。如果愿意敞开心扉，你和老师、同学的感情可能胜似亲人和兄弟姐妹。男生在外面喝多了酒，把你扶回来、背回来或者抬回来的往往是寝室的室友或者同班的兄弟。女生伤心了或者生病了，帮你打饭、给你倒水的通常是同班的闺蜜。同学们在业务上遇到了什么问题和困难，老师永远是你们最坚定的后盾。如果你愿意，老师和同学可能是你一辈子的朋友。师生和同窗情谊是人生中非常纯粹和宝贵的感情，未来在全国各地，大家天各一方，却肝胆相照，彼此遥遥相隔，却也紧紧相依。大学里积累下的知己、朋友和人脉都将是你们以后的岁月中无可替代的重要财富。

我们有一个同学毕业了，到了工作单位，有一些业务不清楚就特别虚心地和他的同事请教。同事总是能找到各种理由推脱，有时实在推脱不了了，同事干脆就直接替他把这项工作做完了，唯独就没有告诉他方法。同学最后打电话给自己的老师，问老师为什么跟同事请教问题总是那么难。

因为什么，因为职场上的竞争关系。后来老师把问题给他讲懂了，也帮他解决了许多业务上的难题，老板都对他刮目相看，后来我们这个同学升职了。一生中能真正为你高兴、替你担心、跟你推心置腹的人不会很多，但里面往往有同学和老师。所以找个机会把自己的心里话和要好的老师、同学说一说，这可能是持续一生的交情和缘分。

九、没有练就一项让自己立足于社会的本领

面向社会，练就一项技能，并不是教你功利，而是让你更好地适应这个纷繁复杂快节奏的社会。大学三年后，绝大多数人终将走向社会。企业单位想要你的绝不仅仅是学分，而是你身上能够发挥作用的社交、专业、技术本领。不要总以为等到工作以后再去练就什么技能，这种想法最可能的结果就是你始终找不到工作。

俗话说"千招会，不如一招熟"。十个百分之十并不是百分之百，而是零。如果你有十项工作每项都会做百分之十，那么，在用人单位眼中，你什么都不会。所以，你必须要让自己具备核心竞争力。我们是高职院校，"通才"只有在"专才"的基础上才会有意义。所以，如果你还有时间，请花点精力让自己拥有一项让单位录用你的理由。

希望同学们在自己的大学生活中多一些奋进，少一些蹉跎，多一些精彩，少一些遗憾，我期待着你们在学院里丰满自己的羽翼，用激情和汗水，书写自己大学阶段难忘而无悔的青春！

做新时代好干部的积极实践者①

摘要：该文章系统梳理了习近平总书记提出的新时代好干部标准，结合多年工作经验和自身感悟，阐述了从实践层面践行新时代好干部标准的重要性、必要性和方法路径，解决了好干部标准从理论表述到实践践行的重大现实问题，做出了做新时代好干部必须从干部所承担社会角色做起的论断，明确了如何做组织的捍卫者、领导的追随者、下属的引领者、同事的支持者、朋友的忠诚者、父母的骄傲、子女的榜样、伴侣的知音的具体做法。只要在工作生活中坚持点滴做起、不忘初心，就一定能成为符合习近平总书记好干部标准的好干部。

关键词：新时代；好干部；践行者；"八做"

党的十八大以来，习近平总书记在各种会议上阐述了新时代好干部标准，概括起来是"一个信仰""两个加强""三严三实""四有四铁四种人""五个标准"。特别是在2013年6月28日，习近平总书记在全国组织工作会议上首次提出好干部要"信念坚定、为民服务、勤政务实、敢于担当、清正廉洁"，在2018年11月26日中央政治局集体学习时又强调指出：严把标准、公正用人、拓宽视野、激励干部，造就忠诚干净担当的高素质干部队伍。习近平总书记好干部标准不仅对如何做官、做人、做事提出了具体要求，而且对八小时以外以及承担社会责任等方面明确了努力方向。各级干部做新时代好干部的积极实践者，就必须立足角色定位，做最好的

---

① 本文是2018年11月28日作者为中层以上干部讲党课的文稿提纲。

自己，在平凡中书写不平凡的伟大人生。

一、做组织的捍卫者

作为社会人，每个人都有自己的理想信念和目标，有自己的世界观、人生观和价值观。人们会根据自己的选择和判断加入具有正能量、和自己信仰一致的组织。组织是指人们为实现一定的目标，互相协作结合而成的集团或团体，而每个组织都必然有独特的要求和规范。当你自愿加入某一组织后，就要保护组织、维护组织、发展组织，成为组织的捍卫者。一是拥护纲领。要认真学习深刻领会纲领的实质，为实现组织目标而努力，为发展组织而尽心，为维护组织纪律而尽责，为保持和组织一致而自制，为组织壮大而付出。二是恪尽职守。不论加入哪个组织，也不论从事哪项工作，都必须尽职尽责，出色完成工作任务。把职业当作事业做，要主动热爱，切不可被动应付，要积极作为追求过得硬，切不可一般应付追求过得去。既要追求结果的圆满又要追求过程的扎实，既要把注重具体工作做精又要关注宏观发展战略研究。三是坚定信念。工作中一定会遇到各种困难和挑战，甚至某一阶段也会出现挫折和失败。作为组织的一员不能轻易放弃信念和追求，困难和挫折一定是暂时的，是发展中的问题和挑战。要保持定力和初心，胜似闲庭信步，笑看云卷云舒。四是奋斗终身。从加入组织那一天起，就要坚定为组织付出的信心和恒心，践行习近平总书记幸福都是奋斗出来的精辟论述，而且要认识到奋斗本身就是幸福。不能只奋斗一时一事一个阶段，也不能顺境坚持逆境退缩，更不能轻易改变初衷和目标，而要持续奋斗、不懈奋斗，不仅自己要终生奋斗而且要教育子女接续奋斗，像愚公移山那样，子孙繁衍不止，挖山不停，不达目的誓不罢休。

二、做领导的追随者

领导者肩负着促进组织发展、事业进步的历史使命，下属了解领导者、理解领导者、信任领导者，就会心甘情愿地支持领导者、追随领导者。反之，如果下属与领导的关系疏远，相互怀疑、猜忌甚至相互敌视，下属就会与领导者渐行渐远、离心离德、貌合神离。在单位每个人都有领导，所以处理好和领导的关系不仅有利于创造业绩和健康成长，而且也有利于提高生活质量和幸福指数。通常情况下，下属对于领导认可度有三种情形：真心佩服、内心轻视或介于两者之间。不论哪种情形下属都要摆正心态，一方面管理体制要求下级必须服从上级，另一方面能成为领导的人都有无法比肩的才能和优势。追随不是简单地服从，而是发自内心主动看齐。一是真心尊重。尊重其人格、工作方式和行为准则。不以自己所恶所喜所悲期望领导，在坚持自己底线的基础上尽最大可能适应乃至学习。二是听从指挥。对于领导分配的任务完全理解的，完成结果要让领导超乎想象有意外惊喜；对于一时不能理解的，要站在领导角度思考尽可能理解并努力完成，对于完全理解不了的要用自己的方式去落实争取最好结果。领导布置任务切忌当面拒绝，也不要讲更多理由，态度要诚恳、谦虚，当面表达和行动都要积极主动。三是推功揽过。工作中取得成绩即便和领导完全无关也要从内心记在领导名下，尤其向领导的上级汇报时。工作中出现失误时即便是领导的过失也要主动担当，切不可往领导头上一推了之。诚然，功过的承担要在一定原则范围内，切不可一概为之。四是善意提醒。对于认为领导决策指挥有偏差甚至错误时，要坦诚及时提出自己的意见、见解，不能事不关己高高挂起。提建议要注意方式、方法和策略，注意时机、地点和场合。如果领导坚持独行时，在落实中要尽最大努力十分智慧地修正错误，追求效果最优。

三、做下属的引领者

古人云："其身正，不令而行；其身不正，虽令不从。"可见领导者对组织成员产生的重要影响作用。对多数干部而言既是被领导者又是领导者。在工作中用行政命令方式领导下属，还是注重领导魅力的发挥让下属心悦诚服地追随自己，是对领导的考验和检验。要想下属和自己为共同目标而奋斗，就要成为下属的引领者。既引领下属出色完成所担负的工作任务又要引领下属不断健康成长。一是率先垂范。要求下属做到的自己首先做到，要求下属不做的自己坚决不做。战胜困难走在前，迎接挑战冲得上，关键时刻挺得住，荣誉面前多谦让，责任面前多承担。二是关心培养。领导不仅有带领全体同志做好本职工作的责任，而且要把关心下属健康成长作为重要职责。要帮助下属做好工作、成长和人生规划，引导下属树立正确的人生观、世界观、价值观和政绩观，创造条件让下属多读书、多学习、多实践，丰富阅历、积累经验。要努力搭建各种平台为下属展示才华和聪明才智，注重把有培养前途的同志放在急难险重岗位锻炼成长。三是勇于担当。工作中遇到难题时领导首先要带头破解，出现偏差甚至失误时领导要勇于承担责任。要理解下属的不理解，担当下属的不担当。领导者所思、所想、所求往往不被下属所理解，在努力让下属理解的同时，要有享受孤独的情怀和境界，不埋怨、不责备、不批评，用行动和结果赢得下属的支持、理解和认可。四是善于指导。交办给下属的工作不能圆满完成时领导要主动带头帮助完成，下属工作中遇到不好或者不能解决的问题时领导要及时排忧解难，下属工作缺少方法感到无奈时领导要善于教方法、鼓士气，成为下属的主心骨和依靠。领导在部署工作时，既要压担子又要教方法，既要压责任又要给权力，既要提要求又要指方向，既要大胆放手又要动态监督，既要注重结果验收又要加强过程指导。领导者应该始终是工作上的导师、生活中的益友，是一个永远值得信赖和依靠的人。

四、做同事的支持者

能够在一起工作成为同事是一种缘分，而且是为同一个目标努力，有共同理想、追求和纪律。同事之间彼此相处得如何，不仅对完成工作任务有重大影响，而且对于幸福生活也有重要作用。彼此相处得好既是一种能力也是一种境界。同事之间应该成为相互的坚定支持者。一是真诚赞美。在一起工作最大的公敌是相互嫉妒。当同事取得成绩或有晋升机会的时候，对同事特别是有竞争力的同事是严峻考验。表面上看或者浅层次看问题，似乎同事进步成长影响了其他同事，其实你的竞争对手远不是你能看到的那些同事。因此当同事取得成功的时候，应真诚赞美祝福而不是心存嫉妒。二是乐于配合。在一起工作不能单打独斗，要学会配合。只有主动配合别人，别人才会真心配合你。讨论问题时严肃认真，推动工作时全力以赴，遇到困难时主动作为，需要大家共同完成某项工作时要尽职尽责，既能当好红花也能当好绿叶。三是补台支持。同事之间要相互补台而不能相互拆台。发现同事工作有漏洞时要倾其所能予以弥补且要当好无名英雄，同事工作遇到难题困惑时要倾其所有予以帮助且勇于担当责任。四是相互提醒。赞美、鼓励同事一般人是能够做到的，但当你认为同事思想、工作、生活出现问题或偏差时，就很难做到直言劝谏。一方面要勇于讲真话善意提醒，另一方面要讲究方式方法，同时要注意场合和说话提醒方式。既要讲清问题的利害得失，又要采取同事容易接受的方式方法。以私人场合谈话谈心方式为宜，并应持有真诚态度，让对方感受到善意和真诚。

五、做朋友的忠诚者

朋友具有在任何条件下，双方的认知在一定层面上或能相互衔接层面上的特征，不分年龄、性别、地域、种族、社会角色和宗教信仰，符合双方的心理认知，可以在对方需要的时候给予帮助。朋友之间可喻为雨中的伞、雪中的炭、指路的灯。每个人或多或少都会有朋友，对朋友做到尽心尽力就是对朋友的忠诚。被世人公认最著名最忠诚的友谊是马克思与恩格斯，马克思与恩格斯这两位革命巨人之间正是因为彼此拥有最忠诚而让世人震惊的友谊。在他们的共同事业中，完成了整个国际工人运动中，具有伟大意义的《资本论》，这部经典著作的写作及出版，就是两位巨人伟大忠诚友谊的结晶，体现了拥有忠实深厚友谊具有十分重要意义。一是荣辱与共。共同享受荣誉易但共担侮辱难，而真朋友就体现在朋友遇到困难和挫折时的表现。朋友需要帮助时要真诚付出不计得失，要努力给对方温暖和热情。二是肝胆相照。朋友之间帮助一定是相互的。关照对方要细心、真心、热心、恒心、耐心、尽心，要持续、持久和真诚。三是敢于直言。朋友之间要知无不言，言无不尽，提醒批评要及时，正所谓忠言逆耳利于行，良药苦口利于病，尤其在朋友取得成绩骄傲时，遇到挫折沮丧时，都应讲实话、进诤言、多劝导。四是无私奉献。对朋友的帮助、付出应是无私的、不求回报的。要把对朋友的帮助提醒作为自己的责任，作为自己必须做的事。不仅如此，成功帮助朋友时应有幸福感和自豪感，帮助朋友就是帮助自己，帮助朋友更是一种自我成长和进步。

六、做父母的骄傲

这个世界有一种爱，亘古绵长，无私伟大，如泉水如泰山，如天空如大海，这就是父母给予子女的爱。所谓"谁言寸草心，报得三春晖"，报答父母的养育之恩是每个人天经地义的责任和义务，也是做人的基本职责。赡养父母、关爱父母、陪伴父母等都是必需的也是必要的。但对父母最大的孝敬和报答是做一个有益于人民的人、一个脱离低级趣味的人、一个让父母引以为自豪的人，这正是对工作、对家庭、对国家、对人民真正有所贡献的人。正如《史记》中所记载大禹治水，"居外十三年，过家门不入"，终于完成治水的大业，让百姓安居乐业，做一个造福百姓的人才是对父母最大的回报。在 2001 年 10 月 15 日，全家人为习仲勋举办 88 岁寿宴时，唯独时任福建省省长的习近平因公务繁忙而缺席。他怀着抱愧的心情在父亲的拜寿信中写道，对父亲生日的真心祝福和不能亲临的遗憾之情，但更多的是对父亲人格与品德、胸怀与作风、信仰与追求的崇敬之情。表达了将父亲的好作风、好家风世代相传，投身于共产主义事业和人民的坚定决心。子女对父母表达感恩的方式有千万种，最好的方式唯有做父母永远的骄傲。一是工作一流。工作就是职责，职责就是担当，担当就是价值。在工作中要感谢让你独当一面的人，感谢给你压力的人，感谢给你平台的人，因为那是机会、是信任、是成长。所以要干一行、爱一行、学一行、专一行、精一行，无论从事什么工作都全身投入、立志高远、脚踏实地、追求卓越，把工作当作事业来奋斗、拼搏、进取，敢于叫响向我看齐。二是身心健康。中国政治家孙中山曾说："伟大的事业基于高深的学问，坚强的意志在于强健的体魄。"身心是工作、生活的根本，没有一个健康的身体和心理，一切都无从谈起，甚至一切都等于零。父母对子女最朴素最基本的要求是有一个健康的身心。要养成良好的工作生活习惯，努力做到每天锻炼一小时、健康工作五十年、幸福生活一辈子。要平和心态，正确对待挫折和挑战，不以物喜不以己悲，从容淡定。三是家庭和睦。家庭的前途、命运同国家和民族的前途、命运是紧密相连的。正所谓"家是最小的国，国是千万家"，只有万家万户好才有国家好。每个人一旦成家立业，父母都希望孩子家庭美满。因此，自己小家庭幸福与否不简单是自己的小事，而且是关系父母能否幸福的大事。家庭成员之间要相互理解、关心、支持。不断锻造良好家风并世代传承发扬光大。四是事业有成。每个父母都有望子成龙的心理，满足他们最大心愿就是能成就一番属于自己的光辉事业。对于自己选择所从事的事业要热爱、专注、投入，要有不达目的绝不罢休的坚强意志和信念，不畏艰险和困苦，持之以恒坚持前行。

七、做子女的榜样

俗话讲不养儿不知父母恩。一旦为人父母就必须承担抚养子女成长教育其成才的责任。著名的教育家克鲁普斯卡娅说："家庭教育对父母来说，首先是自我教育。"父母是孩子的第一任老师，更是一生的老师。父母的一言一行无时不在影响着孩子，为了培养出优秀的下一代，做父母的一定要树立好榜样。古人云："以教人者教己。"榜样的力量是无穷的，要求在孩子身上形成的品质和良好习惯，父母都应具备。一是爱岗敬业。忠于职守的事业精神，是职业道德的基础。爱岗就是热爱自己的工作岗位，热爱本职工作，敬业就是要用一种恭敬严肃的态度对待自己的工作。"爱岗"是"敬业"的基石，"敬业"是"爱岗"的升华。热爱自己工作和岗位是一种美德、一种情操。对工作应恪尽职守、一丝不苟、任劳任怨、兢兢业业，立足岗位作贡献。二是品德高尚。不论从事什么工作，最终决定成功与否的根本因素是人品。要有正义感，传递正能量，不以恶小而为之，不以善小而不为，心中要有大爱，具有家国情怀，坚持国家兴亡匹夫有责。三是拼搏进取。践行更高、更快、更强的体育精神，困难面前敢亮剑，挑战面前敢应对，顺境面前不懈怠，成绩面前不自满，持之以恒、奋发图强、追求一流、勇攀高峰。四是乐观向善。爱因斯坦说："真正的快乐，是对生活的乐观，对工作的愉快，对事业的热心。"无论面对成功或失败要常怀善良之心、平常之心和向上之心，真正做到生命不息、追求不止。

八、做伴侣的知音

十年修得同船渡，百年修得共枕眠，两个独立的个体因为互相欣赏、彼此相爱组成温馨和谐的家庭，在一起生活、工作成为伴侣。高山流水千百年来一直深深感动着世人，人们不仅是羡慕俞伯牙有高超的琴艺，而真正羡慕的是俞伯牙和钟子期的知音故事。人生遇到真正知音是幸运的幸福的事情，正所谓人生得一知己足矣，要且行且珍惜。一是尊重包容。要欣赏优点包容缺点，要换位思考，己所不欲勿施于人。伴侣之间要相互给予空间，尊重兴趣爱好，不可苛求完全一致。要相互信任互不猜忌，相互理解互不误解。二是共同成长。执子之手、与子偕老的根本和关键要有共同语言，而共同语言需要共同成长。只有思想、境界、格局、品位、人生观、世界观、价值观趋同的人才会有共同语言。要相互鼓励、相互提醒、相互帮助、相互监督、相互学习，共同提高和成长。三是互相珍惜。不念将来、不恋过往、学会珍惜现在拥有的美好、幸福、感动、快乐。珍惜共同奋斗、共同拼搏、共同成长的机会，就会收获精彩无限。四是风雨同舟。困难面前一起扛，灾难来临共同担，顺境之时不轻浮，逆境之时不气馁。同甘共苦、相互温暖、相濡以沫、给予力量。

把每一个角色都做到优秀，是新时代好干部标准的核心要义，是争做新时代好干部的基本途径。只要每一位干部坚持从自我做起、从点滴做起、从现在做起，不断修炼、坚持实践，就能成为习近平总书记所要求的新时代好干部，为实现中华民族伟大复兴的中国梦建功立业。

新时代高校中层干部成长成才之路[①]

为学习贯彻习近平新时代中国特色社会主义思想，认真落实习总书记关于干部队伍建设工作的重要论述和指示精神，按照党中央、省委、省委教育工委和学院党委关于加强干部教育培养工作的具体要求，今天组织开展学院中层干部专题培训，其目的就是教育引导广大党员干部不忘教育报国初心、牢记立德树人使命，奋勇争先、主动作为，共同促进学院高质量发展。

党的十八大以来，以习近平同志为核心的党中央，解决了许多以前想解决而没解决的问题，创造了前无古人的伟大业绩，中国社会发生了根本性的变化，中华民族真正实现了从富起来到强起来的伟大飞跃，中国人民雄赳赳气昂昂地迈进了中国特色社会主义新时代。伴随着新中国的发展强大，我们建材学院也走过了41年的峥嵘岁月，这期间有过风调雨顺，也有过艰难坎坷，但是在历任学院党委的坚强领导下，经过建材几代人的艰苦奋斗，广大建材人不断地迎难而上、负重前行、奋勇拼搏，取得了如今的良好局面：办学规模不断扩大，万人大学目标提前实现；教学水平不断提高，师生竞赛成绩全面突破历史；硬件设施不断完善，全域海景式美丽校园初具规模；社会影响不断提升，政行企媒认可满意度节节攀高，等等。这些成绩的取得，离不开一代又一代建材人的艰苦付出，离不开广大党员干部几十年如一日的辛勤努力。

---

① 本文是2019年8月26日作者在"不忘初心：牢记使命"主题教育预热升温中为中层以上领导干部讲党课的文稿。

当前，党和国家越来越重视职业教育，将职业教育同高等教育摆在同样重要的位置，尤其是国务院《国家职业教育改革实施方案》的颁布实施，一方面，给高等教育和职业教育带来颠覆性的改革，另一方面，为现代职业教育的发展改革明确了目标方向和实施路径。因此，学院面临着前所未有的发展机遇，必须紧跟国家职业教育改革大好形势，居安思危、创新图变、改革图强，绝不能走平常路、按部就班、推一步走一步，否则，迟早会被历史所淘汰。同时，如果学院抓住了发展机遇，通过面对挑战、积极应对、转危为机，完全有可能成为河北职业教育中的一流院校，甚至是全国一流院校。这一宏伟目标的实现，需要学院党委的坚强领导，需要各单位部门的齐心协力，更需要广大党员干部的不懈努力。

新时代担当新使命，新时代呼唤新作为，新时代作出新贡献。广大党员干部要想立足优势、抢抓机遇、迎头赶上，实现学院高质量发展的新跨越，不仅需要具备远大的政治眼光和良好的自身修养，还要有团结协作、创新发展的团队精神，更要有敢于负责、勇于担当、善于作为的奋斗精神。

通过调研发现，学院广大党员干部坚持以习近平新时代中国特色社会主义思想为指导，紧紧围绕立德树人根本任务和学院发展目标，踏实肯干，认真负责，积极努力，为推动学院教育事业发展作出了重要贡献。但是，同习近平总书记在全国组织工作会议上提出的"信念坚定、为民服务、勤政务实、敢于担当、清正廉洁"好干部标准相比，同上级组织部门对党员干部综合素质的要求相比，同学院发展对党员干部的能力需求相比，仍存在一些问题亟待解决，如学习主动性不够，团队领导能力有待提高，问题担当意识存有不足，教学中心地位还未完全确立，科研带头作用还未有效发挥，创新思维仍然缺乏，奋斗精神有待强化，志愿奉献主动性仍显不够，爱岗敬业亟须持续加强等。

中层干部是学院建设发展的骨干力量，学院党委不仅要高度重视大家的培养教育工作，而且要抓紧抓实抓好。党委书记要切实担负起第一责任人的重要责任，亲自谋划抓指挥，深入基层做督导，特别要抓好部门"一把手"的教育管理，注重培养选拔有干劲、会干事、作风正派、办事公道的人担任部门负责人，团结带领广大党员群众上下齐心，不断推动学院高质量发展。同时，广大党员干部要进一步深刻认识自己担负的责任和使命，加强理论学习和业务熟练，切实提高自身思想境界、工作能力和整体素质，切实增强政治担当、历史担当、责任担当，努力创造属于新时代的光辉业绩。

提高广大党员干部的综合素质，既要善于通过组织推动、固定学习、专题讲座、座谈交流等外因手段推动提升，还要有效通过内因条件，积极引导激发广大党员坚定理想信念、提高政治站位、强化责任担当、全心为民服务、加强作风建设。因此，只有外因和内因共同发力，才能实现既定目标。唯物辩证法认为，事物的发展是内外因共同起作用的结果，内因是事物发展的根据，它是第一位的，它决定着事物发展的基本趋向；外因是事物发展的外部条件，它是第二位的，它对事物的发展起着加速或延缓的作用；外因必须通过内因而起作用。从这一角度出发，广大党员干部的素质应更多从内因上找差距、弥不足、抓提升、强落实。因此，结合实际调研中发现的具体问题，就中层干部如何努力成长提出十条建议，与大家共勉。

一、做学习的模范者

学习是立身之本、成事之基。学习的力度、韧度和厚度，决定了一个人视野的宽度、思想的深度和事业的高度。抓好学习，是我们党的优良传统和宝贵经验。习近平总书记在中央党校建校 80 周年庆祝大会讲话中强调指出："好学才能上进。中国共产党人依靠学习走到今天，也必然要依靠学习走向未来。"党员干部是学院事业的中坚力量，因此，加强学习不仅仅是个人爱好，更是必须担负起的责任。

在学习内容上，一要围绕工作需求学。要认真学习习近平新时代中国特色社会主义思想，学习领导科学有关知识，学习岗位职责有关制度，学习教育特别是职业教育的有关政策理论。二要围绕兴趣爱好学。兴趣是最好的老师,学习的内在动力与客观要求有机地结合起来,往往会达到事半功倍的效果。三要围绕品德修行学。学做事先学做人,一个人尤其是党员干部,如果做人都做得不好、连合格的道德品质都不具备的话,工作也不会做好。四要围绕短板空缺学。要坚持干什么学什么、缺什么补什么,掌握事物发展规律,通晓天下道理。尤其是国家发生的一些重大事件、重大会议,学院的重点活动和重大突破等,都必须了解和掌握,这是做好本职工作的前提。

在学习方法上,一要细水长流。学习绝对不是一蹴而就的,要用心学、真心学、细心学,细水长流则水到渠成。要孜孜以求。对待学习要有认真勤勉的态度。二要一以贯之、不知疲倦地加强对知识的探求和学习。三要学有所悟。学习的目的不是为了学习而学习,学习应该有自己的感受、自己的思想、自己的判断,并用于指导实践。四要自成一家。学习要能够成为一种自己的认知体系,特别对党员干部来说,更要透过现象看本质,在实践中学习,在学习中实践,用理论指导实践,用实践推动学习。

二、做团队的引领者

为政之要,莫先乎人;成事之要,关键在人。广大党员干部是学院教育改革发展工作的组织者、谋划者、推动者,是学院基层部门的中坚力量,责任重大,使命光荣。"火车跑得快,全靠车头带",因此,必须要做好团队的引领者。

做团队的引领者,一是品格要高尚。引领者包含两方面的含义,即引导和带头,做好一个团队的引领者不能仅靠个人权力,更多要靠高尚的道德品质和人格魅力,吸引着下属去追随和信服,这样的领导才更有价值。二是业务要精湛。作为引领者,要精通团队全部的业务技能,既要自己想干、愿干、能干、会干,又要带领下级能干、会干、主动干、加油干。三是爱心要永驻。作为引领者,一定要有爱心,特别是团队的领导,要热爱自己的团队、处室、系部，关爱每一名成员，为他们分忧解难，为他们遮风挡雨。四是担当要一流。《宋史·宋祁传》有云："人不率，则不从；身不先，则不信"。作为团队引领者，最重要的是务实重行，直面问题挑战，敢于担当，敢于负责，充分发挥头雁效应，各级党员干部应当时刻谨记，没有表率作用，就没有统率资格。

团队的引领者在具体工作当中，一是遇事多商量。团队共同目标都包含在工作中，团队成员集思广益过程，既能帮助团队统一思想，又能使引领者角色更完整，还能避免很多人犯错误。二是遇难多担当。困难来了要勇于面对，带头承担责任，主动作为，这是作为引领者的基本素质。三是遇喜多推让。喜事、好事要多为下属考虑，荣誉、奖励要多为下属争取，党员干部的境界就应该比普通人高。四是遇急多负责。党员干部要负责担当，要根据相关规定认真研判形势，根据事情的性质和紧急重要程度区别处理，做到大事汇报、难事担当，大事无论难易必须向上级汇报，难事应该承担必须想方设法地主动作为。

三、做问题的终结者

工作当中出现问题、出现矛盾是正常的。解决问题、解决矛盾是工作的本质。马克思说："问题就是时代的声音。"习近平总书记指出："只有立足于时代去解决特定的时代问题，才能推动这个时代的社会进步；只有立足于时代去倾听这些特定的时代声音，才能吹响促进社会和谐的时代号角。"要了解时代，掌握发展大势，必须立足于解决发展中遇到的各种问题。这就要求各级党员干部要做问题的终结者。

党员干部的职责就是解决问题矛盾，个人能力的提高和积累都是在解决问题矛盾中获得的，一个人能够解决多大的问题、克服多大的困难，就说明这个人能担当多大重任、干多大事业。2013年6月，习近平总书记在全国组织工作会议上的讲话中指出："敢于担当，党的干部必须坚持原则、认真负责，面对大是大非敢于亮剑，面对矛盾敢于迎难而上，面对危机敢于挺身而出，面对失误敢于承担责任，面对歪风邪气敢于坚决斗争。"因此，解决问题是本分，化解矛盾是责任，攻坚克难是根本，战胜困难是幸福。今年，中国女排连续取得十一连胜、卫冕世界杯冠军后荣登国庆70周年游行盛典的辉煌场面至今仍令人难忘。但是，成功的背后却是女排姑娘们多少次面临着伤病甚至残疾的情况下仍在球场奋斗拼搏。因此，当学校有重大急难险重工作时，广大党员干部更应该奋勇争先、担当作为，这既是一个压力，更是一个重大机会。

做问题的终结者，一是责权明晰是基础。解决矛盾问题，必须明晰责权，面对问题要敢于担当，敢于动真碰硬，敢于触及深层次矛盾，遇到矛盾主动处理，不推诿、不掩盖、不拖延，想方设法把矛盾化解在萌芽状态，这考验的是党员干部的担当情怀和担当气魄。二是把握规律是关键。面对学院发展过程中的各种问题，要具体问题具体分析，抓住关键问题进一步研究思考，做到对症下药、有的放矢。具体分析问题之后，还要抓住主要矛盾和矛盾的主要方面，进一步研究思考，有所突破。只要把握解决矛盾的一般规律，就能找到解决各种复杂问题的突破口，牵住"牛鼻子"，起到纲举目张的作用。三是深思熟虑是核心。要实事求是地搞好调查研究，把调查研究贯穿解决问题的全过程，特别是主要领导干部要带好头深入基层了解实际情况，既要了解掌握总体情况，更要借助"显微镜、望远镜"，"打破砂锅问到底"。四是举一反三是要求。发展的根本目的就是解决所面临的多种多样问题，面对处理的问题和矛盾，要善于提炼总结、整理归纳不同问题的解决办法，形成解决问题的机制思路，从而做到抓住关键、形成经验、融会贯通、举一反三。

四、做教学的服务者

教育部原部长周济在全国普通高等学校本科教学工作会议讲话中强调指出："人才培养是高等学校的根本任务，质量是高等学校的生命线，教学在高等学校日常工作中处于中心地位。"因此，学院必须把教学工作摆在中心位置，各方面的工作都应该围绕教学展开。目前，学院党委和各级党组织高度重视教学工作，每年都召开最高规格的教学工作会议，对优秀教师和重大教学成果进行表彰奖励，以教学为中心地位的格局已经基本确立。因此，广大党员干部要切实做教学的服务者。

做教学的服务者，一要确立教学中心地位。更新教育理念，确立教学中心地位。注重政策导向，确保教学中心地位。管理服务教学，落实教学中心地位。提高教学质量，凸显教学中心地位。投入优先教学，巩固教学中心地位。二要服务教学改革大局。各级领导重视教学工作，经常研究教学工作，并能深入教学一线进行调查研究，解决教学工作中的问题。职能部门在本职工作中与教师紧密联系，既要做到分工明确，尽心尽力完成自己的职责，又要为教师做好事，办实事，不能光是生搬硬套地搬制度。三要投入真心真情，处处站在教师的角度去思考问题，将自己的工作经验毫无保留地传授给别人，力争做到让学生信任、教师满意。要支持教学创新争优。在课时津贴分配方面注意向教师倾斜，在申报科研项目和发表学术论文方面加大鼓励和奖励力度，培养和选拔骨干教师，推进名师匠师工程，评奖评先、职称评聘、职务晋升等各项政策、规定和指标向一线教师倾斜。四要营造教学发展环境。在人员配备方面，首先满足专任教师的数量，减少行政人员的数量。在房屋设备使用上，首先考虑的是保证教学活动的需要，尽量压缩非教学用房数量。坚持经费投入向教学倾斜的指导思想，尽力加大对教学的投入。在管理制度上，建立起有利于服务教学的制度体系，形成良好的管理体制和运行机制，实现管理工作的高效运转。

五、做科研的带头者

教育部《关于高校教师党支部书记"双带头人"培育工程的实施意见》提出："力争在 2020 年年底前，基本实现'双带头人'支部书记选拔方式全覆盖，使教师党支部书记普遍成为'双带头人'。"作为"双带头人"的支部书记，既要政治强、具备过硬思想政治素质，又要业务精，在教育教学、科学研究等方面能力业绩突出。这就要求广大党员干部,不仅要做好党建带头人,还要做好科研的带头者。

做科研的带头者,开展科学研究,一是选择课题是关键。选题就是确定研究的内容、方向和目标,是科研工作的起点和关键。选题恰当与否,对科研的效果大小、成功与失败起着决定性的作用。因此,选择课题要坚持需要、科学、创新、可行的原则,以研究者的经验、知识和能力等作为选择的基本条件和主要参照因素,形成研究的大致方向和范围。二是深入思考是前提。科研是一项要求很高的工作,必须经过深入的思考。尽量不要脱离自己工作经验的范围,进行与工作完全无关的研究。不要脱离自己的知识背景,从事与自己的知识积累、知识结构不同的研究。不要选择缺少资料、文献搜集渠道的研究。不要选择自身无法控制、无法操作,在能力、时间、财力等方面受限制的研究。三是严谨态度是基础。课题论证必须建立在文献资料的充分检索和大量阅读的基础上,实事求是地分析评价课题的各个方面,用精练概括的文字勾画出课题的重点、思路、内容、结构、特色等基本轮廓。保持科学严谨的态度,是做好科研、得出准确科研成果的基础。四是一流成果是目标。科研的最终目标是要形成一流的学术成果。一流的科研成果不仅仅是创新形成的正确科学结论,还必须对社会进步、科学文化发展、经济产业升级等起到巨大的指导推动作用,这样的成果才是真正意义上的一流成果。

做科研的带头者,一是能够提高自身能力。科研的最终目的是解决问题,科学研究的过程其实是一个对自己所学所知所会知识进行重新审视和梳理的过程,而且通过内容选定、调查研究、论证研讨、结论推广这一过程,又一次对自己的知识内容和结构进行了丰富拓展,是自我能力的全面学习和再提高。二是能够引领教学改革。做好科研对教师教学很有好处,尤其是研究的课题与教学内容相关时,查找书籍材料、分析研究内容、整理归纳结论,每一个过程都会渗透到教师的授课过程中,形成科研促进教学实践、教学实践推动科研的良好局面。三是能够锻炼科研团队。真正大的课题研究需要有一个团队共同开展,每个人分工明确、各司其职,单枪匹马一个人是无法做成的。而整个团队科研的过程其实就是思想火花积极碰撞的过程,每个人的专长都融入进来,大家集思广益、资源互补,往往会形成"1+1>2"的研究效果。最后的成果也是团队统一思想、形成合力、凝聚意志的体现。能够体现奋斗价值。不论科研成果是自然科学成果,还是社会科学成果,当在推动经济社会发展中作出贡献的时候,大家的社会价值也就充分体现出来了,因此,科研的意义还在于人生价值的实现。

六、做创新的促进者

创新是一个国家、一个民族发展的内生动力,不断前进的力量源泉。改革创新已成为时代精神的最强音,是发展进步的不竭动力,也是战胜前进道路上各种困难的法宝。正如习近平总书记在庆祝改革开放40周年大会所指出的:"40年来,我们解放思想、实事求是,大胆地试、勇敢地改,干出了一片新天地。"中国古代曾经有过经济繁荣和国家鼎盛,出现了众多的能工巧匠,产生了影响世界历史进程的"四大发明",向世界展现了繁荣富强的大国形象。因此,党的十八大以来,习近平总书记高度重视改革创新发展,在多次讲话和论述中反复强调"创新",正如他所说:"中国要强盛、要复兴,就一定要大力发展科学技术,努力成为世界主要科学中心和创新高地。"高校是创新的主阵地之一,因此,广大党员干部要做创新的促进者。

第一,破除思维定式是创新的必要思想准备,要敢于破除思维定式,即权威定式、从众定式、经验定式;第二,对工作强烈的责任感是创新的先决条件,很难想象一个人的工作责任心不强、对工作不上心,会在工作创新上有多少成果;第三,良好的业务素质是创新的前提基础;第四,破除矛盾问题是创新的重要导向,既要正确对待问题,又要善于发现问题,还要妥善解决问题;第五,持之以恒的韧劲是创新的精神动力,既要坚定信心,又要专心专注,还要锲而不舍;第六,宽容和谐的环境是创新的有力保障。

创新的一般模式为找问题、定方案、重实施、建制度。第一步是找问题。找问题实际在找创新点,一是对工作进行阶段性总结反思,查找那些长期以来困扰工作提升的疑难问题和工作中出现的新情况、新问题,特别对于重点工作、核心工作更要注意随时总结和查找存在的问题;二是对那些完成效果不理想、没有达到预期目标的工作,特别是各级领导提出批评性、否定性意见的工作,要立即组织会诊把脉,找出问题和症结;三是对于那些完成比较好、得到领导肯定的工作,也要多反思,在总结经验和成功做法的同时提出"美中不足"的地方。第二步定方案。在找准创新点的基础上,因地制宜、因时制宜、因事制宜,提出符合科学规律和客观实际、可操作性强的创新方案。第三步重实施。在创新方案的指导下,按照预先设计推进工作创新。要头脑清醒,冷静判断,科学应对,客观解决。第四步建制度。工作完成后,要对方案本身和实施情况、取得的效果进行综合评估,在此基础上,将成功经验做法上升到制度机制层面上固化下来,用于指导工作实践。

七、做奋进的示范者

"新时代是奋斗者的时代。"习近平总书记在 2018 年春节团拜会上的讲话,聚焦"奋斗"这一时代主题,凝聚了全党全社会的奋进力量。广大党员干部作为学院建设发展的中坚力量,担负着关键责任,应带头冲杀闯关夺隘,发挥关键作用。在学院高质量发展的新征程上,广大党员干部要以自己的实际行动做奋进的示范者。

奋进是生命的本质。现代奥林匹克之父皮埃尔·顾拜旦有句名言:"生命的本质不是索取,而是奋斗。"一个人只有坚持奋斗,人生才有意义;一个团队只有坚持奋斗,这个团队才会有成就;一个单位只有坚持奋斗,这个单位才会有发展;一个国家只有坚持奋斗,这个国家才能有前途。只要生命不息,就要奋斗不止。奋进是成功的途径。党的十九大报告中指出:"中华民族伟大复兴,绝不是轻轻松松、敲锣打鼓就能实现的。全党必须准备付出更为艰巨、更为艰苦的努力。"伟大复兴的中国梦只有全体中华儿女共同努力奋斗,才能全面实现;个人的成功也只有靠不懈地努力奋斗才能取得,国家发展如此,个人也是如此。依靠自己的认真付出和努力拼搏,吃得苦中苦,通过战胜无数的挫折与挑战,才能实现自我超越。首先,奋进是成才的关键。成才的关键在于坚持不懈的艰苦学习,在于日积月累的知识储备,只要坚持不断奋斗,认真做好每一件事,认真完成每一个任务,认真兑现每一个承诺,认真实现每一个目标,就会真正在不断奋进的道路上取得成效,实现自己的价值和意义。其次,奋进是幸福的源泉。历史是勇敢者创造的,时代是奋斗者书写的。历史事实和实践告诉我们,任何的幸福都不是白白等来的,而是真正靠自己艰辛奋斗的汗水和心血换来的,正是之前经历了众多的挫折和苦难,才会在收获时体会到奋斗的幸福和甘甜。中华人民共和国已经成立70年,经历了从站起来、富起来到强起来的艰辛历程,我们今天的幸福生活,靠的就是一代又一代中华儿女的艰苦奋斗、奋勇拼搏和继承接力,我们这代人要接过实现中华民族伟大复兴的"接力棒",用自己的辛勤努力和知识智慧,坚定不移地奋斗在建设中国特色社会主义现代化强国的伟大征程上。

做奋进的示范者,一要一切坚持从零开始。要有坚持不懈的魄力,要有百折不挠的勇气,要有不怕失败从头再来的韧劲,还要有艰苦奋斗的精神。有条件要积极奋进,没有条件创造条件也要坚持奋进。二要一切坚持最高标准。要坚持工作要求最严,工作措施最实,工作方法最好,工作手段最活,工作落实最得力,工作效果最圆满。以最高标准验证奋进效果,以最高追求实现奋进目标。三要一切坚持永不满足。"志不立,天下无可成之事。"奋进道路永不停止,奋进精神永不懈怠,奋进努力永不放松,奋进突破永无止境,奋进之心永远年轻,奋进目标永争第一。四要一切坚持心无旁骛。所有的措施瞄准目标,所有的标准对标目标,所有的资源保障目标,所有的政策倾向目标,所有的方法推进目标,所有的努力实现目标。

八、做奉献的志愿者

学院是每一位教职工生存、成长、发展的平台和阵地，也是创造幸福生活、实现人生价值的依托和支撑。因此，要心甘情愿地爱护它、发展它、建设它。广大党员干部作为学院发展的重要中坚力量，要坚定"学院存在方有我价值的存在、学院发展方有我价值的增值"的观念，将个人价值与学院命运紧密联系在一起，带头做学院事业蓬勃发展的奉献志愿者。

广大党员干部要积极奉献，要坚信帮助他人就是帮助自己。马克思说："那些为大多数人带来幸福的人是最幸福的人。"人生价值实现是一个人最幸福的事，只有在为教育事业、为学院发展、为师生服务中无私奉献才能实现人生理想，才能获得最大的快乐和满足。一要坚信欣赏他人就是欣赏自己。人人都渴望别人欣赏自己。要别人欣赏自己，首先得学会欣赏别人，欣赏别人就是欣赏自己。欣赏别人，是理解，是沟通，是信任，是肯定，是激励，是鼓舞。欣赏别人，可以使人扬长避短，健康成长，同时也可以使别人欣赏自己。二要坚信学习他人就是提高自己。尺有所短，寸有所长，做好本职工作，多看看别人的长处，常常查找认识自己的不足，通过学习他人的长处，学习他人的经验，吸取他人的教训，触类旁通，灵活运用于本职工作和实际生活，有效地解决实际问题，提高自身能力。实践告诉我们，善借外智，才能思路开阔，善借外力，才能攀上高峰。三要坚信关爱他人就是修行自己。要关爱他人，善待他人，当你对别人施于关怀和帮助的时候，哪怕这种帮助与关怀仅仅是以一句话、一个微笑、一个动作，都会给别人带来巨大的温暖和鼓励。同时，你也从他人反馈中感受到真诚的能量和价值，帮助自己不断提高思想和人生境界。

做奉献的志愿者，一是荣誉面前多退让。有功劳时不伸手，有苦劳时不计较，有疲劳时不抱怨，一代又一代的党员干部默默无闻地付出，才有我们今天的成绩。只要在自己岗位上辛勤耕耘、扎实工作，保持"吃亏是福"的思想境界，当每解决一次发展难题，每攻克一次科研难关，每见证一次学生成长，你都会体会幸福、收获幸福、拥有幸福。二是困难面前多破解。习近平总书记指出："我们共产党人讲奉献，就要有一颗为党为人民矢志奋斗的心。"要荣辱与共、不离不弃，用埋头苦干、服务师生的实际行动，用勇创佳绩、拼搏进取的工作劲头，立志为学院增光添彩。三是失误面前多承担。习近平总书记指出，党的干部要发扬担当精神，必须做到"五个敢于"，其中之一就是"面对失误敢于承担责任"。面对失误敢于承担责任，就要有改正错误的行动。努力提高面对失误敢于承担责任的能力，自觉把从失误中吸取教训的过程视为检验和提升能力与素质的过程，善于把失误失败的教训转化为加强党性锻炼、创新推动工作的宝贵财富和不竭动力，勇做时代的劲草真金，不辜负组织和群众的重托。四是逆境面前多尽责。业广唯勤，事业的发展壮大，不断克服困难险阻，唯有勤而不辍、锲而不舍一条路。要身体力行，率先垂范，珍惜每一天，抓住每一个机遇，战胜每一个困难，经受每一次考验。求真务实，履职尽责，要勇于创新，勇于挑最重的担子、啃最硬的骨头，敢于"在无人处辟蹊径"，敢于"把不可能变成可能"。

九、做岗位的敬业者

每个人都有自己的工作岗位，一个人要想成功，不论岗位如何，都必须热爱自己的工作岗位，热爱自己的本职工作，用一种恭敬严肃的态度对待自己的工作。岗位是立身之本，它是一个人赖以生存的基础保障。岗位是成长舞台，它是一个人展现才华的发展平台。岗位是求索之路，它是一个人成长提升的必经途径。岗位是奋进战场，它是一个人成就事业的重要平台，古今中外，成大事者都必定在某一职业或行业取得杰出的成就。宋代理学家朱熹说："敬业者，专心致志，以事其业也。"习近平总书记也曾指出："人生不满百年，做的也就是那么些事。做一件事情，干一项工作，要么不做，要做就要力求是最好的，争创一流，力争优秀。"作为高校的广大党员干部，我们幸运地拥有了受人尊敬的职业，拥有了一份足以安身立命的稳定收入，同时，我们都渴望实现更高层次的人生价值，这就要求广大党员干部更好地做岗位的敬业者。

一要创一流业绩。做到可比工作走在前，成为团队当中的佼佼者；常规工作出特色，成为突出业绩的创造者；同类业务争最优，成为一流水准的引领者。二要争一流荣誉。敢于在工作中勇闯新路填补空白；敢于打破现有纪录争锋亮剑；敢于挑战最高水平勇夺佳绩；敢于在较高层次、影响重大的活动中展示风采。三要育一流人才。用高尚品德感召学生，培养一流道德品行；用广博学识教授学生，培养一流文化素养；用精纯技能指导学生，培养一流职业能力；用拼搏精神激励学生，培养一流奋进意识。四要出一流成果。要摸清学情、精研教法，创造一流教学成果；要潜心钻研、大胆创新，形成一流科研成果；要总结归纳、提炼经验，争取一流工作成果；要提高站位、把握规律，打造一流理论成果。

十、做发展的推动者

党的十八大以来，习近平总书记多次强调，发展是党执政兴国的第一要务，是解决我国一切问题的基础和关键。发展本义是一个哲学名词，指的是事物不断前进的过程，由小到大，由简到繁，由低级到高级，由旧物质到新物质的运动变化过程。一个事物要想前进必须依靠内部矛盾运动推动，一个人要想前进必须依靠自身的全面发展推动，一个学校要想前进必须要依靠一批坚定的发展推动者。学院41年的进步成就，是由一代又一代"建材人"劈风破浪、拼搏进取推动而来，学院未来的高质量发展，需要这代人继续不忘初心、牢记使命地去推动。

做发展的推动者，要立足岗位比贡献。工作职责了如指掌，工作技能熟练掌握，工作方法不断完善，工作挑战勇于应对，工作任务切实担当，做本职工作的行家里手，做爱岗敬业的奉献标兵。一要服务大局做表率。一切从发展大局考虑，一切从工作需要出发，心存敬畏、荣辱与共、不离不弃，立志为学院增光添彩；要身体力行，传播正能量，说有利于学院发展的话，做提升学院形象的事，抵制不利于学院的言论和行为；要顾全大局，无私奉献，坚持学院利益至上。二要协调联动闯新路。同事之间要精诚团结，多欣赏不贬低，多交心不猜忌；部门之间要多担责不抢功，多支持不拆台，多提醒不吹捧，多表扬不挖苦；要善于团结合作共进步，全面协调促发展，协同奋进找突破，互相支持辟蹊径。三要改革创新争一流。敢于做"第一个吃螃蟹"的人，敢于做"摸着石头过河"的事，要有"舍我其谁"的担当精神，履职尽责，开拓进取、改革创新；身教重于言传，要既精通专业又熟练掌握业务，既要品德高尚，又要技能高超，敢于叫响向我看齐，敢于说出我就是第一，树一流作风，创一流效率，争一流业绩。

建材学院是一个大家庭，建材学院的发展，需要每一位同志的不懈努力，需要每一位党员的精诚团结，需要每一位党员干部的奋发作为。学院能否站在新的起点上，立足新时代、创造新辉煌，每位同志能否在大展身手的时代抢抓机遇、有所作为，需要每一位党员干部用行动说话，用成效发声，用业绩回答。全体党员干部一定要牢牢抓住国家职业教育改革的巨大契机，以提高广大党员干部整体素质为抓手，奋勇争先，担当作为，奋力谱写新时代学院高质量发展的华美篇章。

不负韶华　珍惜时代　用奋斗点燃未来[①]

今年是新中国成立70周年，经过70年的风雨兼程、70年的砥砺前行，中华民族在中国共产党的坚强领导下已稳步迈入新时代。新时代提出新梦想，新时代也赋予人们新使命。在全国上下勠力实现中华民族伟大复兴中国梦的时代背景下，广大青年作为社会主义现代化建设的生力军和主力军，要牢记习近平总书记的嘱托，铭记使命担当，珍惜青春年华，把握时代机遇，勇做时代先锋，通过不懈奋斗来赢得属于自己的未来。

一、习近平总书记对青年朋友十分重视、非常关心、寄予厚望

党的十八大以来，习近平总书记在多种场合给青年学生寄语，十分关心青年学生的学习、工作和生活。习近平总书记作为深受全党、全军、全国人民爱戴的领袖，同时也是青年学生学习的伟大榜样。习近平总书记在年轻时就立下宏图之志，先后当过村书记、县委书记、市委书记、省委书记，在每一个岗位上都以人民为本，作出了不朽的业绩。习近平总书记之所以高度重视青年的成长成才，除了对青年有份特殊的情感以外，主要在于青年处在人生成长的关键时期，青年是党的希望、是国家和民族的未来。

（一）青年处在人生成长的关键时期，正确引导有利于青年健康成长

有位诗人说过：人生最有诗情画意的年代莫过于青年时代，但青年

[①] 本文是2019年10月9日作者为系部大一学生近400名学生讲党课的文稿。

时代的精华，莫过于青春。就像一年有四季一样，春夏秋冬，尽管每个季节都有各自的美丽精彩，但在我的心中，春天还是最美的季节。人生也是如此，有少年、青年、中年、老年，每个时期有每个时期的奋斗目标，每个时期有每个时期的努力方向，每个时期有每个时期的收获，但是我始终认为，青年时期是人生最美的时期。从生理学角度讲，青年时期处于人生的高峰期，无论是体力、智力还是创造力都进入了最佳状态。由于精力旺盛、思维敏捷、创造力强，青年总是担任开辟前进道路的先锋，创造了很多人类文明史上的辉煌。牛顿23岁发现了万有引力，列宁19岁参加俄国马克思主义小组活动，毛泽东26岁主编《湘江评论》，巴金24岁发表了传世名作《家》，等等。这些对人类社会有重大影响的伟大成就，都是他们在青年时期完成的。

这些伟大的人物都是取得过伟大成就的人，或许很难超越，但是我们完全有自信像他们一样努力地奋斗、努力地拼搏，来铸就自己的辉煌人生。2016年4月，习近平总书记在安徽调研期间与知识分子、青年代表座谈时指出：青年时光非常可贵，要用来干事创业、辛勤耕耘。广大青年要如饥似渴、孜孜不倦学习，既多读有字之书，也多读无字之书，注重学习人生经验和社会知识，注重在实践中加强磨炼增长本领。为引领青年学生健康成长，习近平总书记在全国宣传思想工作会议上强调：要抓住青少年价值观形成和确定的关键时期，引导青少年扣好人生第一粒扣子，如果第一粒扣子扣错了，剩余的扣子都会扣错，人生的扣子从一开始就要扣好。

（二）青年是党的希望，科学培养有利于政党兴盛不衰

每一个政党的兴衰存亡都与青年存在着必然的联系。只有赢得青年，这个政党才能不断地注入新鲜血液，才能保持旺盛活力，也才具有强大的生命力。中国共产党的伟大征程，就是一部始终代表广大青年、赢得广大青年并依靠广大青年的奋斗诗篇。浙江嘉兴南湖的红船上，13位平均年龄只有28岁的马克思主义信仰者，开天辟地创建了中国共产党，从此掀开了中国革命史上的新篇章。两万五千里的长征路上，8万多年轻的红军将

士凭借顽强的革命意志与敌人英勇斗争，成功完成了战略转移，实现了中国革命转危为安。正是一代代优秀青年对党的坚定追随，才使得党的事业薪火相传、蒸蒸日上。中国共产党成立以来取得的所有成就都凝聚着青年的热情、热血和奉献。所以，党要完成率领全国各族人民实现中华民族伟大复兴的中国梦，必须用极大力量做好青年工作，把青年一代培养造就成德智体美劳全面发展的社会主义建设者和接班人，这既是事关党和国家前途命运的重大战略任务，也是全党面临的共同政治责任。

党的十八大以来，以习近平同志为核心的党中央高度重视青少年工作，时刻关怀青少年健康成长，勉励青年勇做走在时代前面的奋进者、开拓者和奉献者，要敢于做先锋，而不做过客、当看客。习近平总书记在同各界优秀青年代表座谈时说："在革命、建设、改革各个历史时期，中国共产党始终高度重视青年、关怀青年、信任青年，对青年一代寄予殷切期望。中国共产党从来都把青年看作是祖国的未来、民族的希望，从来都把青年作为党和人民事业发展的生力军，从来都支持青年在人民的伟大奋斗中实现自己的人生理想。"

（三）青年是国家和民族的未来，积极教育有利于振兴中华

"芳林新叶催陈叶，流水后波让前波。"青年因为激情与梦想、活力与朝气，在整个社会中表现最为积极也最有生机。中国历史上一些有志之士包括革命伟人都把青年看作国家和民族的未来。在国家民族危亡之时，梁启超在《少年中国说》中奋力呐喊："少年智则国智，少年富则国富，少年强则国强，少年独立则国独立，少年自由则国自由，少年进步则国进步，少年胜于欧洲，则国胜于欧洲，少年雄于地球，则国雄于地球……"毛主席曾说过："青年就像早上八九点钟的太阳，世界是我们的，也是你们的，但归根结底是你们的。"邓小平说："青年人很可爱，他们本质上很纯洁，很有朝气，他们是我们的未来。"

100年前爆发的五四运动，就是一场以青年知识分子为先锋、广大人民群众积极参加的彻底反帝反封建的伟大爱国运动。通过五四运动，中国

青年展示了自己的力量,中国无产阶级作为独立的阶级开始登上革命舞台。100年来,中国青年满怀对祖国和人民的赤诚之心,积极投身党领导的伟大事业,坚定信念跟党走,在革命、建设、改革的伟大实践中展现个人才华、奉献青春力量。实践充分证明,中国青年具有远大理想抱负和深厚家国情怀,是能够担当历史大任并挑起国家民族未来的群体。习近平总书记在纪念五四运动100周年大会上的重要讲话中指出:青年是整个社会力量中最积极、最有生气的力量,国家的希望在青年,民族的未来在青年。今天,新时代中国青年处在中华民族发展的最好时期,既面临着难得的建功立业的人生际遇,也面临着"天将降大任于斯人"的时代使命。

二、青年朋友幸福地成长在一个伟大的时代,天高任鸟飞,海阔凭鱼跃,必将大有作为

从新中国成立,到改革开放,再到新中国成立70年的今天,中国社会经历了天翻地覆的变化。联系自己的人生经历,我也非常感慨。我生于1962年,那个时候新中国成立十多年时间,百业待兴,又逢三年自然灾害,物质资源极度匮乏,吃饱穿暖根本就是奢望。1977年恢复高考制度,1979年我考上大学,当时的大学录取率只有百分之几,远远低于现在的大学录取率,能考上大学的人都是凤毛麟角。1983年,我大学本科毕业,每月工资54.5元,属于高工资。开始流行"自行车、收音机、手表"三大件,这都是当时很奢侈的存在。随着改革开放和经济的飞速发展,人民的生活才不断富裕起来,中国也从过去的贫穷落后发展到现在的繁荣昌盛。因此,我们是幸运的一代,因为我们身在其中、感同身受。同时,当同学们拿现在的生活同自己的父辈年轻时的生活进行比较的时候,大家无疑是更加无限幸福的。因此,同学们根本没有理由不好好学习、不努力奋斗、不珍惜青春的宝贵时光。

没有人能选择自己出生的时代,也没有人能选择出生在什么样的家庭、拥有什么样的父母。但是,对于每个人来说,时间都是最公平的。同

时，时间也是最无情的，今天过去了就永远过去了，不可能再存在，明天和今天相比，似乎很相同，但今天终究不复存在了。只有当你和时间赛跑，把一天当作两天、三天度过的时候，这样的人生才有意义，才更充实。没有思考的人生是无味的人生，就怕碌碌无为，一天不努力，看似浪费了时间，其实是在浪费自己的生命，人生短暂，只不过两三万天，一定要多读点书，多做点工作，多克服点困难，多承担点责任。

任何人都游离不开时代带来的境遇，时势造英雄，在战争年代，谁也不能安安静静、踏踏实实地学习，但是战争年代一定出将军；同样，在一个创新发展的年代，所有人都有成功的机会和舞台，所以发展年代一定出人物。一个人出生在能施展才华的时代是最幸运的，也是最幸福的。那么，再看看今天我们所处的这个时代，是多么令人自豪、幸福、骄傲的时代。

（一）这是一个日新月异、快速发展的时代

建国 70 年以来，尤其是改革开放 40 年来，中国进入持续高速发展的快车道，中国国家实力发生了历史性变化。第一，中国成为世界第二大经济体、制造业第一大国和货物贸易第一大国，迈入世界第一阵营，并保持健康稳定的发展势头；第二，中国科技实力也进入世界第一阵营，科技创新从原来以跟跑为主步入跟跑和并跑、领跑并存的新阶段，正处于从量的积累向质的飞跃、从点的突破向系统能力提升的重要时期；第三，中国国防实力、综合国力和国际影响力空前增强。中国从来没有像今天这样走近世界舞台中心，从来没有像今天这样全方位影响世界。

正如十九大报告所讲，我们解决了许多长期想解决而没有解决的难题，办成了许多过去想办而没有办成的大事。中国速度、中国高度、中国深度、中国力度惊艳了世界，赢得了世人的高度赞誉。时速 350 公里的复兴号半日往返千里；首台千万亿次超算"天河一号"运算 1 小时相当于 13 亿人同时计算 340 年以上；5G 开启使用，半秒能下载一部影片，无不彰显中国速度。数百公里的太空轨道有中国的神舟飞天、北斗组网，38 万公

里之外的月球上嫦娥四号首探月背；长征系列运载火箭飞行次数突破 300次，重新标识了中国高度。国产钻井平台实现了 3658 米的最大作业水深，"可燃冰"喷薄而出；自主研发的"地壳一号"钻机刷新了 7018 米亚洲国家大陆科学钻井的新纪录；"海斗"号在被称为地球"第四极"的马里亚纳海沟诞生了 10767 米的中国下潜的新纪录，这些充分显示了探索自然能力极大提升的中国深度。打虎、拍蝇、猎狐齐发力，较短时间内"不敢腐""不想腐""不能腐"的局面已经形成；全党上下共努力，拉开了史无前例的扶贫攻坚战，五年时间贫困人口减少了 6800 多万，2020 年实现绝对贫困人口全部脱贫的目标即将实现，充分展示了中国能办大事的中国力度。

（二）这是一个改革开放、充满希望的时代

党的十一届三中全会确立了以经济建设为中心、实行改革开放的发展战略，从此，国家全面深化改革，进一步扩大对外开放，社会发展欣欣向荣，各项事业蒸蒸日上，真正走上了一条具有中国特色社会主义的康庄大道，中国经济社会实现了伟大转变，取得了历史性成就。一是从经济发展看，实现了从封闭型经济弱国向开放型全球经济大国的转变；二是从治国理政看，实现了从单极化传统管理向现代公共服务型治理的转变；三是从城乡结构看，实现了从落后的乡村型社会向富足的城乡融合型社会转变；四是从社会民生看，实现了从温饱向小康的整体性转变。

党的十一届三中全会确立了以经济建设为中心、实行改革开放的基本国策。回望过去走过的路，我们成绩满满，无比自豪；展望未来的发展路，我们成竹在胸，信心百倍。十九大报告提出，从现在到 2020 年，是全面建成小康社会的决胜期。综合分析国际国内形势和我国发展条件，从 2020 年到本世纪中叶可以分两个阶段来安排：第一个阶段，从 2020 年到 2035 年，在全面建成小康社会的基础上，再奋斗 15 年，基本实现社会主义现代化；第二个阶段，从 2035 年到本世纪中叶，在基本实现现代化的基础上，再奋斗 15 年，把我国建成富强民主文明和谐美丽的社会主义现代化强国。当前，

全国上下都在按照这个发展蓝图所确立的路线图、时间表奋力追逐中国梦。

（三）这是一个建功立业、大有作为的时代

中国正在建设以科技创新为主体的创新型国家，许多创新式动能将不断涌现，人们的生活方式、思想观念、生存状态也将发生很多的变化，这为很多有识之士提供了发展空间。如果在一个思想僵化、落后保守的年代，有本事的人不会有舞台，也不容易有舞台，而现在则是一个可以尽展才华、大有作为的时代。当前，国家正在进行供给侧结构性改革，即对所有旧的方式方法进行变革，创造新的供给方式。作为高校老师来说，教育教学同样根据需要进行供给侧结构性改革，包括教学方式、教学方法、教学理念等都将发生变化。所以，这又是一个建功立业的时代，需要每一个时代弄潮儿不断努力。

人生总有无法逃避的事情，只要来到这个世界上，责任就会伴随终生。人一出生，作为子女就有孝敬父母的责任，作为学生就有好好学习的责任，慢慢长大工作后就要履行工作职责，为人父母了就需要承担教育子女的责任。对于老师们来说，责任重大，担负着立德树人的根本任务。培养人的工作既艰巨又光荣，企业生产的是产品，而学校生产的是人才。不仅要求有技术能力，还要有人品，要有正确的世界观、人生观和价值观。如果学校培养的学生不合格，对于家庭和社会的危害是深远的。因此，作为老师，必须时刻反省自己是否尽到了责任。

同样，对于国家、民族的发展而言，每一个时代都有历史赋予的任务，完成历史任务才不会辜负时代、错过时代，才不会落后于时代甚至为时代所淘汰。习近平总书记说，青年是时代责任的担当者。一代人担负一代人的责任，这是国家、民族发展的动力所在，也是历史得以延续的基础。青年是整个社会力量中最积极、最有生气的力量，在使命感的驱使下，要义不容辞地成为国家民族发展的主力，积极主动担当时代责任。今天，国家发展的蓝图已经绘就，个人干事创业的舞台已经搭建，广大青年要庆幸赶上这个好时代，一定要抓住机遇，不负韶华，放手搏

击，奋力作为，借助国家发展的大舞台尽显个人才华，努力创造自己的人生价值。

三、青年朋友应把握历史机遇，从当下做起，做好担负起实现中华民族伟大复兴中国梦的历史责任的各种准备

面对新时代，广大青年不能成为旁观者，而要勇立潮头，积极融入这个时代，成为建设者和弄潮儿。习近平总书记在纪念五四运动100周年大会上的讲话中，对广大青年提出五点要求：新时代中国青年要树立远大理想、要热爱伟大祖国、要担当时代责任、要勇于砥砺奋斗、要锤炼品德修为。广大青年为了更好地把握历史机遇，创造更辉煌的人生，要按照总书记的五点要求去做，具体实践中应从十个方面努力：

（一）要锻炼一个健康强健的体魄

身体是人生奋斗成功的本钱。一个人想要做成一件事，除了具备多方面的素质外，还要依托于拥有一个健康的体魄的前提条件。一个百病缠身的人，纵有很多的理想、多么热爱祖国，一切也无从谈起，什么也做不到，什么也做不好，会很痛苦、很孤独、很无奈，甚至会成为社会的负担和家庭的累赘。身体健康需要一生去保持，不能到了老了再去锻炼，到那时已经晚了。健康的身体也不是轻松待着就能拥有，无所事事、碌碌无为反而更容易把身体搞垮，千万不要把为了身体健康作为不干工作、不努力工作的理由和借口，但凡成功的人一般每天工作都在15个小时以上。清华大学有句口号很有意义："每天锻炼一小时，健康工作五十年，幸福生活一辈子。"习近平总书记也强调指出："人生幸福快乐，强身健体十分重要；拥有健康的身体才是每个人好好学习、努力工作、幸福生活的基础；年轻人不要总熬夜，要把身体锻炼好，把知识学好。"

拥有一个健康的身体，一要有一个好的心态。不要总生气，很多疾病都与心态不好有很大关系，一个美丽的地方、一处美丽的风景，没有好的

心态永远也无法看到。好的心态需要慢慢地修炼，需要经历多、见识广、眼界宽，慢慢养成。二要有一个好的作息习惯。顺应自然规律和成长规律，养成良好的生活作息习惯，并每天拿出固定的时间来锻炼身体，不仅有利于个体的身心健康，而且有助于社会的健康和谐。三要有一个健康的饮食习惯。青年学生正是身体成长的重要时期，一定要按时吃饭，保证营养。磨刀不误砍柴工，一定要明白一个道理，那就是有一个好的身体，才能够有一个好的未来。

（二）要悟透一本励志成长的书籍

书籍是人类知识的载体，是人类智慧的结晶，是人类进步的阶梯，更是个人成长、进步的精神食粮。一本书能够出版发行，其作者必定很有成就，书里包含了作者对人类发展、自然规律、科学发展乃至人生感悟的高度凝练和精华。如果有幸读到大家的书，就相当于同大家对话、与大家为伍，自然能够对自己知识的积累、视野的拓宽、情操的陶冶起到重要作用。

因此，读好一本书，一定要在选择之后，反复读、深入读、定期读。俗话说"半部论语治天下"，很多书籍在读过后，自认为自己似乎读懂了，其实还没有真正读懂，而且随着人的心情的变化、能力的提高以及对世界认识的深入、经历的不断丰富，对同一本书或者书中同一句话的感悟和理解也会不同。就好比父母说过的同一句话，年轻的时候没体会，到年老了才感同身受，读书也是如此。同一本书，在成功时读和在失败时读的感受不同，在顺境时读和逆境时读的收获不同，在清醒时读和茫然时读、年轻时读和年长时读、高兴时和愤怒时读、主动读和被动读都有不同。

读好一本书在这里是泛指，不仅仅是把书全部读完才有收获，有时书中的一句话或者一句名人名言，就会对人起到重要的影响。著名节目主持人倪萍在《朗读者》中说："一个人，你自己不倒的时候，谁也推不倒你；你自己扶不起来的时候，谁也扶不起来你。"工作和生活中遇到一点困难，退缩了，吓倒了，谁也帮不了你；反过来看，如果在任何艰难困苦面前都勇往直前，谁又能打得倒你？生活中有的人在遇到矛盾、出现问题时，更多时候找客观原因或者别人的原因。其实，认真思考一下，任何问题的出现，都会存在主观原因和客观原因，即便客观原因是主要矛盾，找客观原因也是没有用的，还得去找主观原因，才会改正和提高。找客观原因或者找他人原因的人，一定不是一个积极要求进步的人，因为，积极要求进步的人一般都会勇于面对矛盾、解决问题。

因此，广大青年一定要加强读书学习，要爱读书、读好书、善读书。一本书像一艘船，能引领我们从狭隘的地方驶向广阔的海洋。一本好书不仅能让我们从中学到所需要的知识，更能陶冶我们的情操、浸润我们的心灵。读书不能只读表面文字，要善于和作者进行思想交流、心灵沟通，要学思结合。让读书成为自己的一种生活方式，成为你前进道路上的垫脚石，成为你奋斗历程中的引路人。

（三）要深交一群志同道合的朋友

古人把真正的朋友称为知己，是指可以交心的人，俗话说"人生得一知己足矣"。志同道合的朋友一定是性格相投，人生观、世界观、价值观一致。真正的朋友懂得你的需求，知道你什么时候需要帮助，知道你什么时候需要安慰，知道你的优点，也知道你的不足，能够包容你、激励你，也能批评你、警示你。真正的朋友，会真心对你的才华由衷地赞叹，而不是虚情假意地敷衍你、嫉妒你、伤害你。

在人的一生中，父母迟早会离去，儿女终究也会长大成人，走向自己的生活。漫漫的人生路，谁都会遇到这样或者那样的困难，甚至会遇到过不去的坎儿，在某一个时刻，朋友帮一把，就有可能柳暗花明，就能够保持清醒的头脑继续前行。但是，真正的朋友很难得，可遇而不可求，一定要好好珍惜。真正的朋友一定是志同道合的人，有相同的理想志向，有相同的人生道路，有共同的人生追求。如果有这样的朋友陪伴身边，他会使你感到温暖和踏实，有话可以直说，有苦可以倾诉，有困难可以帮助。所以，对于朋友一定要交心，彼此要十分信任，相互依托，共同成长。

正确地与朋友交往，需要注意三点：第一，当朋友取得成绩的时候，一定要送上鲜花和真诚祝福，同时要善意地提醒继续前行。每个人都需要鼓励，鼓励是帮助成长的最好的良药，但是不要鼓励过度，尤其在取得成绩、飘飘然的时候，如果没有朋友的提醒，将会非常危险。第二，当朋友受到挫折的时候，一定要竭尽所能、不遗余力地帮助渡过难关，而且完全不要图有所回报，要全心全意地去帮助，要求有回报的帮助不是真正的朋友。第三，当朋友徘徊无奈的时候，要和朋友一起努力，坚定信心，奋勇向前。朋友是人的一生中最宝贵的财富，要珍惜珍惜再珍惜。同时交朋友时一定要慎重，切勿交酒肉朋友、吹捧朋友、利益朋友、投机朋友，特别是有一定权力时，要更加慎重交友。

（四）要掌握一门施展才华的技艺

俗话说："家有千金，不如薄技随身。"这句话非常透彻地强调了学好一门技艺对自身发展的重要性。一个人要生存，就必须具备生存的能力和本领，"一招鲜吃遍天"，只有掌握一门技艺，才能"走遍天下都不怕"。因此，必须要确定自己的发展方向和需要掌握的技艺。一是同自己的爱好相结合。如果掌握的技艺和自己的爱好相同，甚至将来成为工作职业，那将是非常幸福和快乐的。比如有的篮球、排球运动员，他们既享受着技能爱好所带来的快乐，还能用爱好保障自己的幸福生活。二是同自己的能力相结合。尺有所短、寸有所长，有些人善于动脑，有些人善于动手，有些人语言表达能力强，有些人逻辑思维能力强，每个人都有自己的优点和缺点，要选择与自己能力最适合的技艺去学习，这样往往可以事半功倍。三是同自己的发展相结合。用自己的发展规划和规律去引导生存技艺的学习，用学到的技艺去推动个人的发展，从而实现互相促进、共同发展的良性循环。

学好一门技艺，第一，要打下坚实的理论功底。要珍惜在校学习的时间，多学一些理论，使自己的思想更加成熟，当自己的理论功底深厚时，看待问题的角度、看待问题的高度是与别人不同的，同样一件事，理论功底深的人往往比普通人更能看透事物的本质、更能抓住解决问题的要领。第二，要坚持在实践实战中学习。在校学习时，无论老师对课堂知识讲授多少遍，无论自己对书本上的知识如何熟练，都需要在实习实践中去真正掌握。而且毕业后去企业工作，还要再去实践学习，就是要把学到的知识用实践的方式巩固提高、熟练应用。第三，要抓住各种平台去展示。学校有很多的社团活动、很多的技能竞赛，大家一定要积极参加，包括平时在班会、上课时要积极踊跃发言，从而不断锻炼提高自己的各种能力。

当前国家大力发展职业教育，注重培养各种高素质技能型人才，有力推动了我国经济进入高质量发展新阶段，支撑了制造强国的建设，加快了中国从工业大国向工业强国迈进的步伐。因此，作为高职院校的大学生，要切实增强职业认同，培育职业道德，弘扬职业精神，提高职业技能，依托专业学好技艺，崇尚精益求精，打造属于自己的技艺品牌。

（五）要锻造一种乐善好施的品格

中华民族自古就有乐善好施、守望相助的优良传统。孟子的一句"老吾老以及人之老，幼吾幼以及人之幼"，被称为经典名句为后人传诵，在今天还依旧彰显着它的魅力。中国老百姓中流传这样一句话，"帮助别人其实就是帮助自己"。马克思主义价值观强调人的价值不是向社会和别人那里索取多少，而是为社会和他人付出多少。社会主义核心价值观在人际关系层面也强调"友善"。

帮助别人就是帮助自己，成就别人就是成就自己。这一点极其正确，如同做生意、开发产品一样，必须考虑顾客的实际需求，只有满足了顾客的需要才能成就自己的事业。如果只考虑自己利益，不考虑顾客需要，产品就卖不出去，企业就经营不好。无论做人，还是做事，都要积极树立一切以对方为核心的理念。比如，想做一名好老师，却不以学生为本，不根据教育规律去开展教学，学生听不进去，反而让学生去适应老师的教育教学方法,这样肯定不能成为学生心目当中的好老师。学生也一样,总是要求老师给自己讲好课,自己却不能成为老师眼中的好学生,老师又如何能够给予欣赏和肯定?所以,一定要记住:"什么时候都要用自己的真诚付出,赢得别人的信任和尊重。"

锻造乐施好善的品格,第一,要有一颗善良的心。初心不能害人,要做有益于他人的事,能帮助的时候多伸一把手,能笑脸相迎的时候千万不要恶语相向,与人为善就是与己为善,与人方便就是与己方便。第二,要有帮助别人的能力。能力是帮助别人的前提。比如,拿孝敬父母为例,每个人都想孝敬父母,如果是一个乞丐,乞讨来一个馒头即便都给了父母吃,这是一种怎样的孝敬呢?但是,如果是一个亿万富翁,无论再怎么样,至少在暖衣饱腹方面,也比乞丐更能孝敬父母,所以自己要有能力,要具备帮助别人的能力。第三,要有帮助他人的良好教养。这一点在为人处世中最不容易做到。帮助他人时,忽视了对方的感受,按照自己的想法去实施,却仍然要求对方去接受和理解,即便是真心为他人好,也有可能不仅没有给别人带去帮助,反而带去的是伤害。这样的问题,尤其容易发生在青年身上,所以给予他人帮助时,一定要深思熟虑,充分理解对方的心思,将好事做得更好。

(六)要坚守一种勇攀高峰的理念

习近平总书记在纪念马克思诞辰 200 周年大会上的重要讲话中指出,马克思的一生,是不畏艰难险阻、为追求真理而勇攀思想高峰的一生。马克思为创立科学理论体系,付出了常人难以想象的艰辛,最终达到了光辉的顶点。学无止境,青年学生要有足够的信念攀爬高峰,要有足够的勇气担当社会的责任。正是有了勇攀高峰的理念,才有中国高铁的速度,才有屠呦呦团队青蒿素的突破,才有中国华为的崛起。世界掌握在那些有勇气凭借自己的才能去实现自己梦想的人手中。新时代的中国正处在不断突破自己、赶超别人的路上,在这条路上不断超越各种高度的"山峰"需要各行各业各个领域的人才首先要有勇攀高峰的理念。当代大学生作为社会主义事业的建设者和接班人，当然也要坚守这种理念，只有这样，国家发展、民族振兴的这场接力赛才能越跑越好、越跑越快。

人生是一个不断攀登高峰的过程，要在不断前行当中欣赏美丽的风景，当攀上高峰的时候，还可以有更高的高峰去攀登，人永远要不断超越自我。第一，要永远保持前进的信念。信念是引路的灯塔，能够帮助在人生迷雾中寻找到正确的方向。每个人都要有向上向前不断前行的信念，在任何时刻、任何环境下都不能改变，只有这样才能到达胜利的彼岸。第二，要积累永远前行的能量。在勇攀高峰的过程中，难免会遇到各种艰难险阻，因此，必须要在不断前行的过程中注意保持学习、总结和提高，不断积累继续前行的能量。甚至有的时候，困难和挫折使你寸步难行，那就慢下来，甚至停下来研究研究、思考思考，这样的停顿不是停滞不前，而是为了冲破瓶颈的厚积薄发。第三，要保持永远前行的定力。前行发展的过程中不仅有困难和挫折，还会有五光十色的诱惑和陷阱，要擦亮眼睛，保持清醒的头脑、坚定前行的决心。同时，还要加强理论学习，用深厚的理论修养去平和自己的内心，用发展的眼光看待出现的困难，用辩证唯物主义的观点明确自己持之以恒的信念。

（七）要培育一种坚韧不拔的精神

坚韧不拔，出自宋代苏轼《晁错论》："古之立大事者，不惟有超世之才，亦必有坚韧不拔之志"，意思指信念坚定，意志顽强，不可动摇。一个成功的人必定是坚韧不拔的人。在生活和学习中，总会碰到各种各样的困难，如果意志不坚定，很容易畏惧失败、轻易放弃。而坚韧不拔的人却能意志顽强、坚强不屈。其实无论学习、工作还是生活，人生本来就是一个不断面对矛盾、克服困难、战胜挫折的过程，永远没有所谓的"一帆风顺"。因此要有韧性，要有韧劲，要不怕困难，要不怕艰辛。有些事，有些成功就是一口气、一股劲，坚持住了就赢了，坚持不住就可能一败涂地。

习近平总书记强调指出，广大青年要保持初生牛犊不怕虎的劲头，不懂就学，不会就练，没有条件就努力创造条件。青年大学生是社会的中流砥柱，一定要培育坚韧不拔、艰苦奋斗、自强不息的精神。第一，要做到事事争第一。凡事要做就要做到最好，除我之外再无他人，所有人都向我看齐，学习成绩考第一，参加活动摘头名，参与比赛夺金牌，任何工作占鳌头，当优秀和卓越成为一种习惯时，困难和挫折就形同虚设。第二，要做到天天有进步。做到有进步很容易，做到天天有进步却很难，因此，必须养成一种持之以恒的好习惯，坚持每天多学习一点，每天多思考一些，每天多总结一条，每天多前行一步，用点点滴滴的积累去铸就坚韧的理想丰碑。第三，要做到处处当模范。坚韧不拔的人往往处处都是别人学习的模范和榜样，学习成绩做表率，宿舍卫生是标杆，活动竞赛是典范，党团工作是样板。这些任何一项成绩做出来，都需要不断地坚持、不断地努力。第四，要做到时时严自律。人的惰性是天然存在的，都曾在遇到矛盾、困难和挫折导致工作停滞不前、问题无法破解时，产生过到放弃的念头，但是，多少人真的放弃了，又有多少人还在坚持着。放弃只能承认失败，而坚持才是解决问题的唯一途径。事实也证明，只有坚持到底的人才能真正有所成就。

（八）要形成一种爱国奉献的追求

在实现中国梦的伟大征程中，爱国主义始终是中华民族的精神支柱，是中国发展强大的不竭动力。爱国，是人世间最深层、最持久的情感，是一个人立德之源、立功之本。家是最小国，国是千万家，有国才有家，要有家国一体的情怀，用爱自己家的心态去爱国，把爱家和爱国统一起来，把实现个人梦、家庭梦融入国家梦、民族梦之中。正如网上流行的一句话，我们没有生活在一个和平的世界，但是我们很庆幸生活在一个和平的国家。

中国是千千万万中华儿女的国家，爱国如爱家。广大青年要有强烈的社会责任感，把爱国情怀变成报国行动，以奉献精神创造个人辉煌。第一，要把自己的追求和国家的需要统一起来。不仅要重视自身的价值追求,更要努力服务于祖国和人民的需要,广大青年更是如此,要积极投身到祖国最需要的地方去,投身到火热的社会主义现代化建设中去,支援西部、选调生、大学生村官等,这些都是用自己的青春、智慧和汗水为国家做出更大的贡献的最佳选择。第二,要把自己的命运同国家的发展统一起来。个人的命运总是和国家发展息息相关的,国家富饶强大,人民的生活就会幸福安康,个人的理想才能实现。因此,青年大学生只有将自己的命运同国家发展相结合,立志为祖国发展和人民的利益而努力拼搏,才能在奋斗过程中与祖国同发展、共命运。第三,要把自己的幸福和国家的富强统一起来。没有国家的昌盛富强,就没有个人的安居乐业。因此,青年大学生必须将自己的幸福聚焦在实现中华民族伟大复兴的中国梦上来,把自己的眼光放得更加长远,从为国为民的小事做起,从点滴积累中成就大的事业。

(九)要投入一份热爱坚守的职业

工作没有高低贵贱之分,劳动没有高低贵贱之别,任何一份职业都很光荣。每一个人都会拥有一份工作职业,因为这是生存的需要。一个人如果从事的职业正好是自己喜欢的事业,那么将会十分幸福。任何事业都是体现人生价值的具体载体,青年大学生只有把自己的热情投入工作中,把自己的热爱奉献到岗位中,把自己的热心挥洒到事业中,才能创造不平凡的自己、实现不平凡的人生。

拥有一份热爱坚守的职业,第一,在选择自己投入的事业时要慎重。俗话说,男怕入错行,女怕嫁错郎。职业的选择很重要,往往决定了一个人将来的发展高度。一个人在选择事业的时候,一定要全面考虑自己到底要做什么、为什么做、怎样做,当把这三个方面想清楚的时候,事业基本上就成功了一半。第二,确定自己投入事业之后要坚定。有人经常会遇到这样的情况,就因为不努力导致工作没有做好或者没有收获自己想要的结果,从而否定自己对事业选择的方向,进而改变自己的方向,这是错误的。一定相信自己的选择,只要认准自己投身的事业,哪怕是一时的不如人意，也要坚定努力的目标和方向。第三，推动自己投身的事业要努力和坚持。任何事业的成功都需要持之以恒，没有一帆风顺的。2016年悉尼奥运会上中国女排小组赛打到第四，在接下来的比赛中，女排姑娘们一分一分地打，一场一场地拼，最后赢得了世界冠军，试想一下，如果当时有一点点的退缩的话，肯定会输得一塌糊涂。所以，做好自己投身的事业，要想成功，必须要有中国女排的这种拼搏精神，要努力奋斗，坚持不懈，勇敢地面对一切挑战和困难。

（十）要成就一番无悔人生的事业

习近平总书记在北京人民大会堂会见中国少年先锋队第七次全国代表大会全体代表时强调，人生最重要的志向应该同祖国和人民联系在一起。青年大学生应该时刻把祖国和人民放在心中。成就无悔人生，既要仰望星空，又要脚踏实地。青年大学生要做精英特质与大众情怀兼具的人，要向群众学，与亿万群众共同奋斗，从小事做起，从现在做起，在实践中接地气、受教育、长才干。成就无悔人生，既要懂得奋斗，又要善于团结合作。幸福是奋斗出来的，要学会奋斗、学会吃苦，学会在团结协作和服务社会中实现个人价值。成就无悔人生，既要灵感迸发，又要坚韧不拔。经历过崎岖艰险和磨砺困难，人生才会更加丰满、更加坚强、更加充实。青年大学生要立足本职、埋头苦干，从自身做起，从点滴做起，用勤劳的双手、一流的业绩成就属于自己的精彩人生。

成就一番无悔人生的事业，第一，回望人生无怨无悔。人生需要努力奋斗，只有奋斗的人生才是有价值的人生，无所事事、碌碌无为的人生注定在站在生命的终点时，会悔恨、会不甘、会懊恼，既然如此，何不从现在做起，好好学习，努力工作，在与困难和挫折斗争中越挫越勇、奋起直追，一步一步实现自己的人生梦想。当回过头再来看的时候，坚定地告诉自己没有后悔的地方。第二，再有人生依然如故。人生没有重来，只有一次，但是即便一次也要脚踏实地地走过，也要留下自己的人生足迹，这样的人生才会有不虚此行的感慨。即便人生重来，同样要一以贯之地保持拼搏的勇气和坚持的精神，不求突破以往，但求无愧于心。第三，畅谈人生豪情满怀。哪怕自己很平凡、很平庸，但是只要努力了、争取了，尽管最后的结果还是失败，但是无怨无悔，尤其是青年学生们，千万不要留下遗憾。当然从现实看，每个人都有理想，谁都很难做到人生豪迈不看过往，但是我们应该努力做得更好一点。

深入推进习近平新时代中国特色社会主义思想入脑入心[①]

今年5月31日,党中央召开了"不忘初心、牢记使命"主题教育动员会,会上习近平总书记发表了重要讲话,深刻阐述了中国共产党人的初心和使命,深刻阐明了开展主题教育的重大意义、目标要求和重点措施。强调要坚持"守初心、担使命、找差距、抓落实"的总要求,要把学习教育、调查研究、检视问题、整改落实贯穿始终。省委、省教育工委在推动第二批主题教育时明确要求,各级领导要深入基层围绕中心和重点工作调查研究,确保主题教育取得实效,推动各项工作深入开展。为了落实上级有关工作要求和学院党委主题教育实施方案安排部署,我认真开展了调查研究工作。

一、调研选题及分析、方法、过程和基本结论

我院集中开展"不忘初心、牢记使命"主题教育之初,我就围绕习近平新时代中国特色社会主义思想入脑入心问题深入有关单位和基层调查研究。之所以选择这一课题调查研究,是因为推进习近平新时代中国特色社会主义思想入脑入心特别是大学生入脑入心,是高校搞好主题教育的核心

[①] 本文是作者按开展"不忘初心、牢记使命"主题教育的要求深入基层调查研究撰写的调研报告,于2019年10月18日在学院领导班子会议交流。

和关键,关系到立德树人根本任务的完成,是解决"培养什么人、怎样培养人、为谁培养人"这一问题的根本途径。为确保调查研究取得实效,调研前我认真制订调研方案,确定调研提纲,提出调研工作要求。然后先后5次深入思想政治理论课教学部、基础部、学生工作部、教务处、团委等单位调查研究,分别召开有关单位负责人、党员代表、系部党务工作者、辅导员代表、学生干部、教师骨干等6个座谈会,和60多人次交流研讨。调研过程中,我向大家多次讲解开展主题教育的重大意义、目标举措,习近平总书记有关教育特别是职业教育的重要论述,党中央关于推进习近平新时代中国特色社会主义思想"三进"特别是入脑入心工作要求。在和大家统一思想、达成共识的基础上,交流习近平新时代中国特色社会主义思想入脑入心工作情况,分析存在问题,研究推进措施。通过深入调研,我认为我院前段推进习近平新时代中国特色社会主义思想入脑入心工作成效显著,存在的问题不可忽视,进一步深入推进前景广阔。

二、"入脑入心"工作取得的成效

党中央部署推进习近平新时代中国特色社会主义思想"三进"工作以来,学院党委把这项工作牢牢抓在手上,"党委推进、部门联动、基层落实、重点突破、全员参与"的格局基本形成。特别是把入脑入心工作摆在突出位置,抓紧抓实,思政课以深化改革为抓手,充分发挥主渠道的引领作用,推进"问题导向式的专题化案例教学",完善"1+4"的课内实践课教学模式("1"就是每次课堂设立"热点聚焦"环节,"4"即每学期结合教学内容安排学生演讲、经典电影观赏、微视频展示和学生讲思政课四次专题实践内容),丰富校外思政主题实践活动,组织开展各种知识竞赛。课程思政以创新探索为重点,充分发挥协同育人的积极作用,各级领导走上讲台重点宣讲,专业教师立足专业融入推进,人才培养方案嵌入思政内容,多渠道多形式地提高专业教师思政水平,探索专业课融入思政元素的方法路径。学生管理以机制创新为动力,充分发挥全员育人的关键作用，提高辅导员队伍的专业化、职业化和专家化水平，开展"四进三联一交友"活动（进班级、进宿舍、进网络、进活动，联系学生、联系教师、联系家长，与学生交朋友），推进实践育人与文明城市创建深入融合，开展"大学生文明修身"主题实践活动，实施大学生志愿者"十走进"工程，坚持培树身边典型，发挥引领带动作用，落实资助育人政策，把党的关怀和温暖送入大学生心里。共青团工作以提高活动成效为目标，充分发挥全方位育人的基础作用，有效利用主题团日、团课和讲座培训，推动提高青年学生理论学习宣讲水平，认真打造科学评价学生成长的"第二课堂成绩单"，不断丰富第二课堂育人活动载体，精准对接学生综合素质的强化提升，切实推进学生社团自治功能，不断发挥"三自教育"（自我管理、自我教育、自我服务）作用。

三、"入脑入心"工作存在的主要问题及原因分析

推进习近平新时代中国特色社会主义思想尽管已经取得很大成效，但和党中央的要求比，和习近平新时代中国特色社会主义思想重要地位和作用比，和完成立德树人的根本任务需求比，仍有一定的差距，需要采取务实、管用的举措强力推进、持续推进。主要问题：

一是习近平新时代中国特色社会主义思想在大学生中停留在知识化、表面化的层面上，真正做到从学生思想深处理解把握、系统掌握和主动实践上有待进一步加强。有的学生存有为了考试而学习的现象，主动学、积极学的氛围不够；有的对理论知识掌握尚可，深层次理解、系统掌握不够；有的只参加课堂教学学习，业余时间自学效果不够理想；有的学生囫囵吞枣、浅尝辄止，用心理解消化不够；有的仅仅停留在知识学习层面上，用于指导学习、工作不够，特别是指导树立正确的人生观、世界观、价值观不够。

二是思政教师对习近平新时代中国特色社会主义思想的学习、理解和践行上存有差距，教师的能力水平有待进一步提高。有的老师对习近平新

时代中国特色社会主义思想自身学习、理解、研究不够；有的沿用传统的教学方式方法，对学生讲授针对性、指导性不强；有的备课不十分认真，讲书念书现象时有发生；有的讲课缺少创新性、内容千篇一律，对学生吸引力不够；有的授课不能做到理论联系实际、融会贯通，解决发展中的难题和重大观点思想统一不够。

三是专业教师的思想认识、主动担当、积极融合对做好习近平新时代中国特色社会主义思想入脑入心工作存在差距，课程思政在人才培养方案、课程标准、课堂教学、教学资源等方面有待进一步完善。有的专业教师没有真正认识到课程思政的重要性、担负起共同育人的责任；有的不深入学习习近平新时代中国特色社会主义思想，做不到深入理解、全面掌握、系统把握；有的没有做到与时俱进学习研究掌握在专业课教学当中教授习近平新时代中国特色社会主义思想的方法、理念、要求和举措。

四是习近平新时代中国特色社会主义思想入脑入心效果无法进行科学、客观、准确的评价，习近平新时代中国特色社会主义思想在大学生中入脑入心的评价体系有待进一步建立。习近平新时代中国特色社会主义思想入脑入心评价工作是一项正在探索实践的新课题，没有成形的经验可供借鉴，需要我们在实践中不断探索、研究、创新。但这方面工作我们还没有摆上重要议事议程，安排部署推动，科学的评价体系没有建立，对于推动习近平新时代中国特色社会主义思想入脑入心工作有一定影响。

分析产生上述问题的原因：一是党委领导力度有待加强；二是顶层设计有待加强；三是相关部门推动力度有待加强；四是思政教师主动创新作为仍需努力；五是专业教师学习习近平新时代中国特色社会主义思想仍需努力。客观上推进习近平新时代中国特色社会主义思想入脑入心尚没有比较成形的规范要求，主观上还是我们推进不够、措施乏力。

四、推进"入脑入心"工作思路及举措

推进习近平新时代中国特色社会主义思想入脑入心是一项长期的重大

战略任务，要统筹协调、顶层设计、全面推动、落实责任、科学考评、创新机制、务求实效。基本思路是各级党委高度重视，主要领导一线指挥，分管领导身先士卒，思政教师履职尽责，专业教师主动作为，教务部门督导评价，学生部门创新机制，团委部门丰富载体，形成上下联动、左右协调、同心奋进的良好态势和局面。

推动习近平新时代中国特色社会主义思想入脑入心既要着眼长远，更要立足当前。一是建立大学生讲习团。从学生干部、学生党员中择优选拔政治素质过硬、业务能力一流、培养前途广阔的大批人员，组成习近平新时代中国特色社会主义思想讲习团，聘请高层次教师对讲习团人员进行强化培训，对习近平新时代中国特色社会主义思想的时代背景、重大意义、科学体系、丰富内涵、精神实质、实践要求等进行专题讲解，使习近平新时代中国特色社会主义思想真正入脑入心。组织讲习团进机关、进企业、进学校、进社区、进农村、进网络，宣传讲解习近平新时代中国特色社会主义思想。通过宣讲实践，既提高广大人民群众对习近平新时代中国特色社会主义思想的理解，又强化大学生更加主动学习、研究、践行习近平新时代中国特色社会主义思想。二是提高思政教师专业水平。组织优秀骨干教师到著名高校、科研院所、培训基地等学习深造；为思政教师到红色基地、改革发展前沿地区、新农村建设典型等地考察研究创造条件；进一步深化教学改革，推广优秀精品课程，打造思政"金课"，加强名师建设；充分利用信息化手段，建立思政教辅系统和案例资源库，推行集体备课制度，实现资源共享、共同提高；建立思政教师表彰激励机制，大力宣传优秀思政教师先进事迹，营造争先创优良好氛围；提供优良科研环境，加大科研支持力度，鼓励多出成果、出好成果。三是推进课程思政建设。建立课程思政体系；明确课程思政的教学路径、培养方案、课程标准、课堂教学、教学资源等；构建科学合理的课程思政教学模式；确定教学重点，创新教学方法，丰富教学载体；建立校内外社会实践基地，组织各种竞赛活动；提高班会、团日、社团活动、志愿服务等活动的水平和实效。四是建立习近平新时代中国特色社会主义思想入脑入心评价体系。明确评价目标、方式方法、指标框架、评价主体，结果运用；建立动态调整机制，根据评价准确程度及时调整评价指标和方式方法等；加大评价结果运用，把评价结果运用到学生入党、评优评先评奖以及授课教师的教学水平、教学能力、职称晋升等考核中去；综合分析研判习近平新时代中国特色社会主义思想在大学生中入脑入心的评价体系的结果，把它作为评价各级、各部门、各系部总体工作的重要内容之一，奖优罚劣，推动工作。

通过深入开展"不忘初心、牢记使命"主题教育，围绕习近平新时代中国特色社会主义思想入脑入心调查研究，使我进一步体会到推动习近平新时代中国特色社会主义思想入脑入心工作的重要性、必要性、长期性和艰巨性，坚定了深入推进的信心和勇气，增强了责任感、使命感和紧迫感，理清了深入推进的目标、思路、重点，明确了深入推进的措施和方式方法。我相信，只要我们进一步采取措施、狠抓落实、加强督导，我院推动习近平新时代中国特色社会主义思想入脑入心工作一定会迈上新的台阶、创造新的经验、取得新的成效。